Competition Policy Provisions in
Existing Free Trade Agreements

自由贸易协定竞争政策研究

钟立国 著

法律出版社
LAW PRESS · CHINA
北京

图书在版编目(CIP)数据

自由贸易协定竞争政策研究 / 钟立国著. --北京 : 法律出版社, 2023

ISBN 978-7-5197-7821-7

Ⅰ. ①自… Ⅱ. ①钟… Ⅲ. ①自由贸易-贸易协定-影响-财政政策-研究-中国 Ⅳ. ①F752.4②F812.0

中国国家版本馆 CIP 数据核字(2023)第 064984 号

自由贸易协定竞争政策研究
ZIYOU MAOYI XIEDING JINGZHENG ZHENGCE YANJIU

钟立国 著

责任编辑 陆帅文
装帧设计 贾丹丹

出版发行 法律出版社
编辑统筹 法律教育出版分社
责任校对 晁明慧 王 皓
责任印制 刘晓伟
经 销 新华书店

开本 A5
印张 9.25 字数 259 千
版本 2023 年 5 月第 1 版
印次 2023 年 5 月第 1 次印刷
印刷 北京建宏印刷有限公司

地址:北京市丰台区莲花池西里 7 号(100073)
网址:www.lawpress.com.cn
投稿邮箱:info@lawpress.com.cn
举报盗版邮箱:jbwq@lawpress.com.cn
销售电话:010-83938349
客服电话:010-83938350
咨询电话:010-63939796

书号:ISBN 978-7-5197-7821-7
定价:39.00 元

目　录

第一章　自由贸易协定与竞争政策议题 / 001

第一节　竞争、竞争政策与竞争政策议题 / 001

一、竞争与竞争政策的基本含义 / 002

二、竞争政策的基本功能 / 007

三、竞争政策与国际贸易的关系 / 011

第二节　竞争政策的国际协调 / 015

一、竞争政策国际协调的必要性 / 015

二、竞争政策国际协调的紧迫性 / 018

三、竞争政策国际协调的主要路径 / 022

第三节　自由贸易协定纳入竞争政策议题的背景与进程 / 028

一、自由贸易协定的主要特征 / 029

二、自由贸易协定纳入竞争政策议题的背景 / 032

三、自由贸易协定纳入竞争政策议题的进程 / 038

第四节　自由贸易协定竞争政策的主要目标 / 042

一、保障贸易投资自由化目标的实现 / 043

二、提高经济效率 / 044

三、增进消费者福利 / 045

四、取代贸易救济措施 / 047

五、避免选择性反垄断执法 / 048

第二章　自由贸易协定竞争政策规则 / 050
第一节　国内竞争法的协调 / 050
一、国内竞争法的设立与维持 / 051
二、实施竞争法应遵循的原则 / 053
第二节　竞争执法的合作与协调 / 055
一、信息交换、执法磋商与通报 / 056
二、技术援助 / 058
三、消极礼让与积极礼让 / 060
第三节　国家企业与指定垄断 / 062
一、国家企业与指定垄断的含义 / 063
二、非歧视待遇 / 065
三、授予职权 / 067
四、商业考量 / 069
第四节　消费者保护 / 072
一、加强消费者保护的意义 / 072
二、国内法对消费者的保护 / 075
三、自由贸易协定消费者保护规则 / 079
第五节　国家援助 / 083
一、自由贸易协定规范国家援助的方式 / 083
二、自由贸易协定关于国家援助的主要规则 / 086
三、国家援助与补贴的关系 / 091
四、国家援助与非商业性援助的关系 / 094
第六节　竞争政策争端的解决机制 / 097
一、竞争政策争端解决机制的意义 / 097
二、竞争政策争端解决规则的一般分析 / 099
三、竞争政策争端解决的具体方法 / 101
第七节　自由贸易协定规制竞争政策的模式 / 105
一、欧洲模式 / 106
二、北美模式 / 108

三、俄罗斯模式 / 109

第三章 CPTPP 竞争政策规则 / 111

第一节 CPTPP 产生的背景、主要内容及影响 / 112
一、CPTPP 产生的背景 / 112
二、CPTPP 的主要内容 / 116
三、CPTPP 对世界贸易体制的影响 / 118
第二节 CPTPP 竞争政策的目标与宗旨 / 121
一、CPTPP 纳入竞争政策的原因 / 121
二、竞争政策在 CPTPP 中的地位 / 123
三、CPTPP 竞争政策的目标与宗旨 / 125
第三节 CPTPP 反限制竞争行为规则 / 127
一、国内竞争法的协调规则 / 127
二、竞争执法的协调与合作规则 / 129
三、消费者保护规则 / 132
四、透明度规则 / 133
五、争端解决规则 / 134
第四节 CPTPP 国有企业与指定垄断规则 / 135
一、授予职权义务 / 136
二、非歧视义务 / 137
三、商业考量义务 / 138
四、非商业性援助义务 / 139
五、透明度义务 / 144
六、技术合作义务 / 146
七、机构设置 / 147
八、例外规定 / 147
九、关于争端解决 / 149
第五节 对自由贸易协定竞争政策规则的发展 / 149
一、竞争政策规则的民主化 / 150

二、竞争政策议题地位的提升 / 152
三、成员义务的具体化 / 156

第四章　欧盟竞争政策及其可借鉴的经验 / 158

第一节　欧盟竞争政策的目标 / 158
一、建立与维护欧盟市场的统一 / 159
二、维护欧盟统一市场的有效竞争 / 162
三、增进消费者福利 / 165
第二节　欧盟竞争政策的实体规则 / 168
一、对企业限制竞争行为的规制 / 168
二、对国有企业与指定垄断的规制 / 179
三、对国家限制竞争行为的规制 / 185
第三节　欧盟竞争政策的实施机制 / 196
一、欧盟委员会实施程序 / 196
二、欧盟法院实施程序 / 199
三、成员国和成员国法院实施 / 201
四、私人实施 / 203
第四节　对自由贸易协定的借鉴意义 / 206
一、制定统一的竞争政策实体规则 / 207
二、将政府限制竞争行为纳入竞争政策规制范围 / 210
三、完善竞争政策的实施机制 / 213

第五章　中国自由贸易协定的因应之道 / 219

第一节　竞争政策议题在我国自由贸易协定中的发展 / 219
一、忽略竞争政策议题阶段 / 220
二、初步接纳竞争政策议题阶段 / 222
三、完全接纳竞争政策议题阶段 / 225

第二节　《中韩自贸协定》竞争政策规则 / 229
一、《中韩自贸协定》竞争政策条款在中国自贸协定中的地位 / 229
二、《中韩自贸协定》竞争政策的目标 / 231
三、《中韩自贸协定》竞争政策具体规则 / 232
四、《中韩自贸协定》竞争政策的特点 / 234
第三节　RCEP 竞争政策规则 / 239
一、RCEP 关于竞争政策的主要规定 / 239
二、RCEP 竞争政策规则的主要特点 / 243
第四节　中国自贸协定竞争政策规则的未来发展 / 254
一、提升竞争政策议题在自由贸易协定中的地位 / 254
二、强化竞争政策议题规则的民主化 / 256
三、优化竞争法的协调与竞争执法的合作与协调规则 / 258
四、完善国有企业与指定垄断规则 / 263
五、完善消费者保护规则 / 267
六、优化争端解决机制 / 269

参考文献 / 272

第一章 自由贸易协定与竞争政策议题

成功的市场经济表现出的重要特征之一，就是以健全的竞争政策为基础，建立起充满活力与竞争的市场环境。自20世纪90年代以来，以促进竞争政策制定和实施为目的的活动数量，无论在国家层面，还是在区域与多边层面，都得到了大幅提升。自1992年12月17日，美、加、墨签署的《北美自由贸易协定》将竞争政策议题纳入协定规制范围之后，由于《北美自由贸易协定》产生的重大影响，伴随区域贸易协定特别是自由贸易协定数量在近几十年来的飞速增长，竞争政策已成为近来各国谈判自由贸易协定时无可回避的议题之一。

第一节 竞争、竞争政策与竞争政策议题

竞争与竞争政策是两个密切相关的概念，前一概念是衍生后一概念的前提与基础。竞争和竞争政策是创造繁荣创新的大环境时所不可缺失的一部分前提条件；它们鼓励创新企业和新兴企业，促进企业提高效率，鼓励专门针对研发和创新的补贴政策。[1] 为了更好地理解竞争政策议题在自由贸易协定框架下的演化与发展，我们需要明晰竞争与竞争政策的含义。

---

[1] 参见欧盟委员会：《2013年欧盟竞争政策报告》，王子君、李娜译，载程卫东主编：《欧洲法律评论》（第1卷），中国社会科学出版社2016年版。

一、竞争与竞争政策的基本含义

(一)竞争的含义

竞争是一个内涵颇为丰富的概念,既有生物学、社会学意义上的竞争,也有经济学、法学意义上的竞争。基于规制竞争的需要,法学上尤其需要对竞争概念作出界定。一般而言,法学意义上的竞争多以经济学意义上的竞争为基础,并结合竞争的载体市场及市场的主体经营者来综合考量。[1]

依学者的理解,竞争是指为求得优胜而进行的争斗或竞赛,在经济领域,竞争是指为获得顾客而进行的争斗。[2] 世界银行和经合组织对竞争作了更具体的阐释,其认为从广义上说,在以市场为基础的经济体中,竞争是指厂商或销售商为达到特定的商业目的,如利润、销售额或市场份额,而独自争夺顾客惠顾的情形。[3] 从此角度看,竞争常等同于对抗,竞争性的对抗可能发生在价格、数量、服务或这些因素的混合以及消费者注重的其他因素上。

从法学的角度看,除日本等少数国家或地区界定了竞争的法律含义外,大多数国家或地区并未对竞争给出法律上定义,而往往是由法院或竞争执法当局作出解释。[4] 我国台湾地区"公平交易法"第4条即规定,"本法所称竞争,谓二以上事业在市场上以较有利之价格、数量、品质、服务或其他条件,争取交易机会之行为"。澳大利亚法院认为,竞争是一种发现市场信息和根据该信息实施商业决策的机制,它首先是厂商发现社会需要的商品和服务的种类以及以最便宜的方式提供供应

---

[1] 参见杨紫烜主编:《经济法》(第4版),北京大学出版社、高等教育出版社2010年版,第214页。

[2] See Richard Whish & David Bailey, *Competition Law*, 7th edition, Oxford University Press, 2012, p. 1.

[3] See R. S. Khemani, *A Framework for the Design and Implementation of Competition Law and Policy*, World Bank Publication, 1999, p. 1.

[4] See Russell v. Miller, *Miller's Annotated Trade Practices Act*, 21st edition, Law Book Co of Australasia, 2000, p. 43.

的机制。价格和利润是指示需求和供应的这些力量的作用的信号。同时,竞争也是一种强制机制:忽视这些信号的厂商会遭遇危险,其他企业,不管是现有的还是尚未诞生的,都会十分乐意去侵吞它们的市场份额,并最终取代它们。[1]

从以上竞争的定义来看,无论是经济学意义上的竞争还是法学意义上的竞争,都突出强调竞争具有以下方面的特征:第一,竞争以市场的存在为基础,在计划经济条件下不存在竞争,只有实行市场经济才可能发生竞争,但竞争不仅在相同的产品或服务之间发生,经济学早就承认替代物之间的竞争。在有效竞争的状态下,市场上经营者的进入与退出是完全自由的,市场主体可以自由决定是否参与市场竞争,也可以决定与谁进行竞争。第二,竞争的主体是同一市场上的经营者,包括现实的经营者与潜在的经营者。竞争要求在同一市场上存在多个经营者,正如我国台湾地区"公平交易法"所言,两个以上市场主体之间才会进行竞争。第三,竞争的内容多种多样,可以是价格,可以是数量和质量,也可以是服务与其他交易条件,而竞争的对象则是客户或者消费者。第四,竞争的结果是优胜劣汰。经营者参与市场竞争的目的与动机就是通过提供更好的交易条件以击败竞争对手,获得更多、更好的交易机会与交易条件。因此,经营者之间的利益常常是对立的,这就意味着经营者争夺同一市场范围内的资源与份额,此消彼长,结果会导致优胜劣汰。

竞争是市场机制的灵魂,但竞争所产生的影响却具有两面性。一方面,竞争有其积极作用,通过竞争调节资源在不同部门间的分配,实现资源优化配置,促使资源流向处于竞争优势地位的经营者,提高资源利用效率,同时推动经营者不断改进生产技术、采用新工艺、研发新产品、提高生产效率,以争取竞争优势地位。"竞争作为经济增长的驱动要素,在提高生产力和创新方面起到了关键性作用。"[2]另一方面,竞

---

[1] 参见孔祥俊:《反垄断法原理》,中国法制出版社2001年版,第252-253页。

[2] 欧盟委员会:《2013年欧盟竞争政策报告》,王子君、李娜译,载程卫东主编:《欧洲法律评论》(第1卷),中国社会科学出版社2016年版。

争也可能产生破坏作用。如竞争的盲目性、滞后性会造成资源的浪费，经营者为了获取竞争优势，或者为了逃避竞争的压力，往往不同程度地存在限制竞争的自然倾向。因此，要使竞争能够成为调节供需和优化资源配置的基本手段，国家必须通过制定维护竞争的政策，以约束竞争的负面影响、发挥竞争的积极作用。正如马歇尔·C. 霍华德所言，只要存在对竞争的不正当限制或者对消费中、购买中合理判断的严重障碍，那么实际的政府干预是必要的。这种社会控制与其说是对自由企业体制本身进行限制，还不如说是用来扩大企业在市场上的总体自由。因此，反托拉斯法与贸易法规的基本目的，在于保护市场免遭滥用竞争之害，因为滥用竞争这种行为会对竞争过程的运行产生有害的影响。[1]

早期的竞争只局限于一国境内，但随着经济全球化的不断发展，竞争也随之扩展至世界市场，竞争对国际贸易的格局产生了影响。

（二）竞争政策的含义

竞争政策是一项在最大限度上满足社会个体与集体需求的基本政策工具，竞争政策是国家经济政策体系的重要组成部分。[2] 竞争政策并不是一个法律概念，目前并无统一而确定的定义。概括学者的相关论述，竞争政策的界定有广义与狭义之分。广义的竞争政策，泛指影响市场竞争的所有政策，包括消除或减少一国之内来自国家对交易活动的限制，一般称为解除管制或自由化政策，或是影响国与国之间竞争条件与竞争环境者、贸易政策、环境保护政策及一切相关的财经法规与政策均可纳入竞争政策的范围。[3] 联合国贸发会议所属“竞争与消费政策局”主席布西克认为，竞争政策是通过法律实施，旨在保护竞争的政

---

[1] 参见[美]马歇尔·C. 霍华德：《美国反托拉斯法与贸易法规》，孙南申译，中国社会科学出版社1991年版，第4页。

[2] 参见殷继国：《强化竞争政策基础地位何以实现——基于竞争政策与其他经济政策协调的视角》，载《法学》2021年第7期。

[3] See M. Matsushita, *Coordinating International Trade with Competition Policies*, in Ernst-Ulrich Petersmann & Meinhard Hilf eds., The New GATT Round of Multilateral Trade Negotiations: Legal and Economic Problems, Kluwer Law International, 1991, p. 396-429.

策措施，这些措施包括禁止“水平协定”的卡特尔、控制“垂直协定”、控制会导致出现“主导企业”或垄断的“兼并与并购”。[1] 国内有学者认为，竞争政策是以市场为导向，着重维护、修复、弘扬市场机制，促进或优化竞争的政策，与财政政策、规划、产业政策、金融政策、贸易政策、投资政策、环境和资源政策、消费政策、国家安全政策等交叉重合。狭义的竞争政策是指竞争立法和竞争执法所体现的或者奉行的政策。霍克曼认为，国内竞争政策可以定义为由政府制定的、关于企业间限制竞争的协议或企业滥用主导地位（包括企业通过兼并取得主导地位）的一套规则与规定。[2] 澳大利亚竞争和消费者保护委员会主席也认为，竞争政策有时被等同于一个国家传统的反托拉斯、竞争或者贸易行为法。[3] 故依广义竞争政策的理解，一国的竞争法只是竞争政策的一部分，竞争政策的其他部分还可以是放松管制的活动、特定企业的补贴项目、市场准入项目等。与竞争法相比，广义竞争政策的重点在于如何创制确保竞争有效进行的前提条件，而不是如竞争法放在如何惩治违反竞争法规则的行为上。[4]

狭义的竞争政策直接关系到竞争法暨反垄断法的实施方向、方式和力度，固然十分重要，但其有效发挥作用又离不开广义的竞争政策，如通过产业调整形成合理的竞争结构即非狭义的竞争政策所能企及。故广义的竞争政策又是狭义竞争政策发挥作用的前提或条件。[5]

竞争政策可以从国家与国际两个层面予以理解。国家层面的竞争政策即一国国内的竞争政策，其主要目标在于把保护和促进竞争过程作为其中心经济目的。这一竞争过程鼓励提高货物和服务的生产与分

[1] 参见张东江：《WTO 竞争政策谈判与发展中国家的选择》，中国社会科学出版社 2005 年版，第 16 页。

[2] 参见[英]伯纳德·霍克曼、[英]迈克尔·考斯泰基：《世界贸易体制的政治经济学》，刘平等译，法律出版社 1999 年版，第 262 页。

[3] See Allan Fels, *The Australian Competition Policy Reforms* (the Second Oslo Competition Conference, Oslo, Norway, June 1998), p. 15-16.

[4] See Bernd Hoekman & Peter Holmes, *Competition Policy, Developing Countries, and the World Trade Organization*, World Bank Policy Research Working Papers, 1999, p. 2-3, 12.

[5] 参见史际春、赵忠龙：《竞争政策：经验与文本的交织进化》，载《法学研究》2010 年第 5 期。

配的效率。在长期中,国内竞争政策通过对创新的影响和对技术变化的调整,使其成为一个可持续经济增长的动态过程。在有效竞争条件下,竞争对手可以在产品的质量和资源的使用上具有平等的竞争机会,以使其在成功获得市场后以可能的最低成本满足消费者的需求。[1]国家竞争政策的核心是竞争法的制定与实施,而国际竞争政策并非各国国内竞争政策的简单套用、加总或放大。其重点在于为国际竞争奠定良好的环境和秩序,除协调各国竞争政策、试图对各种限制竞争行为予以规制外,还包括国家间的竞争政策合作。关于前者,在 1993 年 7 月 10 日国际反垄断法典工作小组向关贸总协定总干事长提交的《国际反垄断法典草案》(Draft International Antitrust Code)中,在垄断、兼并、水平与垂直限制竞争等方面制定了具体规则;世贸组织则希望制定最低限度的竞争原则,以渐进、小步的方式进行,在国际范围内先就一些最重要的竞争规则达成谅解。关于后者,包括旨在避免各国政府之间发生冲突的合作,旨在执行反对限制性商业惯例的法规的合作,为国内竞争政策的制定、改革或执行提供技术援助等。[2]

(三)竞争政策议题的含义

作为一个学术术语,竞争政策议题是指在多边贸易协定和区域贸易协定框架内,制定竞争政策协议或相关规则的问题。竞争政策议题作为一个新议题,主要强调国内和国际竞争政策与国际贸易相互间的关系,在贸易协定中,包括在多边贸易协定和区域贸易协定中,如何规制竞争政策。

竞争政策议题概念的出现,是在将竞争政策与多边贸易体制挂钩之后。随着近几十年来区域贸易协定的蓬勃发展,特别是在《北美自由贸易协定》将竞争政策纳入其规范范围后,竞争政策议题逐渐成为一个热门话题。

---

[1] See OECD, *Competition and Trade Policies: Their Interaction*, OECD Publication, 1984, p. 86.

[2] 参见于立、吴绪亮:《国际竞争政策的分歧、互动与展望》,载《世界经济研究》2006 年第 9 期。

1996年12月9日至13日，世贸组织在新加坡举行了建立以来的第一次部长级会议。在此次部长级会议召开前，欧盟提出在世贸组织内设立一个工作小组，主要为国际竞争规则提供一个框架，以规范世界范围内的私人限制竞争行为。[1] 在此次部长会议上，世贸组织就投资、竞争政策、政府采购透明度和贸易便利化四个议题展开多边磋商，并成立了贸易与竞争政策互动关系工作小组，开始就贸易与竞争政策的问题进行讨论和研究。[2] 自此，世贸组织成员开始就在世贸组织框架下是否签订竞争政策协议、如何规范竞争政策等问题进行磋商，竞争政策议题正式进入世贸组织视野。

区域贸易协定对竞争政策进行规制并不是一个新话题。1957年3月25日，法国、联邦德国、意大利、荷兰、比利时和卢森堡6国政府首脑和外长签署的《罗马条约》第85条至第92条即对企业间协议、滥用市场支配地位和国有企业等问题制定了具体规则；1960年5月生效的《建立欧洲自由贸易联盟公约》也在第四、五、六章制定了竞争政策规则。但由于欧共体一体化程度较高，而《建立欧洲自由贸易联盟公约》影响力太小，并未引起人们对区域贸易协定竞争政策议题的关注，直到1992年8月美国、加拿大和墨西哥在签署《北美自由贸易协定》时将竞争政策议题引入自由贸易协定的规范范围，在第十五章"竞争政策，垄断与国家企业"用五个条款的篇幅，就竞争法和竞争执法的协调与合作、国有企业与指定垄断制定了具体规则。此后，美国、欧盟在与其他国家签订的自由贸易协定中，几乎都用专章形式制定竞争政策规则，其他国家也纷纷仿效美国、欧盟的做法，竞争政策议题开始在区域贸易协定特别是自由贸易协定层面受到普遍关注。

二、竞争政策的基本功能

关于竞争政策的基本功能，学者们的理解大体相同，但并不完全一

---

[1] See Roger Zaech, *Towards WTO Competition Rules*, Kluwer Law International, 1999, p. 5.

[2] See WTO, *Singapore Ministerial Declaration*, WT/MIN(96)/DEC, 1996, para. 20.

致。国内学者主要从国内竞争政策的角度分析竞争政策的功能,认为竞争政策的功能主要体现在维持一个正常的市场竞争大环境,具体包括制造、鼓励和保护竞争,控制资本、经济力量的集中;保障市场竞争之基本秩序,包括规范限制性商业行为、保护中小企业的权益、保护消费者权益、鼓励革新等;确保总体经济的稳步发展,如优化市场结构、控制通货膨胀、完善分配机制、促进产业发展等。杰米·加杜拉认为,合格的竞争政策必须拥有以下功能:防止企业自己与第三方之间订立限制竞争或者没有任何利益关系的协定;规制垄断或者具有支配地位的企业滥用市场支配地位限制新企业进入市场的行为;确保寡头垄断行业的有效竞争;监管因企业合并、收购而导致市场竞争能力下降的各种企业私行为。而国际竞争政策的主要功能则是尽可能地消除进入另一国市场的各种壁垒。[1]

(一)对经济发展的促进功能

竞争政策严格上应该属于国家的基本政经济政策之一,其主要的功能之一就在于为经济发展保驾护航。许多发展中国家其后开始在效仿发达国家各种基本经济政策的基础上引入了竞争政策的原因(一开始只是狭义的竞争政策——竞争法),主要原因在于他们认为竞争政策会像其他发达国家一样对其经济的持续发展具有重要支撑作用。研究表明,在市场竞争与经济发展这两大变量之间存在倒 U 形关系,即竞争的增加会促进经济增长,但是当竞争超过一定的限度时又会阻碍经济增长。竞争政策的作用就在于在没有竞争与过度竞争之间寻求有效竞争的恰当状态,使得竞争机制得以持续维持,促进资源配置的优化,提升经济运行的效率。[2]

澳大利亚竞争与消费者委员会时任主席罗德·西姆斯在 2013 年世界银行论坛上发表讲话,概述了澳大利亚竞争政策改革所产生的积

---

[1] See Atty. Jeremy Gatdula, Ever Higuit & Rafael Madarang, *RP – US FTA: Trade Remedies, Competition Policy and Government Procurement*, Philippine Institute for Development Studies, Discussion Paper Series NO. 2006-13, 2006, p. 53-54.

[2] See Alberto Bucci, *An Inverted – U Relationship between Product Market Competition and Growth in an Extended Romerian Model*, CUTS working paper, 2004, p. 21-22.

极影响。在20世纪60年代、70年代和80年代初期，澳大利亚是一个与世隔绝、高度管制的经济体，有许多公共部门垄断，导致生产率增长低下以及经济表现不佳。从20世纪80年代开始，澳大利亚的经济被广泛地改革，特别是澳大利亚的国家竞争政策的改革将澳大利亚转变为一个开放、充满活力、灵活和高生产率的经济体。在澳大利亚竞争与消费者委员会倡导下，澳大利亚对其竞争政策进行大幅度改革，包括对澳大利亚的《竞争法》进行修改，使该法普遍适用于澳大利亚的所有商业活动；对所有监管市场或限制竞争的联邦、州和地区立法进行全面审查和改革；对公共垄断进行结构性改革，引入第三方准入制度以促进需要准入基础设施的市场竞争；进行独立的定价监督以限制垄断定价或任何剩余公共垄断的行为；并在政府和私营企业竞争时促进它们之间的竞争中立。2005年的生产力委员会《国家竞争政策改革回顾》第33号调查报告指出，由于澳大利亚政府在1995年到2005年实施了“全国竞争政策改革项目”，直接导致澳大利亚的GDP增长了大约2.5%，令澳大利亚的生产力增长率取得了40年以来最好的一次成绩。罗德·西姆斯认为，改革对支撑澳大利亚的生产力激增做出了重大贡献，使澳大利亚的生产力表现从经合组织中较差的国家之一变成了表现较好的国家之一。[1] 由此可见，竞争政策的有效实施与一个国家的长期经济发展之间具有正相关关系。

（二）对经济运行的“防护伞”功能

从本质上看，竞争政策是政府调节经济的一种方式。竞争政策通过打击垄断和促进竞争，为市场经济的健康和有序运行创造了良好环境。不管在经济顺利还是困难时期，竞争政策作为市场机制的防护伞，都应与其他经济政策形成有效制衡，并且可以防止其他经济政策对市场结构和市场机制造成侵蚀；通过确保各种干预措施在市场失灵的范

[1] See Rod Sims, *Australia's Experience Driving Economic Growth through Competition Policy Reforms*, the ACCC (April 23, 2013), https://www.accc.gov.au/speech/australia%E2%80%99s-experience-driving-economic-growth-through-competition-policy-reforms.

围内活动，维护市场经济的良性竞争机制，实现公平竞争最大社会利益。[1]

竞争政策作为间接性的政府管制方式，与政府直接管制和宏观调控共同构成了危机化解的有效方式。如果说在经济危机形势下，加强市场的直接管制和宏观调控是必要的，那么竞争政策的有效实施就为这种政府介入提供了基石和保障。更重要的是，竞争政策不仅在经济困难时期具有防止风险扩大的功能，还是经济运行正常时期防范经济风险的有效工具。[2] 因此有学者认为，正是竞争法的缺失和过分倚重产业政策导致了1997年亚洲金融危机的爆发，因为没有竞争法约束的产业政策很容易导致严重的结构性缺陷。[3] 还有学者认为，在一个新兴产业的发展过程中，产业政策与竞争政策均是必不可少的，但在行业发展逐渐步入正轨之时，产业政策应居于从属地位，而竞争政策则应当处于优先地位，这更有利于市场机制对政府失灵的修补。[4]

（三）对其他基本经济政策的引领功能

一个国家的基本经济政策有许多，竞争政策、产业政策、贸易政策、外资政策、财政政策等都属于基本经济政策，都可以作为经济健康发展的保护手段，竞争政策仅仅是其中的一种。竞争政策和其他经济政策虽然都是为市场经济服务的，并且各自有着互补性且密不可分，但是竞争政策始终是起基础性作用且具有长期意义，对其他经济政策起到统领的作用，可以说是在指引其他基本经济政策。因此应确立竞争政策在一国经济政策体系中的支柱地位。

竞争是市场经济的运行机制。竞争政策则是政府为保护、促进和规范市场竞争而实施的经济政策。竞争本身属于微观经济行为，竞争

---

[1] 参见徐士英：《竞争政策研究——国际比较与中国选择》，法律出版社2013年版，第9-10页。

[2] 参见徐士英：《竞争政策的功能》，载《中国价格监管与反垄断》2016年第2期。

[3] 参见冯晓琦、万军：《从产业政策到竞争政策：东亚地区政府干预方式的转型及对中国的启示》，载《南开经济研究》2005年第5期。

[4] 参见孙晋、尹强：《我国光伏产业持续发展的政策转型：从产业政策到竞争政策》，载《武汉科技大学学报（社会科学版）》2018年第3期。

政策则是国家宏观调控经济的重要方面。竞争政策不是孤立的,在国家调节经济的政策体系中,竞争政策具有基础性地位,这主要体现在资源配置以竞争为基础、市场主体的培育以竞争为基础、产业组织政策以竞争为基础、市场秩序建设以竞争秩序建设为基础等方面。[1]

(四)对贸易自由的保障功能

从市场经济的基本原理来看,竞争规律是市场经济的基本规律,它与价值规律一同主导着市场经济机制的顺利运行。如果市场经济机制运行不顺利,以市场经济机制为依托的贸易自由化也就难以实现。从市场失灵的理论来分析,市场机制正常运行的重要条件是市场上存在有效竞争,但竞争机制本身不能实现有效的竞争,毫无管制的竞争将会导致垄断,这种市场失灵的现象正是竞争政策产生的原因。[2] 因此,竞争政策以为市场经济创造一个公正、自由的竞争秩序为目标,从而促进贸易自由化的实现。

三、竞争政策与国际贸易的关系

竞争政策和国际贸易之间的关系在世贸组织及其他国际论坛、在许多学术和法律论著中已被广泛讨论。[3] 早在《国富论》中,亚当·斯密就对竞争政策与国际贸易的关系给予了高度关注。他指出,联合王国禁止非英国的资本进入贸易领域投资,降低了这一领域的竞争,由此导致了进口产品的价格上涨,最终损害了自身的利益。竞争政策旨在消除市场竞争的障碍,确保市场的开放和有效竞争,进而实现资源的最佳配置以提高生产效率和增进全球福利,因而在促进市场开放、有效准入等方面发挥着重要作用,竞争政策对国际贸易秩序的影响越来越强烈。

---

[1] 参见洪银兴:《强化竞争政策的基础地位》,载《光明日报》2020年6月16日,第16版。

[2] 参见齐虹丽、徐鹏:《贸易自由化与竞争政策的国际协调》,载《云南财经大学学报》2008年第3期。

[3] See Robert D. Anderson & Peter Holmes, *Competition Policy and the Future of the Multilateral Trading System*, Journal of International Economic Law, Vol. 5:2, p. 532(2002).

(一)损害国际贸易的私人限制竞争行为

随着《关税与贸易总协定》(以下简称《关贸总协定》)与世贸组织多边贸易协议的实施,政府采用的各类贸易限制措施如关税、配额等被大幅削减或消除,各种私人限制竞争行为对国际贸易的限制性作用逐渐显露出来。贸易政策的制定者最关心的是私人限制竞争行为在多大程度上成为国际贸易的非关税壁垒,私人限制竞争行为是否对国际贸易产生了负面影响。[1]

私人限制竞争行为,又称为私人限制性商业惯例。1980年的联合国《关于管制限制性商业惯例的公平原则与规则的多边协议》给出的定义是,限制性商业惯例系指企业通过滥用或取得并滥用市场支配地位限制其他企业进入市场,或以其他不正当方式限制竞争,从而可能或将会对国际贸易或商业产生负面影响的做法或行为;或者企业间通过正式或非正式、书面或非书面的协议或安排而产生具有同样负面影响的做法或行为。[2] 在经济全球化的今天,在一国国内市场实施的私人反竞争商业行为,会对市场准入产生封锁效果或增加限制,从而影响货物与服务的进出口,进而对国际贸易产生不利影响。

世贸组织贸易与竞争政策互动关系工作小组根据世贸组织成员的建议,将影响国际贸易的私人反竞争商业行为概括为影响进口产品市场准入的反竞争商业行为、影响国际市场的反竞争商业行为和对不同国家的国内市场产生不同影响的反竞争商业行为。[3]

影响进口产品市场准入的反竞争商业行为,包括国内进口卡特尔、在参与企业之间划分国内市场的国际卡特尔、对平行进口的不合理阻碍、对进口实施的控制、对支配地位的排他性滥用、对竞争者封锁市场

---

[1] See WTO, *WTO Annual Report* 1997, WTO Publication, 1997, p. 30.

[2] See UNCTAD, *The Set of Multilaterally Agreed Equitable Principles and Rules for the Control of Restrictive Business Practices*, TD/RBP/CONF/10/Rev. 1, 1981, Part I, Section B.

[3] See WTO, *Report* (1998) *of the Working Group on the Interaction between Trade and Competition Policy to the General Council*, WT/WGTCP/2, 1998, para. 83.

的垂直市场限制、涉及行业协会的某些私人标准设立活动。[1] 此类措施可以产生减损或消除贸易自由化潜在成果的效果。如在美国烟草案中，美国企业与英国企业相互间划分市场，对贸易与竞争都产生了明显、直接的限制效果。[2] 此类行为的效果及其对国际贸易的意义取决于上述反竞争商业行为的具体形式、有关企业的市场力量和其他情况。

影响国际市场的反竞争商业行为，最典型的是影响多个国家市场的价格和产量的国际卡特尔。在诸如国际海运或金融服务等某些服务部门运作的卡特尔对贸易特别有害，因为它们不仅限制了相关的服务贸易，还提高了该服务出口的价格，导致了另一层次的扭曲。在柠檬酸共谋案中，不同国家的企业之间达成的关于固定价格的共谋使消费者的成本增加，且时间从 1991 年持续到 1995 年。[3] 在某些场合，涉及国际运营企业的兼并和滥用支配地位也可能产生相似的效果。

对不同国家的国内市场产生不同影响的反竞争商业行为，最典型的是出口卡特尔，其受害者主要包括进口机器设备和消费品的发展中国家。这种卡特尔对国际贸易和经济发展的危害效果可能比公众了解得更为严重，因为大多数国家不坚持对这种卡特尔进行登记，而是睁一只眼闭一只眼。[4]

（二）竞争政策对国际贸易的积极影响

上述私人反竞争商业行为对国际贸易可能产生重大阻碍，它们相当于国际贸易中的非关税壁垒，因此需要竞争政策对相关行为进行管制以保证贸易自由化目标的实现。竞争政策的实施，对国际贸易的秩序与安全，都会产生积极的影响。通过对各类私人限制竞争行为的管

---

[1] See WTO, *Report* (1998) *of the Working Group on the Interaction between Trade and Competition Policy to the General Council*, WT/WGTCP/2, 1998, para. 84.

[2] See WGTCP, *Report on the Meeting of* 11-13 *March* 1998, WT/WGTCP/M/4, 1998, para. 23.

[3] See WGTCP, *Report on the Meeting of* 11-13 *March* 1998, WT/WGTCP/M/4, 1998, para. 29.

[4] See WGTCP, *Report on the Meeting of* 11-13 *March* 1998, WT/WGTCP/M/4, 1998, para. 31.

制，竞争政策对促进国际贸易的自由化发挥着重要的作用。

引起人们对竞争政策与贸易问题产生兴趣的原因至少有四个。[1] 第一，作为正式的壁垒，特别是如关税这样的边境措施已被减少或消除，随之而来的风险是，私人贸易障碍可能会取而代之，抵销进一步的贸易自由化带来的好处。可确定的是，随着其他类型的壁垒下降，共谋和类似做法的动机也会增加。第二，随着全球化使国内市场和国际市场的区别变得模糊，适用于多个法域商业活动的贸易和竞争政策之间存在许多联系。例如，越来越多的公司合并必须得到多个竞争主管机构的批准。众所周知，投资和技术是国际货物和服务贸易的发动机，随着企业将其业务全球化以利用运输和电信方面的进步，现有的贸易和竞争规则难以应对这些挑战。第三，各国政府日益关注不当或低效的监管对经济绩效的不利影响，并进行监管改革，包括放松管制和私有化，扩大了贸易和投资机会，并促进了一个更有生产力的经济。监管改革还为更激烈的国际竞争打开了国内市场。执行竞争原则是确保私人限制竞争行为不会取代以前受管制部门的公共行为以及确保贸易和投资机会不被外国竞争拒之门外的关键因素。第四，在世贸组织规则规制的一些领域出现了具体的竞争政策问题。例如，服务自由化，特别是《服务贸易总协定》关于基础电信、投资措施和贸易救济的例子已经出现。

研究表明，竞争政策在国际贸易行为中的作用就是鼓励自由贸易，维护公平竞争，增进效率和福利。

自由贸易政策与竞争政策在追求目标方面具有一致性。贸易政策和竞争政策面临共同的现实条件：现实条件与理想状态（指自由贸易和充分竞争）不一致。自由贸易受到各种贸易壁垒的限制；充分竞争受到垄断、合谋等各种市场主体的限制竞争行为的妨碍。由此决定了贸易政策与竞争政策有着共同的目标取向：消除上述实际条件下的各种限制，尽力实现自由贸易和充分竞争这一最佳的状态，继而实现效率和福利最大化这一目标。

---

[1] See WGTCP, *Communication from Canada*, WT/WGTCP/W/7, 1997, p. 1-2.

自由贸易政策有助于竞争政策的实现。自由贸易政策为的是推行贸易自由化,培育一个没有贸易壁垒的全球性市场,竞争日益跨越国界在国际市场上展开,这也使竞争具有全球化特点。自由贸易政策是促进竞争的一个有效措施,因为尽管进口产品在国内市场的实际份额不大,但由于消除了贸易壁垒,国内市场的垄断厂商或寡头垄断厂商感受到来自潜在竞争者的威胁,将不敢滥用市场支配地位。可以说,促进竞争是自由贸易政策的一个成功之处。

竞争政策是对自由贸易政策的补充。竞争法是竞争政策的重要内容,尽管自由贸易政策的推行有助于竞争政策的实施,但总体而言,单纯的自由贸易政策并不能替代竞争法。因为随着国家之间贸易壁垒的减少,国内企业之间的限制竞争行为往往比政府的限制措施更能阻碍自由贸易的开展,构成市场进入障碍,所以自由贸易政策必须以竞争政策作为补充。

第二节　竞争政策的国际协调

早在20世纪四五十年代,竞争政策的国际协调即已开始,随着国际经济交往的日益频繁,到20世纪90年代,在跨国并购兴起、贸易自由化推动国际竞争进一步加剧的历史背景下,竞争政策的国际协调引起越来越多的关注。[1] 在竞争政策方面采取国际行动的建议,是对以下四个方面问题的回应:(1)不断增加的跨国限制竞争行为超出了一国主权的管辖范围;(2)各国之间的竞争执法冲突;(3)市场准入问题;(4)遵守多国法律引起的不必要的成本。[2]

一、竞争政策国际协调的必要性

世贸组织争端解决机制在1998年4月23日审结的“美国诉日本

[1]　参见王中美:《竞争规则的国际协调》,人民出版社2005年版,第131页。

[2]　See Daniel K. Tarullo, *Competition Policy for Global Markets*, Journal of International Econimic Law, Vol. 2:3, p. 445-455(1999).

影响消费性胶卷和相纸措施案”(以下简称富士柯达胶卷案)充分说明了对竞争政策采取国际协调措施的必要性。该案表明,如果参与国际贸易的世界各国不能对跨国限制竞争活动采取协调性措施,将会导致众多国际贸易纠纷,引起国家间的法律冲突和利益冲突,并由此减少各国通过贸易自由化可以获取的利益和社会福利。

1996年6月13日,美国要求与日本就其影响进口消费性照相胶卷和相纸的分销、销售和内部销售的法律、法规和规章进行磋商。美国声称日本政府通过这些措施对进口的胶片和纸张给予了较低的待遇,违反了《关贸总协定》第3条和第10条,这些措施进而抵消或损害了美国因《关贸总协定》可获得的利益。双方磋商未果,于是美国在同年9月20日请求设立专家组。1996年10月16日世贸组织争端解决机构决定成立专家组,1998年3月30日专家组提交了报告,否定了美国的主张。同年4月22日争端解决机构通过了专家组的报告,美国没有提起上诉。[1]

美国的请求涉及日本20多项法律、法律和行政决定,时间跨度从1967年到1987年,大多数是关于零售业的法规。美国把日本采取的措施分为三大类:第一类被称作限制流通的措施,美国认为日本通过采取一些影响市场结构的措施,鼓励并促进市场结构将进口胶卷排除传统销售渠道;第二类是大型商店法,这类法规限制大型零售商店的发展,从而限制了进口胶卷的其他分销渠道;第三类是限制促销的措施,日本限制使用特殊的促销手段和商业折扣,阻止了外国生产商在日本进行有效的产品销售,使进口产品处于不利的销售地位。美国指出,日本胶卷进口关税是受约束的,但日本政府采取的上述系列措施,变相限制了胶卷进口,或者造成了对进口胶卷的歧视性待遇,因而剥夺或损害了美国的利益。专家组经审理认为,美国没有证明美国引述的日本政府采取的相关措施使《关贸总协定》第23条第1款(b)项意义上的美国利益丧失或受损,没有证明美国引述的日本经销措施授予进口胶

---

[1] See WTO, *Japan—Measures Affecting Consumer Photographic Film and Paper*, WT/DS44/5, 1998.

卷《关贸总协定》第3条第4款意义上的较差待遇,没有证明日本违反了《关贸总协定》第10条第1款所指的一般适用的行政裁定,因而判美国败诉。

该案说明,一个国家的生产商与其销售商之间的独家销售协议可能影响这个国家的对外贸易。该争议案的核心问题是富士公司的销售制度。富士公司在日本胶卷市场上占有70%的份额,并且与4家企业订立了长期独家供货协议。这一限制竞争行为表面看来是一个日本的国内法问题,但事实上它不仅会严重损害日本国内胶卷市场的竞争,而且也会抵制外国胶卷产品进入日本市场。该案件表明,国家的竞争政策与国际贸易有着非常密切的关系。然而在这个案件中,由于美国未能成功地证明日本胶卷市场的排他性网络是日本政府建立的,故而败诉。日本竞争法专家、世贸组织上诉机构法官松下满雄教授指出,美国在这一案件中输掉官司,主要原因是选错了诉讼对象,因为不管日本政府在这一限制竞争的案件中采取了什么措施,也不管日本政府在这一排他性销售制度的形成过程中发挥了什么作用,这个争议的核心是关于私人限制竞争行为,即富士公司作为私人企业采取了限制竞争的销售策略。除非世贸组织能够处理私人企业的行为,否则它的争端解决机制对这种行为就无能为力。[1]

日本政府关于胶卷分销的相关法规是否具有限制竞争的效果是本案作为非违反之诉审理的核心问题。鉴于世贸组织是政府之间的协定,针对的是政府行为而非私人行为,专家组为了行使管辖权,从解释《关贸总协定》第23条第1款(b)项的"措施"着手,扩大解释"措施"的含义,将管辖权触及到限制竞争的私人行为。专家组认为,根据《关于争端解决规则与程序的谅解》的规定和《关贸总协定》的实践,应由美国先证明其主张,然后由日本提出反驳理由。美国举出了18项日本政府做出或制定的从"内阁决定"到"大型商店法"等法规,专家组根据非违约之诉的成立要件对这些措施逐一进行了仔细的分析。最终专家组

[1] 参见[日]松下满雄、朱忠良:《世界贸易组织的基本原则和竞争政策的作用》,载《环球法律评论》2003年第1期。

认为,美国所指控的“措施”有的不属于《关贸总协定》第 23 条第 1 款(b)项所称的措施,有的则是在关税减让谈判前采取的措施,且美国在本案中没有提供充分的证据证明其利益的丧失或减损是由于三类限制性措施造成的,因此认为美国对日本提起的非违反之诉不能成立。通过对非违反之诉部分的审理,可以发现非违反之诉机制在竞争法领域的适用具有扩张性趋势。非违反之诉主要针对的是国内限制竞争措施,大多数情况下是政府通过维持或帮助国内企业垄断来保护本国市场并排斥外来竞争者,世贸组织的多边协定涉及竞争政策的条款很少且较零散,但非违反之诉却能将贸易利益问题与竞争政策问题联系起来,从而使争端解决机构有权受理政府间涉及竞争规则的争议。

该案给我们的启示是,世贸组织争端解决机制目前对私人限制竞争行为的规制能力非常有限。世贸组织多边贸易协议属于国际公法契约的性质,世贸组织的义务是在有约必守的基础上在成员之间得以履行,这意味着世贸组织义务只适用于成员政府,不能直接适用于私人,世贸组织多边贸易协议并没有包含任何支持直接规制私人实体违反竞争行为的条款。这一案例涉及一种预期将竞争政策注入世贸组织针对非歧视一般性义务的努力。该案中美国的败诉说明,在大多数情况下,若想成功地确立私人限制竞争行为与政府措施之间的因果关系是非常困难的。如果无法将私人限制竞争行为以某种形式与特定的政府措施挂钩的话,那么此类行为通常会超出世贸组织现行法律的管辖范围。[1] 因此,至少对世贸组织而言,其现行规则与体制都不足以有效规范竞争政策议题,也充分说明了竞争政策国际协调的必要性。

二、竞争政策国际协调的紧迫性

在传统上,竞争政策属于国内法范畴,规范国内市场上的竞争秩序问题,到目前为止,国际上还没有严格意义上的统一规范各国竞争政策的法律规则。如此造成的后果是:一方面,随着关税及非关税壁垒不断

---

[1] 参见白树强:《全球竞争政策——WTO 框架下竞争政策议题研究》,北京大学出版社 2011 年版,第 262-263 页。

被削弱，跨国公司的各类限制竞争商业行为对国际贸易的损害日益突显；另一方面，由于各国竞争政策缺乏必要的协调，企业的跨国界经营受到了诸多限制，一个并购行为需要向多个国家的竞争主管机构提出申请并得到其批准，这既增加了企业的经营成本，又使企业的经营活动在相当长时间内处于不确定的状态。美国高通公司（Qualcomm，以下简称高通）收购荷兰恩智浦公司（NXP，以下简称恩智浦半导体）即是典型例子。高通是美国著名无线通信终端基带芯片公司，在基带芯片市场长期处于垄断地位，位居全球蜂窝基带芯片市场首位。恩智浦半导体是荷兰著名高性能混合信号半导体电子企业，是全球最大的汽车芯片、移动支付芯片，以及微控制器供应商。2016 年 10 月，高通提出以 440 亿美元收购恩智浦半导体，若收购成功，此前专注于通信与移动计算领域的高通将强势进入自动驾驶领域。作为全球半导体行业最大规模的并购交易，需要得到包括美国、中国、日本、俄罗斯、韩国等 9 个国家的批准。美国纽约时间 2018 年 7 月 25 日晚上 11 时 59 分，由于中国国家市场监督管理总局（SAMR）没有给出允许的答复，高通公司正式宣布放弃收购恩智浦半导体的交易，这场历时近两年的全球第一大半导体收购案最终以失败告终。这反映出由于缺乏对竞争政策的国际协调，有关国家或地区均需要依其国内竞争法对此并购案进行审查，因而耗时费力，从而使并购案长期处于悬而未决的状态，极大地增加了企业的成本。

此外，各国竞争政策中存在的经济民族主义和贸易保护主义倾向，也使各国竞争政策在对内和对外的功能上既有一致的一面，也有相反的一面。作为竞争政策的核心内容，各国反垄断法一方面往往允许甚至支持、鼓励本国企业对外国市场的垄断，另一方面又严格管制外国企业对本国市场的垄断。尽管各个国家和地区的竞争政策在基本框架上具有某些一致性，但是在不少方面还是存在差异的。尤其是当外国企业成为竞争法实施过程的受益者时，一些国家对竞争法的实施可能就不再积极。因此，各国竞争政策内在差异的存在及其带来的诸多问题也决定了进行竞争政策国际协调的必要性。[1]

正因如此，著名竞争法专家戴维·格伯尔在其著作《全球竞争：法律、市场和全球化》一书的序言中指出，在世界上许多地方，决策者都认识到了经济竞争的潜在价值，并开始给它越来越多的保护，使其免遭私人限制竞争行为的破坏。人们逐渐意识到，竞争，尤其是跨国竞争，能促进经济增长、增加就业、提高收入、创造出对所有人都很重要的公共资源和私有资源。因此，为全球竞争提供一套行之有效的法律框架的必要性日益凸显，这个问题在2008年金融危机之后显得尤为突出。[2]为促进全球经济贸易的自由化和国家经济发展，竞争政策的国际协调成为当代国际社会的一个重要选项。

(一)经济全球化发展引发跨国竞争问题

经济全球化的实质是生产和市场的全球化，商品等生产要素在全球范围内流动比以往更快、更广，流动规模也不断扩大，各国经济相互竞争和依存程度不断提高。经济全球化使得企业竞争全球化，也对国际竞争治理带来新问题和新挑战。

20世纪80年代以来全球新一轮产业结构调整代表了经济进入了全球化的快速发展阶段。数据显示，全球经济规模从1970年的2.95万亿美元增长到2015年的74万亿美元，增长超过20倍，全球贸易从1970年的3056亿美元增长到2015年的16.2万亿美元，增长超过50倍，[3]2019年，此一数字增长为25万亿美元，相比1970年增长超过了80倍。[4] 资本快速流动促进了跨国公司的迅速成长和扩张，跨国公司也成为经济全球化的主要载体，其通过在全球范围内组织生产，促进了生产要素在全球的流动和配置。由跨国公司推动的第五次并购浪潮

---

[1] 参见王先林：《国际贸易协定谈判中的竞争政策问题 以WTO和TPP谈判为例》，载《竞争政策研究》2015年第1期。

[2] 参见[美]戴维·J.格伯尔：《全球竞争：法律、市场和全球化》，陈若鸿译，中国法制出版社2012年版，序言第1页。

[3] 参见吴振国：《加强竞争政策国际协调 共同维护市场公平竞争》，载《竞争政策研究》2017年第5期。

[4] See WTO, *World Trade Statistical Review* 2020, WTO Publication, 2020, p. 10.

直接导致了全球范围内汽车、医药、电子、通信、航空、传媒等产业市场结构的调整,第六次并购浪潮更是带动了资本、品牌、渠道、管理、人才的全球流动。

一国的贸易政策属于对外政策,主要目的是消除或减少国家之间的贸易障碍,通过削减关税与非关税壁垒,提高全球资源配置效率;一国的竞争政策属于国内政策,旨在规范国内企业的商业行为,保护国内市场的公平竞争。两个方面政策的目标是相同的,就是通过提高经济效率,增加消费者福利,但是二者为实现政策目标所采用的方法和手段却有所不相同。

随着经济全球化的发展,贸易政策会更多地涉及竞争问题,而竞争政策也越来越对贸易政策产生影响,因而需要加强贸易和竞争政策的协调。如各国根据本国不同时期的贸易政策而实施的反倾销、反补贴措施,其负面影响就是保护了本国低效率的竞争者而没有促进公平竞争。由此,竞争问题的影响已远远超出了国家界限。又如跨境卡特尔,如固定价格、划分市场、限制产量等,导致了新的市场壁垒和市场扭曲,破坏了国际竞争秩序,严重侵蚀了多边、双边贸易与投资的自由化成果。跨国并购也可能在全球市场形成垄断,限制贸易和投资自由化的进一步发展。面对经济全球化引发的竞争问题,需要各个司法辖区加强竞争政策及执法协调,促进贸易和投资自由化的进一步发展。

(二)国际竞争规则缺失造成各国竞争执法碎片化

目前,各国竞争政策的发展仍然各自为政,竞争立法差异也很大,短期内很难形成统一的国际竞争规则。目前有120多个国家制定了竞争法,各国法律规定尽管存在相似性,但在实体标准和程序等方面也有差异,这就可能会对贸易投资自由化产生不利影响,有时甚至会产生反贸易的效应。有的国家竞争法为了保护本国利益,对出口卡特尔实施豁免政策;有些国家在贸易自由化的旗帜下放宽对垄断行为的执法,用竞争政策来达到限制贸易甚至是破坏贸易的目的。各国竞争立法及执法理念上的差异都会影响国际贸易,如何解决竞争政策的反贸易效果,是在当前国际经贸关系中各国必须面对的现实问题。

从各国竞争立法和执法情况看,多数国家对国际垄断案件适用“效果原则”,即对发生在境外但对境内市场竞争有影响的垄断行为行使管辖权,这容易导致管辖权冲突。这也说明,经济全球化以及与之相关的贸易自由化、金融国际化和生产跨国化,必然要求从市场自发的功能性一体化走向规则一体化。

近年来,以世界贸易组织为代表的多边贸易体制发展遭遇较大阻力,多边竞争规则发展处于停滞状态,这使竞争规则全球化严重滞后,对国际贸易和投资发展造成了阻碍,客观上造成了各国竞争执法的碎片化。当然我们也要看到,联合国贸发会、经合组织、亚太经合组织等国际组织多年来不断总结竞争立法和执法最佳实践,搭建了竞争政策对话平台,在推动建立国际化的竞争规则方面发挥了导向性作用,但实际影响仍然非常有限。

(三)各国国情不同导致竞争政策和法律制度存在差异

全球化发展至今,国际经贸格局发生了巨大变化,以金砖国家为代表的新兴经济体开始崛起,成为拉动世界经济增长的重要力量。尽管如此,发达国家与发展中国家在政治、经济、文化、法律和历史等方面仍然存在较大差异。经济全球化治理,非一国或几国之力可以解决,而是要求全球治理。

在竞争政策领域,需要结合国情以及在世界经济贸易中所扮演的角色来进行制度设计,并开展与之相应的国际合作。包括中国在内的发展中国家,已经或者正在根据自身经济发展阶段和国情制定符合自身实际情况的竞争法律,而不是盲目照搬、一味效仿发达国家的制度设计,这是一个求同存异、因地制宜的过程。

三、竞争政策国际协调的主要路径

随着经济全球化和贸易与投资自由化的发展,跨国公司数量增加、规模扩大,越来越多的竞争问题超越了国界,竞争政策的国际协调与合作已势在必行。根据现有的各国实践,竞争政策的国际协调与合作包括双边、区域和多边三种路径。[1]

（一）签订竞争政策双边合作协定

通过签订竞争政策的双边合作协定进行竞争政策的协调，是当前有效的国际合作路径之一。经合组织 1967 年提出的《成员国间就影响国际贸易的限制性商业行为进行合作的推荐意见》很大程度上推进了西方国家间在竞争政策领域的双边合作。例如，美国根据该意见分别于 1977 年、1982 年和 1984 年与德国、澳大利亚和加拿大订立了关于限制性商业行为的双边合作协定。美国与欧共体 1991 年订立的《执行反垄断法的合作协定》是这个领域目前最有影响的双边合作协定。这种合作方式包括通告、信息交流、反垄断程序的合作与协商、积极礼让和避免反垄断法程序的冲突。

（1）通告。根据《执行反垄断法的合作协定》第 2 条第 1 款的规定，如果缔约一方提起的反垄断诉讼可能损害另一方的重大利益，它就有义务将这个诉讼向缔约另一方进行通告。根据《执行反垄断法的合作协定》第 8 条的规定，该通告应遵守协定中关于保护机密信息的规定。

（2）信息交流。根据《执行反垄断法的合作协定》第 3 条的规定，缔约双方除在审理案件的过程中定期会面外，还应将本国已经得知的限制竞争行为向对方作为信息进行交流，条件是这些行为同时违反了对方国家的反垄断法。缔约方有义务应对方的请求交换信息，但是没有义务通告根据本国法律属于禁止通告的信息，或者有损本国当事人重大利益的信息。

（3）程序中的合作和协调。《执行反垄断法的合作协定》第 4 条第 1 款规定，双方应在法律允许的范围和在不严重损害本国利益的条件下，向对方提供反垄断诉讼的援助。但这种合作不是强制性的，任何一方都可随时退出合作，将案件归另一方单独审理。

（4）积极礼让（Positive Comity）。《执行反垄断法的合作协定》第 5 条规定，如果缔约一方的利益在对方领土上受到侵害，它有权要求对方

[1] 参见陆以全：《论制定国际反垄断法的必要性及其模式选择》，载《云南大学学报（法学版）》2007 年第 5 期。

按照自己国家的竞争法审理案件。但是,缔约一方要求在对方领土上域外适用本国法时,它也得允许另一缔约方的竞争法主管机构可以干预发生在本国领土的限制竞争案件,甚至允许适用另一缔约方的法律。积极礼让原则是竞争法双边合作协定的一个极其重要的内容。为了深化和发展这个原则,美国和欧盟还在1998年专门订立了一个适用积极礼让原则的双边协定,作为1991年《执行反垄断法的合作协定》的补充。

(5)消极礼让。根据《执行反垄断法的合作协定》第6条的规定,为了避免法律冲突,缔约方应在考虑本国重大利益时,在反垄断诉讼的各个阶段也考虑缔约另一方的重大利益,即传统的国际礼让原则,也称消极礼让,目的是限制缔约方随意适用本国的反垄断法。根据该条第3款的规定,缔约一方在提起反垄断诉讼时,应根据一系列相关因素,评价该诉讼对另一缔约方的影响。

一方面,双边合作协定确实使欧美国家在竞争法领域建立起一定程度的合作和协调关系。随着这种双边协议的订立,一些国家也改变了过去对其他国家反垄断法的域外适用一味抵制的态度,制定了有利于进行相互援助的法律。但反垄断法双边合作协定是建立在缔约方自愿合作的基础上的,不具有法律约束力。另一方面,不管缔约双方如何进行协调,各国反垄断法的执行终归还是本国利益的体现。在WorldCom公司与MCI公司的兼并案、爱克森公司与美孚公司的兼并案、ALCOA公司收购Reynolds Metals公司案中,美国、欧盟都作出了相同或相似的判定。[1] 但在波音—麦道合并案中,尽管美国联邦贸易委员会与欧盟委员会按照合作协定在整个程序中就时间安排、市场界定、救济措施和对限制竞争影响的评价等问题上都通力合作,却并不影响双方得出截然不同的结论。此案件的结果表明双边合作协定的局限性,一旦重大利益受到影响,程序上的合作并不能保证实质结果的一致性。

从目前的双边协定看,参与订立这种协定的都是发达的市场经济

---

[1] 参见王中美:《竞争规则的国际协调》,人民出版社2005年版,第142页。

国家。发展中国家或者因为没有经济实力使得发达国家对之没有兴趣进行这方面的谈判，或者因为没有制定竞争法和竞争政策使得发达国家认为与之进行谈判有较大难度，因此目前很少有发展中国家在该领域参与订立双边合作协定。

（二）签订区域贸易协定

自20世纪90年代以来，区域贸易协定在协调竞争政策方面发挥着越来越重要的作用。一方面，区域贸易协定的数量飞速增长，截至2021年10月，通知关贸总协定/世贸组织的区域贸易协定达538项；另一方面，竞争政策议题受到重视，在形成的350个实体区域贸易集团中，占79.8%的自由贸易协定和占66.7%的关税同盟设有竞争政策条款。[1] 其中影响较大的当数北美自由贸易区与欧洲联盟。

在区域竞争政策的合作与协调方面，欧共体/欧盟走在了前列，其有关反垄断的规定包含在统一的欧共体/欧盟竞争法中。欧共体/欧盟率先在欧洲开展保护竞争的国际立法，并通过不断地修订建立了严密的竞争法律制度。在目前所有区域性国际组织中，欧共体/欧盟的竞争法最为发达和完善，其中有些规则影响广泛已经成为国际惯例，从而在国际贸易中发挥着重要作用。同时，随着欧共体/欧盟成员国的增加，其竞争规则实际上已经成为多数欧洲国家发展经济的竞争规则，并对其他区域性国际经济组织的竞争立法产生重大影响。

欧共体/欧盟的反垄断制度具有以下特点：具有多层次、相互补充的法律表现形式；拥有统一、完善的反垄断实体法规定；在执行机制方面，虽然以欧共体/欧盟委员会为主要反垄断执法机构的现状有必要加以改革，但总体上现行的执行机制还是相当有效的。因此，欧共体/欧盟的反垄断制度可以说是在区域层级上进行国际反垄断合作的成功典范，尽管由于欧共体/欧盟本身具有的特殊性使这一制度很难在其他区域、尤其是全球范围内推广，但在一定程度上，它仍然可以为构建全球性的反垄断合作机制提供有益的经验，本文也将在

[1] See WTO, *Regional Trade Agreements Database*, WTO (Oct. 15, 2021), http://rtais.wto.org/UI/publicsummarytable.aspx.

下文专章进行分析。

美国、加拿大及墨西哥于 1992 年 8 月签署,1994 年 1 月 1 日生效的《北美自由贸易协定》在世界自由贸易协定史上占据着重要地位。[1] 一方面,《北美自由贸易协定》打破了南方国家不能与北方国家签订区域贸易协定的传统,墨西哥成为世界上第一个与发达国家签订自由贸易协定的发展中国家;另一方面,《北美自由贸易协定》也是一个高标准的自由贸易协定,该协定中的许多贸易规则,包括其中的竞争政策规则,对其后许多国家签订的自由贸易协定,甚至对乌拉圭回合多边贸易谈判都产生了重大影响。[2]

《北美自由贸易协定》关于竞争政策议题的规定体现在第十五章,标题为"竞争政策,垄断与国家企业",共计五个条款。该协定在国内竞争政策协调方面赋予其成员的义务是,各成员应制定与维持国内竞争法,以禁止反竞争商业行为,并对此种行为采取适当的行动,以促进协定目标的实现。同时要求协定成员应加强竞争执法的协调与合作,各成员的竞争执法机构应就在自由贸易区内的执法活动进行合作与协调,以推动竞争法得到有效实施。为此,各成员应就竞争法的实施问题进行合作,包括相互间的法律援助、通知、磋商与信息交换。[3]

在国家企业与指定垄断的协调方面,《北美自由贸易协定》首先要求各成员应正当行使指定垄断。协定并不禁止成员指定垄断,但当指定垄断可能影响其他成员个人或企业的利益时,该成员应书面通知其他成员,并对此种垄断的运营限定条件,以尽量减少或消除对协定利益的抵消与损害;各成员在其购买或销售垄断产品或服务时,应仅仅依商业考量作出决定,并保证垄断企业不对采购其垄断产品或服务的其他成员的投资者、商品和服务的提供者采取歧视的态度,不对其他成员的

---

[1] 特朗普就任美国总统后,即推动《北美自由贸易协定》的修订谈判。2018 年 9 月 30 日,美国、加拿大和墨西哥达成三方贸易协议,被称为《美墨加协定》,该协定已于 2020 年 7 月 1 日正式生效,从而取代了《北美自由贸易协定》。

[2] 参见[美]威廉·库珀、王宇:《从 NAFTA 到 TPP(上)——纪念北美自由贸易协定签订 20 周年》,载《金融发展研究》2014 年第 9 期。

[3] See the North American Free Trade Agreement, Article 1501.

投资者的投资造成不利影响；该协定还规定，各成员应保证国家企业的正当营运。《北美自由贸易协定》并不禁止成员设立或维持国家企业，但各成员应通过法律管控、行政监督或采取其他措施，在此类企业行使政府授予的监管、行政及其他政府权力时，确保其设立或维持的国家企业以与成员在协定第十一章“投资”、第十四章“金融服务”中承担的义务不相违背的方式运作。各成员还应确保其设立或维持的任何国家企业向来自另一成员的、在该国进行投资的投资者出售货物或服务时，给予非歧视待遇。[1]

（三）制定多边公约

虽然各方都在努力，但在全球竞争政策的合作与协调方面，到目前为止，世界上还没有一个专门规范私人限制竞争商业行为的全球性条约。

1984年4月，经合组织在美国建议的基础上通过了一个建议，目的是促成成员国之间进行合作，从而缔结国际条约以禁止卡特尔。经合组织的建议提供了一个国际竞争政策合作与协调的初步框架，但由于其不具有强制性的法律拘束力，同时没有建立一个国际性的机构来解决各国在反垄断国际合作中所产生的争议，因此其作用较为有限。在联合国贸发会议主持下曾经制定了两个具有示范作用的法律文件，一是1980年12月5日联合国第三十五届会议通过的《关于管制限制性商业惯例的公平原则和规则的多边协议》，另一个是联合国贸易和发展会议秘书处在1984年制定并经多次修改的《消除或控制限制性商业惯例法律范本》。前者主要规定了宗旨、适用范围、公平原则、管辖权、禁止一般限制竞争行为、禁止滥用或者谋取并滥用市场支配地位、各国在国家或区域集团内执行上述原则的规定以及国际措施等内容。在许多人看来，这是贸发会议竞争法项目最引人注目的成果；[2]后者规定了宗旨、定义和适用范围、禁止的行为等内容。后者实际上是在前者的

[1] See the North American Free Trade Agreement, Article 1502, 1503.

[2] 参见［美］戴维·J.格伯尔：《全球竞争：法律、市场和全球化》，陈若鸿译，中国法制出版社2012年版，第120页。

基础上制定的，是前者规定的细化和具体化，有些规定甚至完全一样。两份法律文件具有一个共同点，那就是较为关注发展中国家的利益和反垄断法律制度的现状。虽然上述两个文件并不具有法律拘束力，因而在竞争政策的国际合作与协调方面并不能起到实质性的促进作用，但作为联合国所制定的文件，特别是由联合国大会正式通过的文件，还是具有很大的影响力。它们一方面为发展中国家的反垄断立法提供了蓝本，另一方面也吹响了国际社会在竞争政策方面进行合作与协调的号角。

除此之外，世贸组织也一直致力于推动竞争政策的合作与协调。早在1947年和1948年的哈瓦那会议上，欲设立国际贸易组织的《哈瓦那宪章》中就有管制限制竞争性商业行为的规定，只是因国际贸易组织流产，该宪章未能生效。1993年，以德美两国反垄断专家为首的小组向关贸总协定提交了《国际反垄断法典草案》，希望它能成为世贸组织框架下的一个多边贸易协定，但最终未被接受。1996年年底，根据欧盟的建议，世贸组织在新加坡部长会议上决定设立贸易与竞争互动工作小组，正式将竞争政策问题纳入世贸组织的框架之内。2001年11月在多哈举行的WTO第四次部长会议上，贸易与竞争政策作为四个新议题之一被列入了谈判议题。尽管由于各成员方之间产生较大分歧，导致竞争政策未能成为世贸组织框架下的一个单独协议，但世贸组织及其成员还是做出了艰苦的努力。

第三节 自由贸易协定纳入竞争政策议题的背景与进程

区域贸易协定将竞争政策议题纳入其规制范围并不是新鲜事，欧共体在其设立之初，即在《罗马条约》中制定了欧共体的竞争政策规则；作为经济一体化程度最低的区域贸易协定，自由贸易协定纳入竞争政策议题的时间则要晚一些。[1] 1960 年 1 月挪威、瑞士、冰岛等国签订的《建立欧洲自由贸易联盟公约》第六章制定了竞争政策规则，但由于该自由贸易区经济体量较小，相关规则影响不大。自《北美自由贸易协定》将竞争政策议题纳入自由贸易协定后，在美国和欧盟的推动下，越来越多的自由贸易协定将竞争政策议题纳入其中，竞争政策议题成为当代自由贸易协定规范的重要议题之一。

一、自由贸易协定的主要特征

（一）自由贸易协定的基本含义

自由贸易协定是经济一体化水平较低的区域贸易协定，由于自由贸易区在成员国之间降低关税、消除贸易障碍和扩大市场开放的同时，既不涉及成员国对非成员国的贸易政策和相关安排，也不需要建立共同的关税体系和对外贸易政策以及更高层次的宏观经济政策协调和统一货币，比其他形式的区域贸易协定更加简便易行，因此成为目前最常见的一种区域贸易协定。[2]

自由贸易协定是区域贸易协定中的一种。根据《关贸总协定》第 24 条的规定，区域贸易协定可分为自由贸易区与关税同盟。学者通常将区域贸易协定区分为自由贸易区、关税同盟、共同市场与经济同盟。[3]

自由贸易协定的数量急剧增加是当今世界贸易体系的一个决定性特征。自 20 世纪 90 年代以来，全球区域贸易协定的数量呈井喷状发展并在 2009 年达到巅峰。截至 2021 年 10 月，通知关贸总协定/世贸组织的区域贸易协定达 538 项，其中自由贸易协定 493 项，占比达

---

[1] See M. Mendes, *Antitrust in a World of Interrelated Economies: The Interplay between Antitrust and Trade Policies in the U. S. and the EEC*, University of Brussels Press, 1991, p. 74.

[2] See WTO secretariat, *Regional Trade Integration under Transformation*, seminar on Regionalism and the WTO, Geneva, Apr. 26, 2002, para. 9.

[3] See Naheed Kirmani et al., *International Trade Policies: The Uruguay Round and Beyond*, Volume II, International Monetary Fund, 1995, p. 90.

91.6%。[1] 因此,当代区域贸易协定的发展,主要是自由贸易协定的发展。

(二)自由贸易协定的主要特征

与多边贸易协定及其他类型的区域贸易协定相比,自由贸易协定具有自己鲜明的特征。

自由贸易协定第一大的特征是其封闭性。自由贸易协定的封闭性主要是指对协定优惠政策的限定,各成员方通过谈判确定关税减让、市场准入条件等贸易优惠措施,这些贸易优惠只有自由贸易协定的成员才能享有,非协定成员不能享受有关优惠措施。在多边贸易体制下,任何国家或单独关税区,只要其提出加入世贸组织的申请,并与世贸组织成员进行贸易谈判达成协定后,都可以成为世贸组织的成员。国家签订自由贸易协定的目的就是在成员之间建立一个封闭性的经贸集团,强化成员之间的经贸关系,从而促进本国经济的发展,提升其谈判能力与谈判地位。虽然为实现呈爆炸式增长的区域贸易安排与体现在世贸组织之中的多边贸易体制之间具有相容性,且世贸组织前总干事鲁杰罗提出了"区域主义全球化"的要求,推行"开放的区域主义",但实际效果并不明显。[2]

自由贸易协定第二大特征是其歧视性。根据《关贸总协定》第 24 条、《服务贸易总协定》第 5 条的规定,区域贸易协定成员间所享有的贸易优惠是多边贸易体制的支柱——最惠国待遇原则的例外,非自由贸易协定成员不能享受。自由贸易协定对内实行区域贸易自由化,对外则采取贸易限制措施,背离了世贸组织多边贸易体制的最惠国待遇原则。这主要表现在:在货物贸易方面,通过制定、实施原产地规则及其他关税与非关税壁垒,将自由贸易协定的更优惠待遇赋予原产于区

---

[1] See WTO, *Regional Trade AgreementsDatabase*, WTO (Oct. 15, 2021), http://rtais.wto.org/UI/publicsummarytable.aspx.

[2] See Renato Ruggiero, *Regional Initiatives, Global Impact: Cooperation and the Multilateral System*, WTO (Oct. 15, 2021), http://www.wto.org/english/news_e/sprr_e/rome2_e.htm.

内的产品，非原产产品不得享有；在服务贸易方面，通过制定服务提供者条款，只对符合规定条件的服务提供者履行开放市场的义务。总之，自由贸易协定消除了成员国之间的贸易障碍，但对非成员方则仍保留着相应的贸易壁垒。

自由贸易协定第三大特征是贸易自由的深层化。在多边贸易体制下，贸易自由化最初只涵盖了货物贸易，乌拉圭回合谈判建立的世贸组织将贸易自由化范围扩展至服务贸易与知识产权，并强化对知识产权的保护。传统的自由贸易协定只涉及消除货物贸易中的关税及非关税壁垒，而当代自由贸易协定的自由化水平在近年得到极大的提高，其水平远远超过世贸组织。自《北美自由贸易协定》开始，除包括货物贸易自由化、服务贸易自由化及知识产权保护等议题外，自由贸易协定还包括了投资、竞争政策、环境保护及劳工标准等诸多新议题，包含了更广泛的贸易政策。而且在货物贸易与服务贸易自由化方面，当代自由贸易协定的自由化水平也远远超过世贸组织，拆除了更多的关税与非关税壁垒，提供了更广的市场准入范围和更自由的市场准入条件。自由贸易协定的组成成员也突破了传统自由贸易协定成员地域范围的限制，跨地区实施相互间的贸易自由化。传统上，区域贸易协定的形成发生在那些地理上临近的、已经建立起良好的贸易关系的国家，即发生在所谓的"天然"贸易伙伴之间，如澳大利亚与新西兰、北美洲的三个国家、欧洲国家相互间签订区域贸易协定就是很好的例证。实际上，大多数国家一开始都是与它们地理位置相邻的伙伴签订区域贸易协定。但进入 20 世纪 90 年代后，自由贸易协定的组成成员发生了较大变化，开始打破狭义的地理相邻概念，出现了跨洲、跨洋的自由贸易协定。如美国与新加坡、韩国、澳大利亚签订了自由贸易协定；欧盟与墨西哥、智利等国家签订了自由贸易协定；中国也与新西兰、智利、秘鲁等国签订了自由贸易协定。2018 年 3 月 8 日签订的《全面与进步跨太平洋伙伴关系协定》（Comprehensive and Progressive Agreement for Trans-Pacific Partnership，CPTPP）和 2020 年 11 月 15 日签订的《区域全面经济伙伴关系协定》（Regional Comprehensive Economic Partnership，RCEP）更是分别由亚太地区的 11 个和 15 个国家共同签署。因此，"区域"一词，已不再具有特定地理范围的含义,这是当代自由贸易协定与早期自由贸易协定的明显差别。

自由贸易协定第四大特征是只协调成员间的贸易政策。自由贸易协定是贸易自由化程度最低的区域一体化形式,是指成员同意取消相互间贸易的关税及非关税壁垒,但各个成员仍保留各自对外的关税及贸易政策;关税同盟是指除成员相互同意消除彼此间的关税及非关税壁垒外,还相互协议采取共同的关税及贸易政策,从而在成员之间形成了一个统一的关税区。[1] 依 1994 年《关贸总协定》第 24 条第 8 款的规定,设立关税同盟或自由贸易区必须涵盖相当之贸易领域,但两者的具体要求有所不同。关税同盟必须对成员之间的实质上所有贸易,或至少对于产自该同盟内产品的实质上所有贸易,取消关税和其他限制性贸易法规;自由贸易区则只要求对产自该区内产品的实质上所有贸易,取消关税和其他限制性贸易法规。《关贸总协定》第 24 条第 5 款(a)项规定,设立关税同盟时,允许签署国对关税及其他贸易法规进行协调、增减,只要总体水平最终不超过设立前的水平即可,而设立自由贸易区则不允许签署国对其关税和其他贸易法规作任何不利于第三方的变动,即至少应维持原状。[2]

二、自由贸易协定纳入竞争政策议题的背景

随着经济全球化的不断深化,各国经济关系日趋紧密,贸易、投资自由化水平不断提升,为了捍卫这些成果,需要从国内法层面与国际法层面实施相应的竞争政策。自由贸易协定将竞争政策议题纳入其规范的范围,正体现了维护自由贸易协定贸易投资自由化利益的需要。正如《澳大利亚—美国自由贸易协定》所言,“认识到受本章(第十四章‘与竞争相关的事项’)约束的(反竞争)行为可能会限制双边贸易与投资,协定成员认为禁止此类行为、执行促进经济效益和消费者福利的政

---

[1] 参见钟立国:《区域贸易协定争端解决机制:理论及其条约法实践》,上海人民出版社 2014 年版,第 3 页。

[2] 参见钟立国:《GATT1994 第 24 条的历史与法律分析》,载《法学评论》2003 年第 6 期。

策以及就本章所涵盖的事项进行合作,将有助于确保本协定的利益"[1]。通过其他路径协调竞争政策成效不佳,如世贸组织多边框架内制定竞争政策规则努力的失败,则进一步推动自由贸易协定加强对竞争政策议题的规制。

(一)贸易投资自由化水平进一步提升

从竞争政策产生的历史来看,竞争政策与竞争法是一国国内的基本经济政策与法律规则,但随着全球贸易与投资自由化程度的不断加深,经济全球化趋势不断强化,竞争政策不再被认为是纯粹的国内政策,对私人限制竞争商业行为规制的国际合作无可避免。[2] 经合组织贸易与竞争联合工作小组指出,"贸易及投资的扩大使许多反托拉斯案件有了重要的国际成分,关税的降低使境内扭曲贸易的政策及非政府的限制竞争行为的贸易障碍的影响力提高,贸易与投资障碍的降低使公司更容易从事限制竞争行为以保护市场,从而使贸易自由化的成果越来越多地受到竞争法所管辖的限制性商业惯例的侵蚀"。[3] 因此亟须各国开展竞争政策的合作与协调。随着全球贸易自由化的不断深化,传统贸易壁垒逐步被削弱或消除,反竞争商业行为对贸易自由化的负面影响日趋明显,作为当代世界自由贸易重要推进器的自由贸易协定也开始将竞争政策纳入其规范的范围。

福克斯认为,随着以下四种情形的出现,国际社会必须透过某种途径对竞争政策进行国际规制:一是企业在他国的商业行为损害了另一国的国内竞争。由于国际竞争日趋激烈,各国为了保护本国的出口市场,一般都实行出口豁免制度,这样即使给目标国家造成了损害,只要目标国不进行规制,反竞争商业行为就不会受到任何竞争法的规范。二是商业行为越来越全球化,即使各国希望利用本国国内法保护国内

[1] See Australia-United States FTA, Article 14.2.

[2] See Sung-joon Cho, *GATT Non-Violation Issues in the WTO Framework: Are They the Achilles' Heel of the Dispute Settlement Process*, Harvard International Law Journal, Vol. 39:2, p. 327(1998).

[3] See Ignacio De Leon, *The Dilemma of Regulating International Competition Under the WTO System*, European Competition Law Review, Vol. 18:3, p. 162-177(1997).

工业也越来越不可能。经济全球化使国际交易受到各种反竞争商业行为的影响,这增加了交易成本,使贸易自由化的成果被抵消或损害。三是贸易法越来越自由化,从整体上看,在关贸总协定/世贸组织的推动下,各国传统的贸易壁垒越来越少,但随之而来的是新型贸易壁垒,竞争政策即是其中之一。四是世贸组织新型贸易手段扩大了贸易的范围,而且这些新的条款都涉及竞争政策,如《与贸易有关的投资措施协议》《服务贸易总协定》《与贸易有关的知识产权协议》等。这里存在的风险是,除非竞争政策的制定者制定统一的世界性的框架协议,否则竞争政策就会被瓦解为为贸易服务的工具。[1]

当代自由贸易协定贸易自由化水平已超越了世贸组织。从纵向来看,当代自由贸易协定货物贸易关税水平更低,服务贸易市场准入范围更广;从横向来看,当代自由贸易协定将更多的贸易与非贸易议题纳入其规范的范围。在此背景下,自由贸易协定开始将竞争政策议题纳入其规范的范围,这解释了《北美自由贸易协定》将投资、服务贸易、知识产权保护纳入其规范范围后,为何同时将竞争政策议题也纳入其中。但由于自由贸易区仅仅需要协调成员间的贸易政策,其对协调竞争政策的需求没有关税同盟那么高,因此自由贸易协定并不需要像欧共体/欧盟那样制定严格的竞争规则以对具体的限制竞争商业行为进行严格的规制。自由贸易协定通常并不协调成员国的竞争法,而是以成员方的国内法为基础,要求各成员设立并维持各自的国内竞争法,主要是协调成员方实施国内竞争法的行为。

在贸易自由化得到长足发展的同时,国际投资的自由化水平也有了极大的提高。这种变化首先体现在投资协定的签署与修订上,各国开始改变对待外资的态度,由严格管制逐步向放松转变,近年来各国对投资协定的签署与修订,很大一部分都是趋向有利于引进外国投资而做出的变动。其次,最主要也是最核心的变化就是外资待遇问题。发达国家希望资本输入国能够放宽对资本准入限制,提倡准入前阶段的

[1] See Eleanor M. Fox, *Toward World Antitrust and Market Access*, The American Journal of International Law, Vol. 91:1, p. 3-4(1997).

待遇标准。但是对于发展中国家来说,作为全球化进程中的“弱势群体”,客观上为寻求本国经济的发展,不可避免地要融入世界经济的大家庭。那么对于外资待遇问题往往秉持着慎重的态度进行谈判,大多采用准入后阶段国民待遇。但是,美国在签署《北美自由贸易协定》之后,对外签订的自由贸易协定均采用了准入前国民待遇以及负面清单模式,而中国更是直接在国内法中规定给予外国投资以准入前国民待遇。[1] 最后,根据自由贸易协定中关于争端解决机制条款呈现的新变化,缔约国的司法管辖权在对外投资领域受到不断削弱。20 世纪 60 年代成立的解决投资争端国际中心采取任择管辖方式,虽然在行使管辖权主体要件和客体要件等方面限制严格,事实上仍为缔约方保留了较大选择空间的司法管辖权限。在《北美自由贸易协定》“投资”一章将投资者与东道国之间的投资争端允许提交解决投资争端国际中心之后,其他国家签订的自由贸易协定纷纷效仿。通过国际仲裁解决投资者与东道国之间的投资争端成为主流方式,从而极大地加强了投资争端的国际争端解决机制,强化了对外国投资及投资者的保护,进一步促进了投资自由化的发展。

(二)其他国际协调路径效果不佳

其他国际协调路径效果不佳,导致各国将注意力集中在区域层面,特别是利用自由贸易协定协调成员国竞争政策之上。这首先体现在单边域外管辖权规定的实践与效果有限。通过在国内竞争法中增加域外管辖权的规则,在一定程度上能够为本国提供对境外限制竞争行为的单边管辖依据。由于市场国际化的发展,单一的、割裂的各国市场日益融合为一个整体,由此境外限制竞争行为对于国内市场的不良影响也日益明显。正如波音、麦道公司的合并对于市场的影响显然不仅仅局限于美国境内,其他国家乃至全球民用客机市场上的有效竞争都将深受其影响。然而,如果限于国际法上的传统属地管辖原则,一国将无法就这些发生在境外但对境内市场有不良影响的限制竞争行为采取任何

---

[1] 参见《中华人民共和国外商投资法》第 4 条。

救济措施。处于市场经济和竞争法发展最前沿的美国显然最先意识到这种危机,为了防止出现这类有损美国经济利益的局面,美国早在1945年的铝公司案中就开始引入效果原则,主张国内竞争法的域外管辖效力,此后德国、澳大利亚等国也纷纷效仿。显然,无论是主动的还是被动的,在缺乏有效的国际实体竞争规则的前提下,在国内竞争法中增加单边域外管辖规定就成为目前各国制定和修改本国竞争法的重要内容。然而,虽然包括我国在内的众多国家都已在国内竞争法中引入域外管辖规定,但是这些措施究竟能发挥多大的积极作用仍然有待考察。从美国多年来单边主义做法的实际效果来看,它显然不是一种最终的解决方案。

其次是双边竞争法合作存在局限性。与单边措施的尴尬相对应,由于全球性的多边合作刚刚起步,双边和区域性的竞争政策合作成为目前相对有效的合作模式。其中,双边合作尤以发达国家之间的竞争法合作较为成熟,已形成包括通报、信息交流、反垄断程序的合作与协商、避免反垄断程序冲突在内的一系列国际合作制度,并业已在反垄断合作实践中得到一定体现和检验。但是,这类合作受其合作主体、内容、性质、层次的各种限制,对于国际竞争法的促进作用有限。其主要在发达国家之间展开,尤以美国最为积极;合作内容仅限于双边竞争法执法的程序性合作,如通报、信息交流、消极礼让与积极礼让,没有就任何实体事项作出规定,没有对限制竞争行为的违法判断标准作出具体规定;在合作层次上,局限于两国之间的特殊国际法,离形成真正意义上的双边国际竞争法网络相距甚远;在合作性质上虽然通常以双边条约形式出现,但其实质权利义务往往是自愿、任意的而非强制性的。如在信息交流方面,一旦一方所要求的情报的披露为拥有该项情报的一方法律所禁止或与拥有该情报一方的利益不相符时,则任何一方都可以拒绝向对方提供合作;在礼让制度方面,当出现重叠管辖时,一方是否中止本国国内执法程序也完全基于自愿,如双方出现不同的决定或判决时也缺乏统一的争端解决机制,从而在很大程度上削弱了双边合作的有效性。[1]

大量自由贸易协定纳入竞争政策条款与世界贸易组织决定不启动关于竞争问题多边框架谈判的历史背景密切相关。1972年联合国贸易与发展委员会决定对严重影响贸易与发展的限制性商业惯例进行立法研究,1980年12月联合国大会通过第35/61号决议,发布了《关于管制限制竞争性商业惯例的公平原则和规则的多边协议》。此后,一些国家积极呼吁在多边框架下发展竞争规则。1993年7月,国际反垄断法典工作小组向世界贸易组织的前身关贸总协定提交了《国际反垄断法草案》,揭开了建立世界贸易组织竞争规则的序幕。1996年欧盟委员会提议在世界贸易组织框架内解决竞争问题,世界贸易组织为此在新加坡召开的部长会议上成立了贸易与竞争政策互动工作小组,专门研究贸易与竞争政策之间的关系问题。然而,由于美国出于自身利益需要,以及一些发展中国家特别是那些没有建立竞争法律制度的国家对新协定及附加义务的担忧,最终导致在2003年坎昆会议上,世界贸易组织决定不启动竞争政策的多边谈判,从而迫使全球多边层面发展竞争规则因实际困难逐步转向通过自由贸易协定发展竞争规则,竞争政策议题日益受到自由贸易协定的青睐。

在技术层面上,竞争政策常与反倾销等传统贸易救济手段发生互动也是竞争条款频现于区域贸易协定的重要原因。根据区域贸易协定实现的目的以及区域内经济整合程度的不同,竞争政策与反倾销等贸易救济手段的运用是不同的。以欧盟为例,在关税同盟阶段,成员国经济贸易发展水平类似,同质性强,经济整体化水平高,反倾销措施已经纳入共同商业政策的范围,各成员国已无法自行采用反倾销措施,一成员国在其他成员国市场内实施的掠夺性定价或销售行为,将适用竞争规则处理。反观《北美自由贸易协定》,因其主要成员国美、加、墨之间贸易互补性关系强,协定成员国仍维持各自的反倾销措施。[2]

[1] 参见漆彤:《竞争政策区域合作机制探析——以APEC、NAFTA和EU为例》,载《武大国际法评论》2007年第1期。

[2] 参见董灵、黄勇:《论区域贸易协定中的竞争条款与我国可能的路径选择》,载《国际贸易》2011年第4期。

三、自由贸易协定纳入竞争政策议题的进程

竞争政策与国际贸易的关系早已引起了人们的注意。1947 年签署的《哈瓦那宪章》第五章即以“限制性商业惯例”为标题,对国际性的限制竞争商业行为进行了规范,自由贸易协定也很早开始规范竞争政策问题。

(一)竞争政策议题在自由贸易协定中的发展

自由贸易协定作为区域贸易协定较低级的一种,其纳入竞争政策议题的时间较关税同盟要晚。在 1957 年 3 月 25 日,由法国、联邦德国、意大利、荷兰、比利时和卢森堡 6 国为建立欧洲经济共同体此一关税同盟而签订的《罗马条约》中,就已制定了统一的竞争规则。1960 年 5 月生效的《建立欧洲自由贸易联盟公约》则第一次在自由贸易协定中纳入竞争政策议题,在协定第四、五、六章中制定了竞争政策规则。但直到 1992 年 8 月 12 日美国、加拿大及墨西哥三国签订《北美自由贸易协定》,在该协定第十五章制定竞争政策规则后,如何利用自由贸易协定规范竞争政策议题才受到普遍的关注。

进入 20 世纪 90 年代后,自由贸易协定得到迅猛发展,为防止私人限制竞争商业行为减损自由贸易协定产生的贸易、投资自由化利益,竞争政策议题开始受到自由贸易协定签署国的重视,成为国际社会规制竞争政策的重要平台。

以年代为序考察,我们可以清晰地看到竞争政策议题在自由贸易协定中的发展情况。20 世纪 60 年代之前未有自由贸易协定通报关贸总协定。20 世纪 60 年代,瑞士、挪威等国签订《建立欧洲自由贸易联盟公约》,其中第六章即为“竞争政策”;20 世纪 70 年代,共有 6 项自由贸易协定生效,其中 4 项设有竞争政策条款,占 66.7%;20 世纪 80 年代,共有 2 项自由贸易协定生效,其中 1 项设有竞争政策条款,占 50%;20 世纪 90 年代,共有 38 项自由贸易协定生效,其中 35 项设有竞争政策条款,占 92.1%;21 世纪前 10 年共有 116 项自由贸易协定生效,其中 88 项设有竞争政策条款,占 75.9%;21 世纪 10 年代共有 100 项自由贸

易协定生效，其中 74 项设有竞争政策条款，占 74%；2020 年 1 月至 2021 年 10 月，共有 46 项自由贸易协定生效，其中有 5 项协定未规范竞争政策议题，5 项协议纳入竞争政策议题但留待未来谈判具体规则，其余 36 项协定制定了具体的竞争政策规则。从总体上看，纳入竞争政策议题的自由贸易协定数量非常多，即便在 20 世纪 90 年代后自由贸易协定数量急速膨胀，设有竞争政策条款的自由贸易协定比例仍然维持在非常高的水平。

上述统计数据表明，20 世纪 90 年代是自由贸易协定规范竞争政策议题的“分水岭”。在此之前，各国签订的自由贸易协定数量少，均没有超过个位数，设有竞争政策条款的协定数量也少。20 世纪 60 年代只有一项自由贸易协定，其后的 20 世纪 70 年代、80 年代，设有竞争政策条款的自由贸易协定占比都较低。20 世纪 90 年代，自由贸易协定数量急剧增加，而这一时期也是自由贸易协定纳入竞争政策议题的高峰期，超九成的自由贸易协定设有竞争政策条款，从百分比来看是纳入竞争政策议题的最高峰，其后这一比例有所下降。学者对此的解释是，竞争政策议题在世贸组织框架下多边谈判遭遇到的困难对其成员在自由贸易协定中纳入竞争政策条款起到了冷冻作用。[1] 1996 年世贸组织新加坡部长会议设立贸易与竞争互动工作小组，竞争政策作为“新加坡议题”之一受到世贸组织成员的普遍关注；2001 年《多哈宣言》宣布，如第五次部长会议能就谈判模式达成明确一致，就将贸易与竞争政策议题纳入多哈发展回合谈判范围。[2] 由于在 2003 年举行的坎昆部长会议上各成员未能就竞争政策议题的谈判模式达成一致，2004 年 7 月世贸组织总理事会决定将竞争政策议题排除多哈回合贸易谈判范围。从世贸组织建立至 2004 年，未纳入竞争政策议题的自由贸易协定很少，总共只有 11 项，仅占同期通报世贸组织的自由贸易协定的 14.5%；但

---

[1] See Lucian Cernat, *Eager to Ink, but Ready to Act? RTA Proliferation and International Cooperation on Competition Policy*, in Philppe Brusick, Ana Maria Alvarez & Lucian Cernat eds., *Competition Provisions in Regional Trade Agreements: How to Assure Development Gains*, United Nations Publication, 2005, p. 34.

[2] 参见《多哈宣言》第 23 段。

在 2005 年至 2009 年,未纳入竞争政策议题的自由贸易协定数量明显增加,在此期间通报世贸组织的 58 项自由贸易协定,有 22 项未纳入竞争政策议题,占 37.9%,似乎印证了上述观点,显现出多边谈判失败确实具有一定的冷冻作用。不过,在 2010 年之后该比例下降至 26.3%,表明随着时间的推移,竞争政策议题未能纳入多哈回合谈判所带来的冲击在逐步减弱,设有竞争政策条款的自由贸易协定的数量开始回升。

(二)自由贸易协定规范竞争政策议题的总体情况

根据世贸组织的统计数据,截至 2021 年 10 月,通报关贸总协定/世贸组织的区域贸易协定达 538 项,共组成了 350 个实体区域贸易集团,其中自由贸易区 302 个、关税同盟 18 个。[1] 在此 302 个自由贸易区中,241 个设有竞争政策条款,占 79.8%;在此 18 个关税同盟中,12 个设有竞争政策条款,占 66.7%。该项统计数据表明,无论是关税同盟还是自由贸易区,都对竞争政策有较高的依存度,绝大部分区域贸易协定都将竞争政策议题纳入其中。但两相比较,自由贸易协定设有竞争政策条款的比例高出关税同盟 13 个百分点,似乎表明自由贸易协定更需要竞争政策规则作为协定有效运行的支撑。

为了更深入地研究自由贸易协定规范竞争政策议题的具体情况,本文选取签订已生效自由贸易协定最多的前 20 个世贸组织成员,分析其对在自由贸易协定中纳入竞争政策议题的态度。[2] 这些成员签订的自由贸易协定达 256 项,占仍然有效的自由贸易协定总数的 84.8%,因此具有很高的代表性。(见表 1)

---

[1] See WTO, *Regional Trade Agreements Database*, WTO (Oct. 15, 2021), http://rtais.wto.org/UI/publicsummarytable.aspx.

[2] 这些成员依其签订自由贸易协定的数量降序排列,分别为:欧盟、英国、瑞士、冰岛、挪威、智利、列支敦士登、新加坡、墨西哥、土耳其、中国、韩国、乌克兰、秘鲁、日本、印度、巴拿马、加拿大、马来西亚、美国。

表 1　自由贸易协定规范竞争政策议题统计

国别	签订的协定数量（个）	纳入竞争政策议题的协定数量（个）	占比（%）	国别	签订的协定数量（个）	纳入竞争政策议题的协定数量（个）	占比
欧盟	41	40	97.6	乌克兰	19	18	94.7
英国	38	36	94.7	韩国	19	13	68.4
瑞士	32	31	96.9	秘鲁	19	12	63.2
挪威	31	31	100	中国	19	8	42.1
冰岛	31	30	96.8	日本	18	17	94.4
智利	30	17	56.7	印度	17	6	35.3
列支敦士登	29	29	100	加拿大	15	15	100
新加坡	26	18	69.2	巴拿马	15	11	73.3
土耳其	24	18	75	马来西亚	15	6	40
墨西哥	24	9	37.5	美国	14	7	50

注：根据世贸组织的相关数据统计得出。

上述国别统计数据表现出的一个突出特征是，欧洲国家既热衷于与经贸伙伴签订自由贸易协定，也热衷于在自由贸易协定中规范竞争政策议题。从上述统计数据来看，签订有 30 个以上自由贸易协定的世贸组织成员除智利外都属欧洲地区，签订自由贸易协定最多的前 20 个成员中，有 8 个属欧洲地区。从是否纳入竞争政策议题的角度看，所有自由贸易协定都设有竞争政策条款的 3 个国家中，有 2 个是欧洲国家；设有竞争政策条款占比最高的前十位除加拿大、日本外，其他 8 个成员也都属欧洲地区。这一方面是因为欧洲国家经济发达，国际经贸活动的参与度高，需要一个稳定的国际经贸环境，另一方面是因为欧洲有着发达的竞争文化，竞争法历史久远。制定一种新型的法律用来保护竞争过程的思想，最早出现在 19 世纪末的欧洲。战前奥地利、德国所讨论的竞争法观念,在两次世界大战之间传播到了整个欧洲,竞争法成为法学、工商业和经济政策领域的重要论题,而到“二战”二十多年后,欧洲大多数国家都颁布了竞争法,它们都充分认识到竞争法在市场运作中的重要地位。[1]

上述国别统计数据表现出的另一突出特征是发达国家更倾向于在自由贸易协定中纳入竞争政策议题。在所签订的自由贸易协定中全部设有竞争政策条款的3个国家均为发达国家,设有竞争政策条款占比超过90%的也都是发达国家。像韩国、新加坡这些新兴国家,随着经济的起飞、对国际贸易依存度的加深,需要有序的国际竞争秩序,因而也希望在自由贸易协定中规范竞争政策议题。由此可见,在将竞争政策议题是否纳入自由贸易协定此一问题上,发达国家、对国际贸易更为依赖的国家更愿意在自由贸易协定中规范竞争政策议题,而发展中国家、对国际贸易依存度较小的国家,对此则较为谨慎,其在自由贸易协定中规范竞争政策议题的愿望并不强烈。比较特殊的是美国。作为世界第一大经济体,只有50%的自由贸易协定设有竞争政策条款,这与欧美其他发达国家形成了鲜明的对比,而且其在纳入竞争政策议题方面也缺乏积极性,学者的解释是与其国内反托拉斯法体系密切相关。[2] 美国虽不是最早制定国内反托拉斯法的国家,但却是反托拉斯法最发达的国家,且通过效果原则对发生在境外的反托拉斯行为行使管辖权,现行体制能良好地保护美国的利益,因而其对在自由贸易协定中规范竞争政策议题并不积极。

第四节　自由贸易协定竞争政策的主要目标

对自由贸易协定而言,尽管措辞各有不同,但几乎所有纳入竞争政

[1] 参见[美]戴维·J.格伯尔:《二十世纪欧洲的法律与竞争》,冯克利、魏志梅译,中国社会科学出版社2004年版,第18、142、204页。

[2] 参见[美]戴维·J.格伯尔:《全球竞争:法律、市场和全球化》,陈若鸿译,中国法制出版社2012年版,第193页。

策议题的自由贸易协定都有条款明确规定了竞争政策条款的目标与宗旨，通常该章开篇第一条即对竞争政策的目标作出明确规定。竞争政策的具体目标随着协定签署国经济社会的发展和自由贸易协定贸易自由化水平的不断提升而不断丰富和发展。

一、保障贸易投资自由化目标的实现

自由贸易协定将竞争政策议题纳入其规范范围的首要目的，在于防止私人限制竞争商业行为减损签订自由贸易协定所产生的贸易、投资自由化利益。经常被引用的理论基础是，自 1990 年以来，区域贸易协定将与竞争有关的条款纳入其中，是因为许多经济体认识到，竞争政策在确保签订区域贸易协定时所获得的收益不被反竞争商业行为削弱方面可以发挥重要作用。[1] 大规模跨国并购数量的增加，国际卡特尔及其对发展中国家潜在的负面影响，使有关国家不得不以竞争政策工具武装自己，以应对跨国公司不断增强的市场力量及其限制竞争的商业行为。[2]

相关实证研究表明，自由化的贸易政策并不能取代竞争法，在提升贸易、市场准入、全球经济的效率及消费者福利方面，两者起着相互补充的作用；投资政策与竞争政策之间也存在重要联系。[3] 自由贸易协定的成员方认识到，限制竞争商业行为会阻碍自由贸易协定贸易投资自由化目标的实现，因此同意适用竞争规则以避免协定产生的利益被限制竞争商业行为减损或抵消。

确保贸易投资自由化目标的实现，是自由贸易协定竞争政策的首

---

[1] See Lucian Cernat, *Eager to Ink, but Ready to Act? RTA Proliferation and International Cooperation on Competition Policy*, in Philppe Brusick, Ana Maria Alvarez & Lucian Cernat eds., *Competition Provisions in Regional Trade Agreements: How to Assure Development Gains*, United Nations Publication, 2005, p. 4.

[2] See S. Evenett, *Can Developing Economies Benefit from WTO Negotiations on Binding Disciplines for Hard Core Cartels*, UNCTAD/DITC/CLP/2003/3, United Nations Publication, 2003, p. 5-18.

[3] See Trudi Hartzenberg, *Competition Policy in SADC*, TIPS (Oct. 15, 2021), https://www.tips.org.za/research-archive/annual-forum-papers/2002/item/244-competition-policy-in-sadc.

要目标，几乎所有的自由贸易协定均就此作出了明确的规定，但不同的自由贸易协定的具体表述并不一致。最常见的做法是，在“竞争政策”一章第一条“目标”条款中，就制定竞争政策规则的目标进行具体、详细的描述。如《美国—哥伦比亚自由贸易协定》在第 13.1 条“目标”中明确规定，鉴于受该章规范的相关行为对双边贸易与投资会产生潜在的限制，因此缔约双方相信，对此类行为进行规制，实施有益于经济的竞争政策，在该章框架下就相关事项进行合作，将有助于保证协定利益的实现。其他国家签订的自由贸易协定大多采取此种方法。

也有部分自由贸易协定竞争政策一章并没有独立的“目标”条款，而是在关于国内竞争法的设立与维持的规定中，体现竞争政策确保贸易投资自由化实现的目标。如《北美自由贸易协定》第 1501 条规定，各成员需承担三项义务，即制定或维持各自的反托拉斯法、在发生反托拉斯行为时应采取适当的措施即发起反托拉斯调查、就各成员方反托拉斯法的有效性进行磋商，以保证该协定贸易投资自由化利益得以实现。其他国家签订的部分自由贸易协定借鉴了《北美自由贸易协定》的这一做法。

但也有部分自由贸易协定没有竞争政策目标方面的规定，如欧盟与加拿大、埃及、南非签订的自由贸易协定，澳大利亚、新西兰与东盟签订的自由贸易协定等。

二、提高经济效率

实现经济效率的最大化，是所有竞争政策，无论是国内法层面还是国际法层面，无论是关税同盟还是自由贸易协定的共同目标。随着经济学理论的发展，竞争或者竞争过程是实现效率目标的一种手段而非最终目的，已经成为经济学领域和司法领域的共识，经济效率成为各国竞争政策追求的目标。

在国内法层面，实现经济效率的最大化，其范围涵盖了选择自由、市场准入、合同自由和个人行为自由。芝加哥学派甚至认为，政府反垄断政策的唯一目标,就是追求“卓越的经济效率”。[1] 芝加哥学派的观点深刻地影响着美国的反托拉斯法,《谢尔曼法》和其他反托拉斯法的立法史表明了一个压倒一切的目标,即通过提高分配效率增进消费者福利。芝加哥学派的观点也对美国反托拉斯法的行政执法产生了深刻影响,里根总统任职期间就一直采取芝加哥学派的理论,反托拉斯执法机关的官员也宣称,经济效率是反托拉斯的唯一目标。美国最高法院在20世纪70年代中期以后,在处理反托拉斯案件时,也以经济效率作为反托拉斯法的目标。在随后的20多年里,获取经济效率被视为将消费者福利最大化的方式之一。[2]《加拿大竞争法》第一章第一部分规定其立法目的也是维护和鼓励加拿大的竞争,以提高加拿大经济的效率和适应性。

自由贸易协定竞争政策规则也体现了上述国内法的立法与司法实践精神,将提高经济效率作为竞争政策的目标之一。《澳大利亚—韩国自由贸易协定》第14.1条即明确规定,“双方认识到必须执行促进竞争、经济效率和消费者福利的政策,就本章所涉事项开展合作,并遏制有可能限制双边贸易和投资的反竞争做法”。《中国—韩国自由贸易协定》(以下简称《中韩自贸协定》)第14.1条也规定,“各缔约方认识到,禁止经营者的反竞争商业行为,实施竞争政策,针对竞争问题开展合作,有利于防止贸易自由化利益受损,有利于提高经济效率和增进消费者福利”。两项自由贸易协定的规定完全一致,都强调双方进行竞争政策合作有利于提高经济效率,不同之处在于,《中韩自贸协定》没有将限制投资的限制竞争商业行为明确纳入竞争政策的合作领域,虽然投资也是该协定规范的重要对象之一。

三、增进消费者福利

作为市场经济条件下政府干预市场、调节经济的工具,竞争政策最

[1] 参见傅彩霞:《新经济时代反垄断政策面临的挑战》,载《西北大学学报(哲学社会科学版)》2001年第4期。

[2] 参见彭兴华:《贸易自由化背景下的国际竞争法》,武汉大学出版社2008年版,第9页。

主要的目标是通过禁止限制竞争或者禁止对市场新进入者施加限制，保护和维持国内的竞争性市场结构以及资源的有效配置，强调市场绩效、成本和规模经济性，从而提高生产效率和资源配置效率。但随着经济社会的不断发展，竞争政策与消费者保护之间的联系逐步显现出来，各国竞争法将消费者保护作为其政策目标之一而予以规范。罗伯特·保克认为，反托拉斯法的主要目标就是通过提高资源配置效率从而促进消费者福利，资源配置效率是一种中间性目标，而消费者福利则是通过提高资源配置效率而可以实现的最高目标。[1] 经合组织的研究成果也表明，竞争政策与消费者保护政策是颇为相互依赖的经济政策工具，它们具有共同的政策目标。[2]

在国际法层面，随着自由贸易协定规制内容的不断丰富与发展，竞争政策议题的目标也逐步得到扩展。贸易自由的深层化，使得贸易与竞争政策、消费者保护之间的关系表现得越来越明显，提高市场的有效竞争与强化对消费者的保护，成为维护市场经济健康的必要措施。[3] 原本为国内竞争法基本目标的消费者福利，被自由贸易协定纳入其中，成为其竞争政策目标之一。在保证协定贸易投资自由化利益不被限制竞争行为侵蚀的前提下，自由贸易协定还希望通过制定竞争政策规则以提高经济效率、促进消费者福利。但从总体上看，将增进消费者福利作为竞争政策目标的自由贸易协定并不太多。

上述变化在美国签订的自由贸易协定中得到了充分的体现。美国签订的第一个自由贸易协定《美国—加拿大自由贸易协定》和随即签订的《北美自由贸易协定》并没有将增进消费者福利作为其竞争政策的目标，直到2004年与澳大利亚签订自由贸易协定时这种状况才得到改变。《美国—澳大利亚自由贸易协定》第14.6条规定，成员认识到在

---

[1] 参见[美]欧内斯特·盖尔霍恩、[美]威廉姆·科瓦契奇、[美]斯蒂芬·卡尔金斯：《反垄断法与经济学》(第5版)，任勇等译，法律出版社2009年版，第36页。

[2] See OECD, *The Interface between Competition and Consumer Policies*, DAF/COMP/GF (2008) 10, 2008, p. 17.

[3] See Louise Sylvan, *Activating Competition: The Consumer Protection - Competition Interface*, Competition and Consumer Law Journal, Vol. 12:2, p. 191-206 (2004).

消费者保护法方面进行合作与协调，对提高自由贸易区的消费者福利具有重大意义，因此成员应在消费者保护法的实施方面加强合作。在美国推动下签订的《跨太平洋伙伴关系协定》（以下简称 TPP）同样反映了上述变化。该协定第 16.6 条也规定，消费者保护政策及其实施，对在自由贸易区中创造高效、有竞争力市场和强化消费者福利方面都具有重要意义，并制定了保护消费者福利的具体规则。

四、取代贸易救济措施

关于贸易救济措施与竞争政策的关系，学界早就展开了讨论。依《EFTA—智利自贸协定》第 18 条的理解，以竞争政策条款取代贸易救济措施的根本理据是，“有效实施的竞争规则能够解决导致贸易救济措施的经济根源”。具体而言，倾销很可能是受保护企业滥用市场力量的结果，这些企业依赖其在国内市场取得垄断利润，有能力向国外市场低价倾销。自由贸易协定促进反垄断法的跨境执行，进而通过反垄断法掠夺性定价规则禁止倾销行为。正因如此，《EFTA—智利自贸协定》和《EFTA—新加坡自贸协定》均规定，为阻止倾销行为，缔约方应确保落实本协定竞争章节项下所规定的相应措施。

无论是在多边贸易体制框架内还是区域贸易协定框架内，竞争政策与贸易救济措施的关系一直是人们关注的一个重要问题。在自由贸易协定内，已有协定规定以竞争政策替代诸如反倾销措施，这包括《澳新紧密经济关系协定》、《EFTA—智利自由贸易协定》、《EFTA—新加坡自由贸易协定》和《加拿大—智利自由贸易协定》。前三者明确规定成员国放弃相互使用贸易救济措施的权利，最后者虽未明确规定，但宣称缔约方在谈判过程中讨论了竞争政策和反倾销措施的关系。

但是，既然反垄断法能够规制倾销行为，为什么迄今为止仅有少数自由贸易协定以竞争条款取代贸易救济措施呢？分析反倾销措施的政治经济背景能够找到这一现象的原因。

澳大利亚和新西兰地理相近，经济高度整合，在《澳新紧密经济关系协定》签订前两国文化、经济和政治已长期相关联，该协定旨在缔造一个共同市场。有学者指出，如果自由贸易协定的缔约方旨在缔造共同市场,反倾销措施存在的意义就消失了。

对另外三项自由贸易协定而言,在缔结自贸协定前,前述各国家和地区之间双边贸易额非常小,且缺乏相互诉诸贸易救济措施的传统。也就是说,废除反倾销措施的经济影响非常小。因此,前述国家和地区的企业没有任何动力投入成本以阻碍上述三项自由贸易协定废除反倾销措施。

与上述事实形成鲜明对比的是,美国和欧盟具有使用反倾销措施的悠久历史。以美国为例,《谢尔曼法》颁布之后,美国随即推出首部反倾销立法,两部法律根植于同样的历史渊源。但是,反倾销关注产业受到的实质损害,旨在保护生产者福利;反垄断关注矫正限制竞争行为,旨在保护消费者福利。因此,在个案实务中,反倾销与反垄断追求不同的、经常相互冲突的目的。而且,反垄断法所规制的掠夺性定价具有严格的法定构成要件,被认定为倾销的行为往往不能构成反垄断法所禁止的掠夺性定价。

此外,在开放国内市场、引入国际竞争时,政府为获得产业支持经常需要将反倾销作为讨价还价的工具,如果缺乏反倾销措施,某些关键行业可能反对政府开展贸易谈判。《北美自由贸易协定》谈判记录显示,加拿大曾尝试说服美国在《北美自由贸易协定》中放弃反倾销措施,但以失败告终。由于美国国内强大的游说集团强烈支持美国继续使用反倾销措施,美国政府如果放弃反倾销,《北美自由贸易协定》很可能无法在国内获得批准。基于同样原因,美国主导的 TPP 也没有放弃反倾销等贸易救济措施。因此,尽管反倾销制度已在很大程度上成为贸易保护主义的工具而饱受诟病,但该制度在国际贸易体系内仍将长期存在。

五、避免选择性反垄断执法

伴随反垄断法在新兴经济体的迅猛发展,对于反垄断选择性执法的担忧开始出现,批评者指出反垄断执法有可能转变为贸易壁垒的替代品,以实现产业政策或保护主义目的。公共选择理论学者认为,在面临贸易自由化带来的严峻竞争形势时,企业为保护其国内市场份额和利润会寻求各种解决方案,例如,游说并主张针对外企实施激进的反垄断法,目的是有效阻碍进口或外国投资者竞争国内市场。

因此有学者建议,在自由贸易协定中引入竞争条款,设置严格的实体标准和程序保障措施,有可能减少歧视性、选择性的反垄断执法。但是,现有自由贸易协定不大支持上述观点。目前引入竞争政策议题的自由贸易协定多含有原则性规定,要求缔约方反垄断执法机构确保执法的透明度、非歧视性和程序正义,但尚未发现明确要求反垄断执法机构保持独立性、避免产业政策影响的条款。此外,在反垄断法执法实践中,禁止滥用市场支配地位与禁止限制竞争的企业并购是较为容易引发歧视性执法指责的两个领域,然而对于这两个领域,现有自由贸易协定多为原则性禁止规定,鲜有规定实体分析标准。

考虑到选择性执法的批评多针对新兴反垄断司法辖区,比如,针对中国反垄断执法的指责,且往往是基于无认证、无细节的所谓“事实”,控制选择性反垄断执法有可能成为未来自贸协定谈判的关注点或筹码。对此,中国有关机构应引起特别注意。[1]

---

[1] 参见苏华:《WTO 与自贸协定框架下竞争政策协调的新趋势——兼论中国的经验和应对措施》,载《国际经济合作》2015 年第 9 期。

第二章　自由贸易协定竞争政策规则

自由贸易协定竞争政策规范的范围较为广泛,除争端解决此一程序性规范外,竞争政策的实体规范包括国内竞争法的协调、竞争执法的合作与协调、国家企业与指定垄断、消费者保护和公共援助五大方面。通过对纳入竞争政策议题的所有241项自由贸易协定竞争政策条款上述内容的分析,不难看出,国内竞争法的协调是自由贸易协定竞争政策的核心内容,而竞争执法的合作与协调、国家企业与指定垄断的相关规定则是自由贸易协定竞争政策的两大重要规则。

第一节　国内竞争法的协调

国内竞争法的协调是自由贸易协定竞争政策条款首先涉及的内容,是自由贸易协定竞争政策规则的核心内容。对自由贸易协定而言,欲在竞争执法领域展开协调与合作,其首先应解决的问题是,是否协调成员方的国内竞争法,如何协调成员方国内竞争法。在规范竞争政策议题的自由贸易协定中,绝大多数都对此作了明确规定。根据相关国家签订的自由贸易协定,成员方在国内竞争法的协调方面承担的义务,概括起来可归为设立与维持国内竞争法、实施竞争法应遵循的原则两大方面。在前述241项自由贸易协定中,有200项就此作了明确规定,占比达83%,在协定规范的五类实体性规则中占比最高。

一、国内竞争法的设立与维持

设立与维持国内竞争法是自由贸易协定要求其成员方承担的首要义务。设立与维持其国内竞争法,是自由贸易协定成员方相互间展开竞争政策合作的基础与前提,如果一成员方不在国内制定并实施竞争法,那么就无法与他国就此进行合作。因此,自由贸易协定竞争政策条款通常在首要位置规定成员国此方面的义务。如果成员国尚未制定本国的竞争法,则应在协定规定的时限内制定本国的竞争法,此为“设立”(adopt)义务;如果成员国已经制定了竞争法,则应维持竞争法的有效性,此为“维持”(maintain)义务。

自由贸易协定具体采用三种方法协调成员国内竞争立法。一是软协调方法,即只在协定中作出原则性规定,概括要求成员设立、维持竞争立法,对成员竞争法规范哪些限制竞争商业行为则不作规定,共计有44 项协定采用此方法,最典型的是北美三国与他国签订的自由贸易协定。《美国—秘鲁自由贸易协定》第 13. 2 条规定,每一成员应采纳和维持国内竞争立法,以规范反竞争商业行为,并应对此类行为采取适当的行动;《美国—智利自由贸易协定》第 16. 1 条第 1 款规定,依促进经济效率和消费者福利的目标,每一缔约方应设立或维持竞争法以规制反竞争商业行为,并对此类行为采取适当行动。

二是硬协调方法,即在协定中明确要求成员国内竞争法对协定指明的具体限制竞争商业行为进行规制,共计有 101 项协定采用此方法。如《欧盟—约旦自由贸易协定》第 51 条规定,限制竞争协议、滥用支配地位、公共援助三种行为与协定的正常运作不符,需要对此进行规制;《欧盟—埃及自由贸易协定》第 34 条第 1 款规定,由于对欧盟与埃及之间的贸易产生不利影响,反竞争协议、滥用支配地位和公共援助行为与该协定的正当运行是相违背的。

三是软硬兼施的协调方法,在协定中既作出原则性规定,要求成员设立、维持竞争法,同时要求成员竞争法对规定的限制竞争商业行为进行规制,共计有 55 项协定采用此方法。《欧盟—日本自由贸易协定》第 11 条首先规定,每一成员应依其反竞争法对限制竞争商业行为采取适当行动,然后规定成员国内反竞争法应对限制竞争协议、滥用支配地位、经营者集中等限制竞争商业行为采取措施;《欧盟—韩国自由贸易协定》第11.1条规定,各方认识到自由和非扭曲的竞争在其贸易关系中的重要性,因此承诺适用各自的竞争法以阻止在货物、服务和设业方面贸易自由化进程被限制竞争商业行为或限制竞争交易所抵消。协定还进一步规定,双方应在各自领土内维持综合竞争法,有效地解决限制性协议、协调一致的做法和滥用支配地位,并有效控制企业间集中。

从统计数据来看,欧洲国家倾向于采用硬协调或软硬兼施的协调方法,而美洲国家通常采用软协调方法。至于具体要求成员国内竞争法规范哪些限制竞争商业行为,不同协定的规定则各有不同,主要要求成员国内竞争法规范限制竞争协议、滥用支配地位和经营者集中三种行为,分别有156项、155项和48项协定就此作出规定,可见限制竞争协议、滥用支配地位两种行为最受关注。

绝大多数国家的法律体系中都有竞争法,其具体目标与实施方法各不相同,背后的政治与文化支持力度也多有差异,但它们都有一个共同的基本目标,即打击限制竞争的行为。[1] 但仍有少数国家由于市场机制尚未成熟而没有制定竞争法。对这些国家而言,自由贸易协定要求其承担的第一项义务,即制定、实施本国的竞争法。如新加坡在与美国签订自由贸易协定之前并没有制定、颁布本国的竞争法,因而在2003年6月签订的《美国—新加坡自由贸易协定》中,新加坡承诺制定、颁布本国的竞争法。该协定第12.2条第1款规定,双方应以促进经济效率和消费者福利为目标,制定或维持规制限制竞争商业行为的措施,并应对此类行为采取适当的行动。鉴于新加坡尚无竞争法,该条注释明确规定,新加坡应在2005年1月前制定本国的竞争法。为此,新加坡立即启动竞争法的立法程序,于2004年10月19日由新加坡议会通过,并于同年11月4日经新加坡总统批准生效,从而完成了该国

---

[1] 参见[美]戴维·J.格伯尔:《全球竞争:法律、市场和全球化》,陈若鸿译,中国法制出版社2012年版,第5页。

的竞争立法,履行了协定义务。《欧盟—南非自由贸易协定》也有类似的规定,该协定第 36 条规定,如果在该协定生效时,任何一方尚未采纳必要的法律和法规以规范第 35 条所规定的相关限制竞争商业行为,该方应在三年之内制定相关法律。由于欧盟早已制定其竞争法,该条其实就是要求南非在自由贸易协定生效后三年内,完成制定本国竞争法的工作。

二、实施竞争法应遵循的原则

在要求协定成员承担设立和维持竞争法的义务之后,一些自由贸易协定对其成员如何实施国内竞争法也提出了具体要求。首先,协定要求成员承担设立与维持竞争执法机构的义务。对一国而言,只制定了竞争法并不能保证该法能得到有效的实施,必需设立适当的竞争执法机构以保证本国竞争法能得到有效的执行与实施。从国内法角度看,竞争执法机构是国家法律法规规定的、行使竞争执法权、处理竞争案件的组织。由于竞争立法模式的不同,在统一竞争立法(将反不正当竞争法和反垄断法统一的一体化立法)的国家往往设置一个统一的竞争执法机构专司解释竞争法律法规、调查处理竞争案件和竞争事宜;反之,采用分别立法的国家则会针对限制竞争行为和垄断行为设立不同的执法机构。[1] 自由贸易协定并未对竞争执法机构如何设置作出具体规定,只是概括要求成员应设立与维持竞争执法机构。如《美国—秘鲁自由贸易协定》第 13.2 条第 1 款规定,每一成员应设立或维持国内竞争法以规制反竞争商业行为,第 2 款规定,每一成员应维持负责国内竞争法实施的机构,但对此类机构的性质、层级、职责、运作程序等,则未作任何规定。

其次,一些自由贸易协定对成员竞争执法机构执法时,即具体实施国内竞争法时应遵循的原则也作了具体规定,主要是日本、欧盟、加拿大、美国和韩国签订的协定。按照这些协定的规定,竞争执法应遵循的

---

[1] 参见赵晓洁、陈丹宁:《竞争法视野下的竞争执法机构》,载《唐山师范学院学报》2008 年第 4 期。

原则概括起来主要包括正当程序、非歧视和透明度三大原则，部分协定（主要是澳大利亚签订的自由贸易协定）还规定有及时（timeliness）原则。在241项规范竞争政策议题的自由贸易协定中，规定正当程序原则的协定有73项，占30.3%，占比最高；规定非歧视原则的协定有69项，占28.6%；规定透明度原则的协定有62项，占25.7%，占比最低。上述统计数据表明，在自由贸易协定中设立竞争执法应遵循的原则并不是一种普遍的做法，只有三成的协定对此作出要求。在上述三项原则中，竞争执法的正当程序原则最受重视，然后是非歧视原则和透明度原则，可见自由贸易协定非常注重竞争执法程序的正当性。

在设立有竞争执法原则的自由贸易协定中，大部分协定只是概括规定竞争执法应遵循相关原则，而对相关原则的具体含义或具体要求则未作规定，如《澳大利亚—马来西亚自由贸易协定》。该协定第14.4条第2款规定，一成员依竞争法采取的行动，应符合透明、及时、非歧视和正当程序原则，但对上述原则的含义则未作具体解释。部分自由贸易协定则对相关原则的含义作了明确、具体规定，但很少有自由贸易协定对所有相关原则都作出明确、具体的规定，通常只是对某一原则作出解释。

非歧视待遇原则是在国际法领域得到广泛运用的一项重要原则，特别是在国际贸易与投资领域。但该原则的具体含义，则随条约或协定的不同规定而有不同的理解。《美国—韩国自由贸易协定》对非歧视原则作了具体规定："每一成员竞争执法机构的执行政策给另一成员人员的待遇，在同等情形下，不得低于给予本成员人员的待遇，每一成员的执法机构应努力保持此种政策。"[1]依此一规定，非歧视待遇只涉及国民待遇问题。《加拿大—乌克兰自由贸易协定》则对非歧视待遇原则作了更广义的理解。该协定在"定义"条款中对非歧视待遇作出了解释，规定非歧视性待遇是指较该协定有关条款所规定的国民待遇或最惠国待遇更优惠的待遇。[2] 依此一规定，非歧视待遇既包括国民

[1] See US-Korea FTA, Article 16.1.2.

[2] See Canada-Ukraine FTA, Article 9.1.

待遇，也包括最惠国待遇，较美韩自由贸易协定规定的非歧视待遇含义更广，内容更优惠。

透明度原则是竞争执法应遵循的一项重要原则，但不同自由贸易协定的具体要求并不相同。依《美国—韩国自由贸易协定》的规定，竞争执法的透明度包括两方面的要求：一方面，协定各方应确保裁定违反竞争法的最终行政决定采用书面形式，并列清相关裁决所依据的事实、理由及法律分析；另一方面，每一成员还应确保实施相关行政裁决的决定或命令都应当出版，如果出版不可行，则应采取其他公众可获得的方式公开，以便其他感兴趣的人员和另一方能了解、熟悉。[1] 应特别强调的是，该协定对上述两项义务都使用了“应确保”(shall ensure)这样的措辞来表述成员义务的性质。《美国—澳大利亚自由贸易协定》只是要求每一成员需公开其规制限制竞争商业行为的执法措施，而且此义务是在另一方提出此种请求时才需履行。[2]

第二节　竞争执法的合作与协调

竞争执法的协调与合作涉及通报、信息交换、执法磋商、技术援助、消极礼让和积极礼让等六大事项，共计有155项协定就此作了规定，占纳入竞争政策议题协定的64.3%，在考察的五类实体性规范中排第二位，除苏联国家签订的自由贸易协定外，其他世贸组织成员签订的协定大多对此作了明确规定。部分协定只用一个条款对成员国间竞争执法的合作与协调问题作概括规定，再通过签订实施协定明确合作的细节与程序，如《日本—墨西哥自由贸易协定》第132条规定，缔约双方应依各自的法律法规，在管制限制竞争行为方面进行合作，合作的细节与程序则有待未来签订的实施协定明确。大部分协定则是在概括规定的基础上，再对协调与合作的具体事项作出明确规定，如《美国—秘鲁自由

[1] See US-Korea FTA, Article 16.5.3.

[2] See US-Australia FTA, Article 14.8.2.

贸易协定》第13.3条“合作”规定，协定成员同意在竞争政策领域开展合作，承认相关机构之间的合作与协调，对在自由贸易区进一步促进竞争法的有效实施具有重要意义，因此协定成员应在案件影响另一方重大利益时通知该方，并在有关竞争法律和政策的实施方面进行磋商、交换资讯。但不同协定在协调与合作的具体事项方面的规定存在较大的差别。

一、信息交换、执法磋商与通报

在竞争执法的合作与协调中，最受重视的事项是信息交换、执法磋商与通报，这是自由贸易协定成员国开展竞争执法协调合作最基本的义务。在规范竞争政策议题的241项自由贸易协定中，分别有120项、84项和68项协定就此作出规定，占比分别为49.8%、34.9%和28.2%。

日本在与墨西哥、蒙古签订的自由贸易协定只就竞争执法的合作与协调问题作概括规定，然后通过签订实施协议，对此问题再作出具体、细致的规定，是迄今为止对此问题规定最为详尽的自由贸易协定。本书以日本与蒙古就《日本—蒙古自由贸易协定》签订的《日本政府与蒙古政府关于实施〈日本—蒙古建立经济伙伴关系协定〉第1.12条的协议》(以下简称《实施协定》)第三章为样本，分析协定成员在通报、信息交换与执法磋商方面承担的具体义务。

关于通报，《实施协定》第3.3条第1款规定，在符合各方缔约方法律法规的范围内，一缔约方如果认为其执法活动可能会对另一方重要利益造成影响的，缔约一方的竞争机构应向另一方竞争机构发出通报。该条第2款规定，出现下列情形之一时，缔约一方即可考虑其执法活动可能会影响到另一方的重要利益：(1)与另一缔约方执法活动有关的；(2)不利于另一方国家的国民，或不利于根据另一缔约国国家适用的法律和法规成立或合并的企业；(3)涉及兼并或收购；(4)涉及反竞争活动，除实质发生在另一缔约方国家的兼并或收购外；(5)涉及通知方竞争管理机构认为需要的行为，以及另一缔约方鼓励或者允许的行为；(6)涉及要求或禁止在另一方国家进行的行为的救济。该条第3款规定，当一缔约方如果认为其执法活动可能会对另一缔约方重要利益造成影响时，只要它不违反通知方竞争机构国家的法律和条例，以及并不影响由通知方竞争主管部门进行的任何调查，应按照第 1 款尽可能及时地向竞争主管机关发出通报。该条第 4 款进一步规定，通报应足够详细，以使另一被通知方竞争机构作出对其重要利益影响的评估。

从上述规定不难看出，虽然履行通报义务看似简单，只需要将本国竞争执法机构的执法行为通报其他成员国即可，但其实也比较复杂。首先，一成员国是否需要履行通报义务需要满足两项条件：其一，本国的竞争执法行为可能对另一成员的重要利益造成影响，日本和蒙古签订的协定还为此确立了 6 项判断标准；其二，通报行为没有违反本国的法律，如此规定，使得是否通报、如何通报的主动权在通报一方。其次，对通报行为本身提出了两项要求：一是尽可能及时，对此义务协定没有确立判断标准；二是足够详细，判断标准是另一方竞争执法机构能够依据通报的内容对本方重要利益是否受到影响作出评估。

关于信息交换，《实施协定》第 3.5 条规定，根据第 3.4 条款中规定的合作目的，各方竞争主管机关，应当在与竞争主管机构国家的法律、法规和缔约方竞争机构重要利益相一致的情况下：(1)通知另一方的竞争主管部门，关于其执法活动方面所涉及的反竞争活动可能会对另一缔约方国家的竞争产生不利影响的；(2)一缔约方应当在其支配或注意的范围内，向另一方的竞争管理机构提供任何可能重要的信息，包括认为可能有关的反竞争活动，或者由另一方的竞争机构授权进行的执法活动；(3)缔约方根据要求并按照本章规定，向另一缔约方的竞争机构提供其支配下与另一缔约方的竞争机构的执法活动有关的信息。

关于执法磋商，日本与蒙古签订的实施协定作了较宽泛的规定。《实施协定》第 3.4 条首先规定，各方竞争主管机关在其执法活动中，应当在与提供协助方竞争主管机构国家的法律、法规和重要利益相一致和可合理利用的资源范围内，向另一方的竞争管理机构提供协助。其次，《实施协定》第 3.6 条规定，当双方竞争机构正在进行的有关事项的执法活动彼此相关时，竞争主管部门应考虑协调执法活动；每个缔约方的竞争机构，基于另一缔约方竞争机构的要求，且符合另一缔约方重要利益的情况下，询问是否有提供与执法活动有关的机密资料的人士,同意与另一缔约方的竞争机构分享此类信息。在考虑是否应相互协调执法活动时,各方竞争当局应考虑相关因素,特别是以下因素:(1)这种协调对其实现执法活动目标的能力的影响;(2)竞争机构获取必要的信息开展执法活动的相应的能力;(3)缔约方竞争机构能确保有效地缓解反竞争活动的程度;(4)可能降低执法活动的缔约方和执法人员的成本;(5)协调救济对于执法活动的缔约国和有关人员的潜在优势。但该条同时规定,每一缔约方的竞争机构可以在任何时候以适当的方式通知另一缔约方的竞争机构限制或终止执法活动的协调,并独立执行其执法活动。最后,《实施协定》第3.8条规定,为避免双方执法活动发生冲突,各方在执法活动的各个阶段,应认真考虑另一缔约方的重要利益,包括决定开始执法活动、执法活动的范围,以及各种案件中所寻求救济或者惩罚的性质;当一缔约方通知另一缔约方,其具体执法活动可能会影响到前者的重要利益,后者应在符合国内法律法规的范围内,尽可能及时通报有关执法活动的重大发展;缔约一方在决定其执法活动是否会对缔约另一方的重要利益产生不利影响时,缔约方应考虑以下因素:(1)与在另一国内发生的行为或交易相比,一国境内发生的反竞争活动的行为或交易的相对意义;(2)反竞争活动对各缔约方重要利益的相对影响;(3)是否存在证据证明参与反竞争活动的人,意图影响进行执法活动的一缔约方的消费者、供应商或竞争对手;(4)反竞争活动在多大程度上实质减少了各国市场的竞争;(5)一缔约方国的执法活动与另一缔约方国家的法律、法规或者该国的政策、重要利益的冲突程度或一致性;(6)缔约双方是否将私人,无论是自然人还是法人,置于相冲突的要求之下;(7)交易中相关资产的地址和相关缔约方;(8)缔约国有关反竞争活动的执法活动保护有效的制裁或其他救济的程度;(9)另一缔约方针对相同的私人个体的执法活动的影响程度,无论是自然人还是法人。如此细致的规定,毫无疑问大大提高了规则的可操作性和可执行度。

二、技术援助

由于只有在竞争立法与执法方面比较落后的国家才需要在此方面

提供技术援助,因此关于技术援助的规定很少出现在发达国家之间签订的自由贸易协定中,而通常出现在南北型协定,即发达国家与发展中国家签订的协定之中。因此规定技术援助的自由贸易协定并不多,在规范竞争政策的241项自由贸易协定中,只有45项协定有此方面的规定,如欧盟、日本、加拿大等发达国家与智利、蒙古、墨西哥等发展中国家签订的协定。晚近签署的大型自由贸易协定也都就技术援助或者技术合作作出规定,11个国家于2018年签订的CPTPP在第十六章第5条以“技术合作”为标题制定了相关规则,而15个国家于2020年签订的RCEP在第十三章第6条以“技术合作和能力建设”为标题制定了相关规则。

在日本与蒙古签订的自由贸易协定《实施协定》中,也对技术援助作了明确规定。该实施协定第3.9条规定,双方承认,为了加强竞争政策和各国竞争法律的实施,由缔约方的竞争机构在技术合作活动中共同努力,符合双方的共同利益。技术合作的具体形式包括:(1)出于培训的目的,竞争机构人员的交流;(2)竞争机构的人员作为讲师或顾问参加有关加强竞争政策和竞争法实施的由一方或者双方竞争机构组织或赞助的培训课程;(3)竞争机构同意的其他形式。

在发展中国家之间签订的自由贸易协定中,由于各成员国通常较缺乏竞争立法与执法的经验,因而较少有技术援助的规定,内容也较简单。《中国—格鲁吉亚自由贸易协定》第十章第8条规定,为了提高双方竞争机构执行竞争政策和竞争法律的能力,缔约双方可以通过经验交流、培训项目、举办研讨会、科研合作等方式开展技术合作。《中韩自贸协定》第14.10条也非常简略地规定,缔约双方可以通过经验交流、以培训项目实现的能力建设、举办研讨会、科研合作等方式开展技术合作,以提高双方执行竞争政策和竞争法的能力。

较特殊的是在美国与澳大利亚两个发达国家之间签订的自由贸易协定中,也出现了相互援助的规定。《美国—澳大利亚自由贸易协定》第14.2条第3款规定,双方认识到相关机构相互间的合作与协调对进一步促进在自由贸易区竞争法的有效实施具有重要意义,同意通过相互援助、通知、协调和信息交换等,在竞争法律与政策的实施方面进行合作。

三、消极礼让与积极礼让

消极礼让和积极礼让原则之所以出现在竞争执法的国际合作协议之路上,其主要原因是国内反垄断法执行方面的单边主义遭受挫折,转而尝试通过双边合作的途径来实现其反垄断法的域外效力。消极礼让原则与积极礼让原则正是这些双边条约所采用的合作原则,美国与欧共体 1991 年签订的《美国政府与欧洲共同体委员会关于它们竞争法适用的协定》即为此种合作的典型,该协定第 5 条和第 6 条分别规定了积极礼让原则与消极礼让原则。

消极礼让与积极礼让是国际竞争执法合作的一项重要内容。在自由贸易协定中规定消极礼让、积极礼让规则,意味着成员国之间在竞争执法方面要进行深层次的协调与合作,因此较少协定作此方面的规定。从协定的类型来看,主要是南北型协定规定有消极礼让与积极礼让,只有少数南南型协定就此作了规定。从数量来看,在规范竞争政策议题的 241 项自由贸易协定中,有 28 项协定设有消极礼让原则,有 14 项协定设有积极礼让原则,分别只占 11.6%、5.8%。

消极礼让原则是在双边协议的基础上,一方在认识到自己的执法行为会对缔约他方重大利益产生影响时,所负有的及时通知该受影响方的义务,并且在自己的执法活动中尽可能不损及他方利益的一种礼让行为。在自由贸易协定中,通常在"通告"(notification)一条下制定消极礼让规则。如《澳大利亚—韩国自由贸易协定》第 14.6 条"通告"规定,每一方在其认为,它的竞争执法行为可能实质性地影响另一方的重大利益时,应通过其竞争机构就其执法行为向另一成员的竞争机构发出通告;此一通告应在执法活动的早期发出,只要不违背该国的法律,并且不影响任何调查的进行。在《日本—蒙古自由贸易协定》实施协定中,对消极礼让作了更为详细的规定。该实施协定第 3.8 条以"避免执法活动的冲突"为名制定了消极礼让规则。该条首先规定,当一缔约方如果认为其执法活动可能会对另一缔约方重要利益造成影响时,在不违反通知方竞争机构国家的法律和条例及不影响由通知方竞争主管部门进行的任何调查的前提下，尽可能及时地向另一方竞争主管机关发出通报。这些规定与《澳大利亚—韩国自由贸易协定》的相关规定完全一致。但《日本—蒙古自由贸易协定》实施协定接着对何为“对另一缔约方重要利益造成影响”作了详细的规定，这极大地提高了其可操作性。该条第3款规定，当缔约一方认为，其执法活动可能会对缔约另一方的重要利益产生不利影响，缔约一方除考虑其他有关因素外，应考虑以下9种因素：(1)与在另一国内发生的行为或交易相比，一国境内发生的反竞争活动的行为或交易的相对意义；(2)反竞争活动对各缔约方重要利益的相对影响；(3)存在或不存在证据证明，参与反竞争活动的人，确影响了一缔约国执法活动中的消费者、供应商或竞争对手；(4)反竞争活动在多大程度上实质减少了各国市场的竞争；(5)一缔约方国的执法活动与另一缔约方国家的法律、法规或者该国的政策、重要利益的冲突程度或一致性；(6)私人个体，无论是自然人还是法人，将被置于缔约方之间冲突的要求之下；(7)交易中相关资产的地址和相关缔约方；(8)缔约国有关反竞争活动的执法活动保护有效的制裁或其他救济的程度；(9)另一缔约方针对相同的私人个体的执法活动的影响程度，无论是自然人还是法人。

积极礼让，是指以双边或多边协议为基础，当一项限制竞争行为同时损及两个或两个以上缔约方利益时，缔约一方有权请求缔约另一方依该方的竞争法规则启动一项新的调查，或扩大其正在进行的调查的范围，并根据调查结果采取相关救济措施。1998年美国政府和欧洲共同体委员会签订的《关于在竞争法执法过程中实施积极礼让原则的协定》除规定上述内容外，还进一步规定，在满足特定条件的前提下，请求国应推迟或中止本国调查程序，以方便被请求国采取相应措施，此规定提高了竞争执法机构效率，可较有效地避免执法管辖权的冲突。

在现有的自由贸易协定中，关于积极礼让的规定还只涉及上述内容的第一方面，而没有涉及如1998年美国与欧盟签订的协定的推迟或中止请求国调查程序的规定。如《欧盟—南非自由贸易协定》第38条“礼让”第1款首先规定，如果欧盟委员会或南非竞争机构有理由相信，发生在另一领域内的反竞争行为实质性地影响了本方的重要利益，它可以请求另一方依其竞争法规则采取适当的救济措施。该条第 2 款还规定，此种请求并不妨碍请求方依其竞争法可能采取的任何行动，即请求方在提出请求后，仍可依其法律启动相关调查程序，也不妨碍被请求方竞争执法机构的决策权和独立性。这与 1998 年美国政府与欧盟委员会签订的协定的规定不同。该条第 3 款还进一步规定，在不损害竞争执法机构相关职能、权利义务和独立性的前提下，被请求方的执法机构应认真考虑请求方提供的文件中的观点，特别是有关限制竞争行为的性质及对相关利益的损害。

积极礼让和消极礼让的共同点在于：二者均是一种竞争执法程序上的合作，即在所有与执法有关的活动，包括行政、民事或刑事程序在内等方面进行合作；二者均涉及一国的执法活动对他国的影响，即一国的竞争执法活动会对另一国的重大利益造成影响；二者均是一种自愿政策，即是否采取消极礼让或积极礼让，都由有关国家自主决定，即便是积极礼让，被请求国是依据本国的竞争法决定是否发起或扩大调查程序。二者的区别则在于，积极礼让包括启动或扩大一项调查程序以便帮助他国；消极礼让则仅指在进行执法程序时应尽量避免损及他国利益，而不涉及任何执法程序的启动或扩大。[1] 另外，从采取礼让的主体来看，消极礼让是正在进行调查的一方主动礼让，以便己方采取的竞争措施不影响另一方的利益，而积极礼让是一方请求正在进行调查的另一方礼让，要求对方采取竞争措施以维护请求方的利益。

第三节　国家企业与指定垄断

国家企业与指定垄断是竞争政策条款规范的另一重要问题，共计有 149 项协定就此作出明确规定，占设有竞争政策条款协定的 61.8%，在考察的五大类实体规则中居第三位。加拿大、美国、英国、欧盟与

---

[1] 参见漆彤：《反垄断国际合作中的积极礼让原则》，载《华东政法学院学报》2005 年第 5 期。

EFTA 国家是规范国家企业与指定垄断的积极追求者。加拿大在其签订的 15 项自由贸易协定中,均制定了国家企业与指定垄断规则;美国在其纳入竞争政策议题的 7 项自由贸易协定中,也均制定了国家企业与指定垄断规则;英国签订的 38 项自由贸易协定中,有 28 项协定制定了国家企业与指定垄断规则;EFTA 国家与欧盟在自由贸易协定中也积极规范国家企业与指定垄断,分别有 28 项、22 项协定制定有此方面的规则。只有苏联国家之间签订的自由贸易协定均未涉及国家企业与指定垄断问题。可见,各国对在自由贸易协定中是否应规范国家企业与指定垄断态度不一,但大多数国家倾向于在协定中规制国家企业与指定垄断。从相关自由贸易协定的规定来看,关于国家企业与指定垄断的规则主要涉及授予职权、非歧视待遇、商业考量等方面的问题。

一、国家企业与指定垄断的含义

国家企业并不是为公众所熟悉的一个概念。从国内法层面来看,主要使用国有企业此一概念,但不同国家所定义的国有企业各不相同。在美国,国有企业是指企业全部资产归国家所有并由国家经营管理的企业;在法国,国有企业是指凡所有权为国有、具有独立的法人地位且从事工商经营的企业即为国有企业;日本称国有企业为公营企业,包括国家和地方政府直接经营的国营企业和按国家特别法律设立的特殊法人。[1]

从自由贸易协定角度来看,国家企业的概念源于《关贸总协定》第 17 条。该条名为国家贸易企业(State Trading Enterprises),第 1 款规定,“每一缔约方承诺,如其设立或维持一国家企业(State Enterprises),无论位于何处或在形式上或事实上给予何种专有权或特权,则该企业在其涉及进口或出口的购买和销售方面,应以符合本协定对影响私营贸易商进出口的政府措施所规定的非歧视待遇的一般原则行事”。在该条中正式使用了国家企业此一概念,并为有关国家签订的自由贸易协定所承继,如《北美自由贸易协定》。但韩国在其与欧盟、智利和中

[1] 参见谭雪梅:《“国有企业”概念的重新界定》,载《财经问题研究》2002 年第 7 期。

国签订的自由贸易协定中,则使用了公共企业(public enterprise)一词。在2018年3月有关国家签订的CPTPP中,则使用了在国内法中使用的概念,即国有企业(State-owned Enterprises)。

对何为国家企业,许多自由贸易协定都回避对其作出具体界定,部分协定则对其作了简单的解释。《北美自由贸易协定》在第1505条“定义”中,对国家企业的定义是,“除附件1505的特别规定外,由一成员通过所有权权益(ownership interests)拥有或控制的企业”。但何为“拥有”“控制”?认定的标准是什么则未作界定。美国、加拿大和墨西哥在与其他国家签订自由贸易协定时,基本沿用了《北美自由贸易协定》的定义。在《北美自由贸易协定》的基础上,CPTPP在第17.1条“定义”中,对国有企业作了较具体的界定,确立了具体的认定标准。依该条规定,国有企业是指如下企业:主要从事商业活动,并且缔约方在其中直接拥有50%以上的股份资本,或通过所有者权益控制50%以上投票权,或拥有任命过半数董事会或其他同等管理机构成员的权利。该条确立了认定国有企业较清晰的标准。对该协定而言,国有企业首先是一个从事商业活动的企业,以盈利为目的,从而排除了国家出资设立的、但完全为了公益的企业。国家拥有50%以上的股份或50%以上的投票权,或拥有任命大多数企业董事会成员的权力的要求,排除了有国家参股但不拥有绝对控股权的企业,澄清了《北美自由贸易协定》中使用的“拥有”“控制”的含义。

对何为指定垄断(Designated Monopolies),一些自由贸易协定作了解释,这些解释含义大体相同,但在细节上存在一些差异。《北美自由贸易协定》在第1505条“定义”中对“指定”与“垄断”分别作了界定。所谓“指定”,是指在该协定生效后,设立、指定或授权,或将垄断的范围扩展至额外的货物或服务;所谓“垄断”,是指一个实体,包括联合企业或政府机构,在该成员领土内的任何相关市场上,被指派作为某种商品或服务的唯一提供者或购买者,但不包括根据许可证获得排他知识产权的企业。在《加拿大—韩国自由贸易协定》第15.5条“定义”中,“指定”是指在该协定生效之日后,建立、指定或授权垄断,或扩大垄断范围以涵盖其他商品或服务。这意味着只能由政府通过正式的行为完成指定。在《澳大利亚—智利自由贸易协定》第 14.1 条“定义”中，“指定”则是指正式或实际上设立、指定或授权垄断，或扩大垄断的范围以涵盖额外的商品或服务。如此，该协定所指的“指定”则较《加拿大—韩国自由贸易协定》要广，即不仅包括政府通过正式行为授权垄断权，还包括政府虽然没有正式授权但事实上获得了垄断权的情形。CPTPP除和上述协定一样分别对“指定”和“垄断”作出解释外，还对指定垄断一词单独作出解释。该协定第 17.1 条规定，指定垄断是指在该协定生效后被指定的私人垄断，和任何一成员指定的或已指定的政府垄断。依照该条规定，指定垄断既包括政府垄断，也包括私人垄断，但政府垄断可以是在协定生效之前和生效之后指定的政府垄断，而私人垄断则仅包括在协定生效之后指定的私人垄断。这一规定较之前的自由贸易协定，更清晰、准确地界定了何为指定垄断。

在现有的自由贸易协定中，除 CPTPP《美墨加协定》(以下简称USMCA)用单章规范国家企业与指定垄断外，其他协定通常是在“竞争政策”一章中，用两个条款分别设立成员在国家企业与指定垄断方面应承担的具体义务。自由贸易协定并不禁止其成员设立国家企业和指定垄断，但需承担授予职权、非歧视待遇、商业考量等义务。在这些义务中，北美国家签订的自由贸易协定主要规定有授予职权、非歧视待遇和商业考量，而欧洲国家特别是欧盟，在其签订的自由贸易协定中主要规定非歧视待遇，这反映出自由贸易协定规制的重点各有不同。

二、非歧视待遇

非歧视待遇是自由贸易协定赋予协定成员在国家企业与指定垄断方面承担的一项重要义务，无论是北美国家还是欧洲国家，大多制定了此一规则，共有 125 项自由贸易协定制定了非歧视待遇规则，分别占所有规范竞争政策议题和规范国有企业与指定垄断问题的自由贸易协定的 51.9%和 83.9%，充分显示了该原则的重要性。

从规范的形式来看，各国签订的自由贸易协定采用两种方式制定非歧视待遇规则。一是在指定垄断和国家企业两个条款中分别制定非歧视待遇规则，两个条款中的非歧视待遇适用的范围有所不同，大多数自由贸易协定采用此一方法,特别是美国签订的自由贸易协定都采用了此种方法,如《北美自由贸易协定》;二是在一个条款中集中规定非歧视待遇,这意味着对国家企业与指定垄断适用的非歧视待遇规则完全相同,只有少数自由贸易协定采用此种方式,如《欧盟—加拿大自由贸易协定》。

从规范的内容来看,自由贸易协定对非歧视待遇适用的范围、具体含义有一个逐步澄清的过程。《北美自由贸易协定》明确了非歧视待遇适用的范围,但对非歧视待遇的具体含义则未作规定。该协定第1502条第3款c项规定,每一成员应通过调控、行政监管或采取其他措施,确保其指派的任何私人垄断和政府垄断在相关市场购买或销售垄断货物或服务时,为另一成员投资者的投资、供应商提供的货物与服务提供非歧视待遇;在第1503条第3款中则规定,每一成员应确保其设立或维持的任何国家企业在向设在该成员境内的另一成员投资者的投资销售货物或服务时给予非歧视待遇。依该两条的规定,指定垄断给予非歧视待遇的范围包括投资和提供的货物和服务,而国家企业给予非歧视待遇的范围则仅包括投资者,协定成员承担的非歧视待遇义务在适用范围方面存在重大差别。

《美国—韩国自由贸易协定》关于非歧视待遇范围的规定与《北美自由贸易协定》存在一定的差异。该协定也采用了《北美自由贸易协定》的做法,分两条分别规定了指定垄断与国家企业的非歧视待遇问题,但扩大了非歧视待遇的适用范围。该协定第16.2条“指定垄断”规定,每一成员应确保在该协定生效后的指定垄断与任何政府垄断,当其在相关市场购买或销售垄断货物或服务时,对涵盖投资、另一成员的货物和另一成员服务供应商的服务提供非歧视待遇;第16.3条“国家企业”规定,每一成员应确保其设立或维持的任何国家企业,在出售其商品或服务时给予所涵盖投资以非歧视的待遇。在这两条中,都使用了“涵盖投资”这一概念,而在《北美自由贸易协定》中使用的是“投资者的投资”,至少从理论上看,“涵盖投资”所指范围要比“投资者的投资”要广。

《欧盟—加拿大自由贸易协定》采用了专条规范非歧视待遇的方

式。该协定第 18.4 条名为“非歧视待遇”,分两款。第 1 款规定,每一成员应确保其领土内的涵盖企业,在购买或销售货物或服务时,对涵盖投资、另一成员的货物或另一成员的服务提供商给予非歧视待遇;第 2 款规定,如果第 18.1 条中“涵盖企业”的定义(b)项至(d)项所述的被覆盖企业按照第 18.5.1 条行事,则被涵盖企业所在领土上的缔约方应被视为遵守了第 1 款就该涵盖企业规定的义务。第 18.1 条(b)项至(d)项所指的涵盖企业即指定垄断与国家企业,而第 18.5.1 条规定了商业考量义务。因此,依照《欧盟—加拿大自由贸易协定》的上述规定,当一个成员的指定垄断与国家企业遵守了商业考量规则,则意味着该成员履行了非歧视待遇义务,这是其他自由贸易协定所未有的。

USMCA 和其前身《北美自由贸易协定》一样,分别为国有企业与指定垄断规定了非歧视待遇,但与后者不同之处在于,前者明确界定了非歧视待遇的具体含义。依照 USMCA 第 22.4 条第 1 款 b 项、c 项和第 2 款 b 项、c 项的规定,非歧视待遇包含国民待遇与最惠国待遇。如第 22.4 条第 1 款 b 项规定,每一成员的国有企业在从事商业活动、采购货物或服务时,给予另一成员货物或服务供应商的待遇,不得低于给予该成员相同货物或服务供应商的待遇,也不得低于给予其他成员或非成员相同货物或服务供应商的待遇。

三、授予职权

授予职权(Delegated Authority)是 CPTPP 使用的概念,在此之前的自由贸易协定虽有相关具体规定,但并没有用专门术语称呼之。依该协定第 17.3 条的规定,所谓授予职权,是指国家企业与指定垄断在行使国家授予的相关政府职能时,其行为应与自由贸易协定成员在协定项下所承担的相关义务不抵触。

规定授予职权的自由贸易协定并不多,共有 63 项协定就此作出了规定。该项规定主要出现在由美国、加拿大、巴拿马、智利等美洲国家及欧盟签订的自由贸易协定之中,中国、日本、韩国、印度、澳大利亚等亚太国家及东盟国家只有个别协定对此作出规定,而像苏联、土耳其及 EFTA 签订的自由贸易协定则没有此方面的规定。

在CPTPP签订之前,关于授予职权的规定,通常体现在国家企业条款与指定垄断两个条款之中。两个条款规定的内容大体相同,但也存在差别。以《北美自由贸易协定》为例,该协定第1502条规范指定垄断问题,该条第3款规定,每一成员应通过调控、行政监管或采取其他措施,确保其指派的任何私人垄断和政府垄断在行使任何监管、行政或其他政府职能时,应以不违反该成员在该协定项下所承担的义务的方式行事。该协定第1503条规范国家企业问题,该条第2款规定,每一成员应通过调控、行政监管或采取其他措施,确保其设立或维持的任何国家企业在行使任何国家授予的监管、行政或其他政府职能时,以不违反该成员在第十一章"投资"和第十四章"金融服务"项下义务的方式行事。比较上述两条的规定,虽然成员国承担的义务的内容相同,但义务的范围则有较大差别。对指定垄断来说,要求其以不违反整个《北美自由贸易协定》所设定的义务的方式行事;对国家企业来说,则只要求其以不违反《北美自由贸易协定》第十一章、第十四章所设定的义务的方式行事。成员在指定垄断方面就授予职权问题承担了更多的义务。但美国在其后签订的自由贸易协定中,将义务范围都限定于"本协定项下",从而统一了义务范围。加拿大与墨西哥在其签订的一些自由贸易协定中,对国家企业义务的范围采取了另一种设定方式,即不限定于协定的某一章的义务,也不限定于整个协定,而是不作任何限制。如《加拿大—乌克兰自由贸易协定》第9.4条第2款规定,每一成员应确保其设立或维持的任何国家企业在行使政府授予其行使的监管、行政或其他政府职能时,都应以不违反该成员义务的方式行事。该成员的义务范围,是整个自由贸易协定还是协定中某一章下的义务,该自由贸易协定没有明确而予以模糊处理。

CPTPP第17.3条标题为"授予职权",该条规定,各缔约方应保证,当其国有企业、国家企业和指定垄断行使任何缔约方指示或授予该实体的任何监管、行政或其他政府职权时,该实体以与缔约方在本协定项下的义务不相抵触的方式行事。该条的注释强调所谓监管、行政或其他政府职能,包括如征用、发放许可、批准商业交易或施加配额、规费和其他费用的权力。从内容上看,CPTPP将义务的范围统一为"本协定项下的义务";从形式上看,将之前分别在指定垄断条款与国家企业条款中规定的义务统一,在"授予职权"一条中予以规定。

四、商业考量

商业考量义务源于《关贸总协定》第 17 条。依该条第 1 款规定,每一缔约方承诺,如其设立或维持一国家企业,则该企业在其涉及进口或出口的购买和销售方面,应仅依照商业因素进行任何此类购买或销售,包括价格、质量、可获性、适销性、运输和其他购销条件,并应依照商业惯例给予其他缔约方的企业参与此类购买或销售的充分竞争机会。该条要求各缔约方对国家企业购买或销售货物的此类商业行为不能提供额外的优惠,而仅依商业因素考虑,从而使国家企业在商业活动中不能因政府的优惠政策而人为获得竞争优势。共有 61 项自由贸易协定针对国有企业与指定垄断设立有商业考量规则。

《北美自由贸易协定》第 1502 条第 3 款 b 项借鉴了《关贸总协定》上述条款的核心内容。该条规定,每一成员应通过调控、行政监管或采取其他措施,确保其指派的任何私人垄断和政府垄断在相关市场上购买或销售垄断货物与服务时,应仅依商业考量行事,包括价格、质量、可获得性、适销性、运输和其他购销条件。与《关贸总协定》的规定相比,《北美自由贸易协定》的规定有三大变化:第一,将商业活动的范围从《关贸总协定》只涉及进出口货物的购买与销售,扩展至服务的购买与销售。这一变化很好理解,《关贸总协定》只规范货物贸易,而《北美自由贸易协定》既规范货物贸易,又规范服务贸易。第二,对货物加上了一个限定词"垄断",只要求在购买或销售"垄断货物和服务"时才需遵守商业考量义务,购买、销售非垄断货物和服务则无须遵守此项义务。第三,将适用的对象从《关贸总协定》的国家企业转变为指定垄断。《关贸总协定》要求国家企业应依商业因素进行进出口货物的购买与销售,而《北美自由贸易协定》则是要求指定垄断应依商业因素进行进出口货物或服务的购买与销售。如果说由于《北美自由贸易协定》第 1502 条名为"垄断与国家企业"可能会造成误解的话,美国在其后与其他国家签订的自由贸易协定中明确将相关条款的名称改为"指定垄断”,因而非常清晰地表明该义务的适用对象为指定垄断。

此外,关于认定是否符合商业考量的参考因素,《北美自由贸易协定》完全照搬了《关贸总协定》的规定,包括价格、质量、可获得性、适销性、运输等5项确定因素和其他购销条件1项弹性因素。USMCA 对认定商业考量的参考因素作了更明确的规定。依该协定第22.1条“定义”的解释,商业考量是指价格、质量、可用性、可销售性、运输以及其他买卖条款和条件,或通常在相关企业或行业中的私营企业在商业决策中通常考虑的其他因素。和《关贸总协定》《北美自由贸易协定》相比,USMCA 除和前者一样规定了5项确定因素和1项弹性因素外,还确立了另一认定因素,即私营企业在商业决策中通常考虑的因素。新增此一认定因素的意义在于,一项购买或销售的行为,即便符合规定的5项确定因素和弹性因素,也可能被认定为与相关私营企业在商业决策中通常考量的因素不相符,从而被认定为违反了商业考量义务。

还应特别指出的是,在大部分自由贸易协定中,商业考量义务的适用仅为指定垄断而不包括国家企业。美国、加拿大的做法是,在指定垄断一条中规定授予职权、商业考量和非歧视待遇,而在国家企业一条中,仅规定授予职权和非歧视待遇,没有规定商业考量。但这种差别在 CPTPP 中被消灭,该协定第17.4条第1款(a)项和第2款(a)项分别就国有企业与指定垄断设立了商业考量义务。

在此方面另辟蹊径的是澳大利亚,在与其他国家签订自由贸易协定时使用了“竞争中立”(Competition Neutrality)这一内涵更广的概念,如《澳大利亚—韩国自由贸易协定》,第14.4条标题即为“竞争中立”。竞争中立是由国内法发展的一项制度,最早由澳大利亚提出,并形成了系统的制度予以有效实施。[1] 20世纪90年代,澳大利亚在国有企业改革的背景下,率先推出了“竞争中立”政策,根据1996年《联邦竞争中立政策声明》的要求,政府的商业活动不得仅凭公共部门拥有所有权

[1] 参见冯辉:《竞争中立:国企改革、贸易投资新规则与国家间制度竞争》,载《环球法律评论》2016年第2期。

而获得高于私有部门竞争者的净竞争优势。[1] 1995 年达成并经 2007 年修订的，由澳大利亚联邦与各州、地区间达成的《竞争原则协定》第 3 条第 1 项规定，竞争中立政策的目标是消除因从事重要商业活动的公共所有权实体引起的资源分配扭曲：政府企业不应仅由于其公共部门所有权而享有任何净竞争优势。这些原则仅适用于公共所有权实体的商业活动，而不适用于这些实体的非商业、非营利活动。从澳大利亚的实际经验来看，竞争中立制度是作为一项国内法的改革而兴起的，其重点也在于以公平竞争为核心推进澳大利亚的国企改革。竞争中立原则的兴起和运用有利于创设一个公平的竞争环境，促进各市场主体之间公平竞争的发展。竞争中立规则出台后，较好地遏制了澳大利亚国内国有企业不公平竞争的局面，维护了市场正常的竞争秩序。由于澳大利亚在推行竞争中立规则上取得了较好的成效，这一规则逐渐为欧美国家和国际组织如经合组织所引用和延伸。[2]

受国内法的影响，澳大利亚在与其他国家签订自由贸易协定时，也倾向于将竞争中立原则引入协定竞争政策一章以规范国有企业。以《澳大利亚—新加坡自由贸易协定》为例，该协定第 12 章第 4 条“竞争中立”规定，双方应采取合理措施，确保各级政府在商业活动中不因任何国有企业为政府所有而向其提供任何竞争优势，该规定只适用于国有企业从事的商业活动，而不包括其从事的非商业或非商事活动。这一规定与《竞争原则协定》的措辞几乎完全相同。从该条规定来看，竞争中立规则与商业考量规则的最终目的一样，都是防止国家企业或国有企业在商业活动中因其国家所有的性质而获取额外的竞争优势。但两项制度也存在明显的不同。竞争中立是从国家或政府的角度制定的规则，其规制的对象是国家或政府；而商业考量则是从国家企业或国有企业的角度制定的规则，其规制的对象是国家企业或国有企业。

---

[1] 参见李玉梅、张梦莎：《国有企业国际规则比较与中国应对》，载《国际贸易》2021 年第 8 期。

[2] 参见马亚伟：《“竞争中立”原则的中国问题及法治应对——以国际经贸新规则为视角》，载《云南民族大学学报（哲学社会科学版）》2020 年第 6 期。

第四节　消费者保护

虽然从国内法层面来看,消费者保护是一个历史较为久远的话题。而对自由贸易协定而言,消费者保护则是一个崭新的议题,将消费者保护纳入自由贸易协定竞争政策规制范围只是近十多年的事。自由贸易协定竞争政策规则主要从两个角度规范消费者保护问题,一是在目标条款中将提高消费者福利作为其竞争政策目标之一,二是制定专门的消费者保护条款。

一、加强消费者保护的意义

所谓消费者,依国际标准化组织的理解,是指以个人消费为目的而购买或使用商品和服务的个体社会成员。[1] 在经济学上,消费者是与政府、企业相并列的参与市场经济运行的三大主体之一,是与企业相对应的市场主体。在法学上,消费者是各国的消费者保护法最重要的主体,也是竞争法的重要主体。由于消费者经济力量的微弱、商品知识的欠缺和组织性的缺乏,在现代经济条件下,消费者在强大的经营资本面前,呈现显著无力的状态,少数生产经营者为了追求利润而不择手段,使消费者置身于丧失财产乃至生命的危险之中。因此,需要对处于弱势的消费者进行特殊保护。

从国内法角度来看,保护消费者权益具有十分重要的意义。第一,保护消费者权益有利于鼓励公平竞争,限制不正当竞争。损害消费者权益的行为实际上就是不正当竞争行为,必须予以限制和打击。如果放任经营者损害消费者利益,就会使广大合法、诚实的经营者的利益受到损害,污染竞争环境。第二,保护消费者权利有利于提高人民生活水平和生活质量。在过去计划经济体制下,由于供应短缺、消费者很难顾

---

[1] 参见杨紫烜主编:《经济法》(第4版),北京大学出版社、高等教育出版社2010年版,第243页。

及商品质量,对服务状态也无法提出较高的要求。在市场经济条件下,通过保护消费者权利,让消费者购买到称心如意的商品和服务,提高了人民生活水平。第三,保护消费者权利有利于提高企业的和全社会的经济效益。[1] 如果政府能够切实保护消费者权利,那些靠制造假冒伪劣产品、靠欺骗消费者赚钱的企业和个人就无法生存下去,大多数企业的合法权益也可以得到充分保护,从而在全社会形成一种靠正当经营、正当竞争来提高经济效益的良好商业道德。这有利于促使企业努力加强管理,不断提高产品质量和服务质量,提高经济效益,推动社会进步。第四,保护消费者权利有助于经济发展。[2] 消费者保护政策可以赋予消费者权利,挑剔的消费者在激发企业之间的竞争和创新中可以发挥作用,一旦企业承诺坚持消费者保护政策,产品开发或创新将通过满足消费者需求而不是降低质量来适应竞争。

随着经济全球化和国际贸易自由化不断加强,从国际法层面加强消费者保护具有重要的现实意义。一方面,国际贸易自由化使消费者受益。国际贸易推动着全球化的进程,经济的全球化会产生良性循环,这一进程深化了经营者的竞争。为保护和进一步扩大市场份额、取得更大的经济效益,生产者竞相提高生产水平、改进产品质量并加强服务。跨界货物和服务贸易障碍的清除刺激了竞争,增加了消费者的选择。竞争的加剧通过增加货物和服务的可选性,促使商品质量的提高和价格的降低而使消费者受益,在这一点上欧洲法院曾明确表明消费者有权自由进入另一成员国境内并以与当地人同样的条件购物。在自由贸易和更大的全球市场中,经济一体化市场理论将消费者作为整个过程的根本受益人,尽管它是跨境商业活动利益的被接受者。正是从此角度考察,国际贸易的发展、经济一体化的进程本身就是消费者政策的一种形式。

---

[1] 参见邹惠:《论国际贸易中消费者权益的法律保护》,载《中国商贸》2012年第17期。

[2] See Kamala Dawar, James Mathis & Consumer Protection, Competition and RTAs: *Some Lessons for Developing Countries*, in Philppe Brusick, Ana Maria Alvarez & Lucian Cernat eds., *Competition Provisions in Regional Trade Agreements: How to Assure Development Gains*, United Nations Publication, 2005, p. 216-217.

另一方面,消费者在全球化中的弱势地位也被加剧。由于经营者与消费者的利益形态不同,经营者所承担的是经济风险,而消费者承担的除经济风险外还有生命风险。在交易中,经营者的经济利益可以得到即时满足,而消费者的利益只能在使用消费品及接受服务后才可能实现。消费者的正确消费在很大程度上要依赖于经营者。在国内消费法律关系中,消费者无疑处于弱势,而当这一法律关系加入了国际因素,消费者的弱势地位则更加恶化。首先,这表现在知情权方面。信息不对称和非完全信息使消费者对信息资源的占有处于劣势,随着商品生产规模的扩大和工业化进程的加快,商品的品种大幅度增加、构造日趋复杂。消费者作为单个自然人,其认知能力是有限的,他们不可能具体了解到所有消费品的功能、效用等各方面的信息。更为重要的是,由于厂商在信息拥有和传播方面占有主动地位,其向消费者提供的信息就很难客观、公正和全面,甚至可能提供的是不真实的信息。这种信息占有与信息需求之间的矛盾,使消费者的无知和误解进一步加深,生产经营者对消费者利益侵害的可能性随之不断增大。商品和服务的国际化,产供销的多层次化,以及制造商、销售商的战略与手段,使消费者与制造商、销售商的关系日益复杂。全球化使国内市场与国际市场趋向统一,而消费者与经营者的距离却越拉越大。这种距离有物理距离,也有信息上的差距,导致消费者无法真实了解所购商品的产地、来源和性能,这表现在语言、文化差异,对产品效用的不同感受和主观评介标准的不同,使得消费者的知情权在国际消费过程中被进一步地弱化。其次,消费者在经济力量上处于明显的劣势地位。当国内消费扩展到国际范围时,众多消费者分散在世界各地,而企业可能是在国际上享有行业控制能力的跨国垄断性企业,相比之下国际消费者的力量就显得薄弱。在消费者权利受到侵害时,救济方式也被进一步地弱化。各国政治、经济、法律、文化、语言、社会传统、风俗习惯、地理位置的不同,使得国际消费者对缺陷产品造成的人身和财产损失无法获得及时、充分的救济,消费者在寻求法律保护方面处于被动的弱势地位。生产与经营的社会化、专业化,常常使消费者难以靠自己的力量去寻找和追究侵害其权利的具体责任者,同时,若按照一般民事诉讼程序进行诉讼,高昂的成本常常使消费者望而却步。与此同时,法律保护的外部性,即当个别消费者寻求法律救济时面临收益小于索赔成本的境遇,这在很大程度上弱化了消费者保护自我权益的积极性,也使多数消费者产生“搭便车”倾向。消费者面对国外的经营者时,往往因为起诉、举证的讼累,诉讼结果的不可把握及判决的可执行性而放弃诉讼。

国际社会因此越来越清晰地认识到加强消费者国际保护的意义。在20世纪70年代,联合国经社理事会即认识到消费者保护对经济和社会发展有着重要的影响,其指出需要制定一个国际政策框架,为消费者保护提供一般指导和具体目标。1985年,联合国关于消费者保护的指导方针被采纳,并在1999年扩大到包括可持续消费的领域,形成了一项国际声明,说明了保护消费者所必需的法律、执行该指导方针的良好做法以及促进消费者权利所需的其他行动。[1] 在当代,消费者保护法律和政策在发达国家已经司空见惯,而在发展中国家和转型期经济体的立法中也越来越常见。

二、国内法对消费者的保护

从国内法角度来看,其对消费者的保护的范围不断扩展,从商品消费扩展到金融消费,从线下消费扩展到互联网消费。[2] 但保护消费者的法律,并不仅仅是由消费者保护法完成。综合有关国家的法律规定,大多以消费者权益保护法为主体,辅以反垄断法、反不正当竞争法等,共同构成对消费者保护的完整法律体系。

消费者权益保护法通过对消费者享有的权利、经营者应承担的义务及违反义务者应承担的法律责任作出明确规定,使消费者利益得到保护。1962年3月15日,美国前总统约翰·肯尼迪在美国国会发表了《关于保护消费者利益的总统特别咨文》,首次提出了著名的消费者的“四项权利”,有权获得安全保障;有权获得正确资料;有权自由决定选

[1] See UN, *United Nations Guidelines for Consumer Protection*, UNCTAD/DITC/CPLP/MISC/2016/1, United Nations Publication, 2016, p. 6-10.

[2] 参见余文建:《关于数字化时代金融消费者保护的思考》,载《清华金融评论》2021年第10期。

择;有权提出消费意见。肯尼迪提出的这四项权利,逐渐被世界各国广泛认同并且在实践中加以发展,相继增加了获得合理赔偿的权利、获得有益于健康的环境的权利和受到教育的权利,这些权利作为上述"四项权利"的补充,成为各国消费者权益保护法保护消费者权益的基础。

在消费者与经营者的商品交易中,消费者总是处于弱势地位,这种弱势地位要求法律为了维护社会正义,对消费者利益给予特殊的法律保护。消费者权益保护法的立法目的和终极信念无疑是通过对消费者的倾斜保护,来平衡经营者和消费者之间的不平等地位,实现双方之间的实质正义。消费者权益保护法对消费者利益的保护主要是通过两种途径实现的,一是要求经营者对商品和服务的质量、安全、卫生状况进行标示以预防消费者损害事件发生;二是在消费者权益受到侵害时提供法律救济,包括协商、仲裁、诉讼等。[1] 以我国的消费者权益保护法为例,循着权利、义务、责任的主线,立法落脚于经营者的违约或者侵权责任。欺诈是对交易基本原则的严重破坏,是通过虚假信息减少经营者交易成本、损害消费者利益的行为,《消费者权益保护法》第55条的三倍赔偿正是对经营者欺诈行为的严厉制裁。《消费者权益保护法》还通过个案事后的侵权之诉和违约之诉,矫正个体正义,保护消费者人身、财产安全。

反不正当竞争法是禁止以违反诚实信用原则或其他公认的商业道德的手段从事市场竞争行为,维护公平竞争秩序的一类法律制度的统称。在早期,反不正当竞争法主要属于私法范畴,在一定意义上可以说是侵权行为法在市场竞争领域的延伸和专门化。但是,现代反不正当竞争法并非单纯的私法,而是越来越多地渗入了公法的因素,甚至有专门执法机构的主动介入,因此兼具公法和私法的性质。反不正当竞争法在性质上的演变是与其利益保护结构的发展密切相关的。早期的反不正当竞争法保护的是作为个体竞争者的利益;之后随着消费者保护运动的兴起和消费者主权思想的确立,反不正当竞争法越来越重视对

[1] 参见黄莉萍、张军荣:《消费者权益保护法功能的反思与再发现》,载《商业时代》2009年第21期。

消费者利益的保护；随着法律社会化的发展，反不正当竞争法不仅重视保护经营者和消费者的利益，而且也非常重视通过维护自由公平的市场竞争秩序而保护社会的公共利益。因此，现代反不正当竞争法的利益保护呈三重的结构状态，即经营者（竞争者）的利益、消费者的利益以及竞争机制所代表的社会公众或整体利益。当然，这三者在不同的具体制度中有着直接与间接之分、主要与次要之别，传统的反不正当竞争法直接保护的是竞争者利益，间接或反射保护消费者和公众的利益。竞争行为日益显著的外部性使消费者、公众也成为反不正当竞争法应当予以考量的保护主体。

德国在 20 世纪 60 年代对《反不正当竞争法》的两次修订都涉及消费者权益保护，并且赋予消费者协会以诉权。之后历次修订的主要原因就是消费者保护，2004 年《德国反不正当竞争法》确立了三重目标：保护经营者、消费者和公共利益。根据该法的第 1 条，该法直接保护消费者。至 2008 年《德国反不正当竞争法》改革，确立消费者一般条款，不正当竞争行为被不正当商业行为取代，自此在确定商业行为正当性时，需将侵害经营者与侵害消费者的行为进行区分。《德国反不正当竞争法》采取了整合路径的方式，将竞争者保护和消费者保护视为一个硬币的两个方面，不可分割。该法由于没有采取行政实施的方式，因此难谓其具有公法属性，但其赋予工商团体及消费者团体诉权以维护公共利益，并且赋予团体收取不法收益请求权，对不法经营者起到类似罚款的作用。[1]

反不正当竞争法的消费者保护功能与消费者权益保护法存在很大差别。反不正当竞争法从维护竞争秩序的角度出发，防止经营者用损害消费者利益的手段获取竞争优势。反不正当竞争法所关注的消费者损害主要是经营者用不正当的手段干扰消费者的知情选择权，破坏市场选择功能。因此反不正当竞争法规制的并不是经营者对个体消费者的损害行为，而是经营者采用不正当经营方式对消费者整体造成损害、

[1] 参见周樨平：《论我国〈反不正当竞争法〉的消费者保护功能》，载《竞争政策研究》2017 年第 2 期。

并足以影响市场竞争秩序的行为。

反垄断法在市场经济国家被称为“经济宪章”，其维护经济公平竞争秩序和保护消费者权益的立法目的和宗旨显而易见。美国是反垄断立法的发源地，19世纪末至20世纪初，随着资本主义由自由竞争逐渐走向垄断，经济生活中的托拉斯、价格协定、联合抵制的存在，严重损害了消费者的利益。美国的消费者保护立法实际上是围绕着反垄断进行的。《谢尔曼法》清楚地反映了提高消费者福利的经济目的。这一固有的经济目的也清楚地反映在《克莱顿法》的法条措辞中。近年来，尤其是以芝加哥学派为主导的批评派认为增进消费者福利是反托拉斯法独一无二的目的。

日韩反垄断法均在序言中明确指出，保护消费者的利益是反垄断法宗旨中的一项重要内容。《日本禁止私人垄断及确保公正交易法》第1条规定，该法的目的是通过禁止私人垄断、不正当的交易限制以及不公平的交易方法，防止事业支配力的过度集中，排除因联合、协议等方法形成的生产、销售、价格、技术等的不正当限制以及其他的对事业活动的不正当约束，促进公平的、自由的竞争，发挥人的创造性，繁荣经济，提高工资及国民实际收入水平，以确保一般消费者的利益并促进国民经济民主、健康地发展。2001年修订的《韩国规制垄断与公平交易法》第1条规定，该法的目的是防止事业者滥用市场支配地位和经济力的过度集中，规制不正当的共同行为及不公平交易行为，促进公平的、自由的竞争，发挥企业活动的创意性，保护消费者，促进国民经济的均衡发展。

我国《反垄断法》第1条也明确规定“为了预防和制止垄断行为，保护市场公平竞争，鼓励创新，提高经济运行效率，维护消费者利益和社会公共利益，促进社会主义市场经济健康发展，制定本法”。保护消费者权益是我国反垄断法的立法宗旨之一，通过禁止不正当竞争保护消费者选择权、禁止行业协会组织经营者提高商品价格、禁止大型国企滥用市场支配地位损害消费者权益、禁止政府滥用行政权力影响消费者行为，我国反垄断法实现对消费者的保护。

从上述对有关国家国内消费者保护的相关规定来看，为全面、有效地保护消费者权益,各国对消费者保护的法律渐成体系,综合运用各种法律以达保护消费者之目的;从保护的手段来看,公法、私法手段日益丰富,为政府、公益团体和消费者个人从不同角度维护消费者利益提供了充分的机会。

三、自由贸易协定消费者保护规则

国内立法对消费者保护的重视逐步反映到国际立法。随着自由贸易协定贸易投资自由化水平不断提升,使贸易与竞争政策、消费者保护之间的关系表现得越来越明显。提高市场的有效竞争与强化对消费者的保护,成为维护市场经济健康的必要措施,提高消费者福利也随之成为自由贸易协定竞争政策的目标之一。[1] 实证研究表明,自由化的贸易政策并不能取代竞争法,在提升贸易、市场准入、全球经济的效率及消费者福利方面,两者起着相互补充的作用,而自由化的投资政策与竞争政策之间也存在重要联系。[2]

在自由贸易协定竞争政策条款中增加消费者保护的内容,主要基于两点理由:第一,有必要以适当的机制补充竞争政策条款,以确保消费者在全球市场内能够作出适当和有效的反应;第二,基于加强政府间合作协议的要求,以处理目前在全球市场上存在的、更多潜在的跨境商业欺诈行为。[3] 2014 年 4 月签订的《澳大利亚—韩国自由贸易协定》就很好地反映了上述两点对自由贸易协定的要求,协定竞争政策条款的目标从保证贸易投资自由化利益中得到实现,并扩展到促进竞争、提高经济效率和增进消费者福利等方面。该协定缔约各方认识到,对潜

[1] See Louise Sylvan, *Activating Competition: The Consumer Protection - Competition Interface*, Competition and Consumer Law Journal, Vol. 12:2, p. 191-206(2004).

[2] See Trudi Hartzenberg, *Competition Policy in SADC*, TIPS (Oct. 15, 2021), https://www.tips.org.za/research-archive/annual-forum-papers/2002/item/244-competition-policy-in-sadc.

[3] See Kamala Dawar & James Mathis, *Consumer Protection, Competition and RTAs: Some Lessons for Developing Countries*, in Philppe Brusick, Ana Maria Alvarez & Lucian Cernat eds., *Competition Provisions in Regional Trade Agreements: How to Assure Development Gains*, United Nations Publication, 2005, p. 214.

在限制双边贸易与投资的限制竞争行为进行规制，于实施竞争政策以促进竞争及提高经济效率和消费者福利都具有重要意义，并随之用专条规定了两国间在消费者保护方面进行合作与协调的具体规则。[1]

自由贸易协定较少规范消费者保护问题。在规范竞争政策议题的241项自由贸易协定中，只有29项协定设立了消费者保护条款，仅占12%。从协定成员的分布来看，制定消费者保护规则的成员一方包括欧盟、英国、韩国、美国、日本、澳大利亚，都属于发达国家，尚没有发展中国家之间签订的自由贸易协定设立消费者保护规则。

从具体内容来看，消费者保护义务主要是要求成员在打击跨境商业欺诈、消费者保护法的执法方面进行合作与协调。大部分协定只就合作问题作概括规定，如《澳大利亚—韩国自由贸易协定》第14.8条规定，双方应在与消费者保护有关的事项上，包括在执行其消费者保护法方面，加强合作与协调，至于如何进行合作与协调，该协定未作任何规定。《澳大利亚—马来西亚自由贸易协定》的相关规定也很简单，但规定了合作的具体事项。该协定第14.6条第2款规定，缔约各方可酌情在消费者保护和竞争法律、法规和政策的执行方面进行合作与协调，如在跨界执法事项方面进行信息交流、通知、协商和协调。少数协定如《美国—澳大利亚自由贸易协定》，则规定了较具体的义务。值得注意的是，美国与澳大利亚、韩国签订的协定要求成员在必要时应制定或修改相关国内法，以强化在消费者保护方面的合作与协调，此项义务的约束性超过了关于国内竞争执法和国有企业与指定垄断方面的义务。

消费者保护规定最为详细的当数《美国—澳大利亚自由贸易协定》，该协定第14.6条用5款的篇幅就消费者保护作了具体规定。首先，该协定强调认识到在自由贸易区就消费者保护法进行合作与协调对增强消费者福利的重要性，双方应加强消费者保护法的执法合作，承认两国已有合作机制的重要性，并进一步要求美国联邦贸易委员会与澳大利亚竞争与消费者委员会在打击不利于消费者的商业欺诈行为方面加强合作与协调。其次，美国联邦贸易委员会与澳大利亚竞争与消

[1] See Australia-Korea FTA, Article 14.1, 14.8.

费者委员会应就共同关心的问题,特别是就损害消费者利益的商业诈欺行为进一步加强合作,包括:制定适当的程序,以便在迅速发现违反消费者保护法行为方面进行合作;相互通报涉及在一方领土内发生或源于或严重影响另一方领土内消费者或市场的涉及消费者保护法违法行为的重大调查和诉讼;交换与消费者保护法有关的信息;在符合各缔约方法律的范围内为相关消费者保护法案件相互提供执法和调查援助,就打击具有重大跨界层面的消费者保护法违法行为的执法行动进行磋商和协调;制定双边和多边的协调一致的战略,打击针对消费者的欺诈和欺骗性商业做法;通过共同研究其他措施来扩大信息共享、调查援助以及在双方执行各自的消费者保护法方面的合作与协调的范围和有效性,包括使用调查权和参与适当的法院程序。此外,双方应在共同关切的领域内且符合其重大利益的情况下,查明在执行消费者保护法方面有效开展跨界合作的障碍,并应考虑改变其国内框架,包括酌情通过或修订国家立法,提高彼此合作、分享信息和协助消费者保护执法的能力,以克服这些障碍。当然,该条还强调其相关规定并不限制联邦贸易委员会和竞争与消费者委员会审慎决定是否对其他机构的特定请求采取行动。在美国与韩国签订的自由贸易协定中,关于消费者保护的相关规则,几乎是《美国—澳大利亚自由贸易协定》的翻版。

2020 年 11 月亚太 15 国签订的 RCEP 也制定了较详细的消费者保护规则。首先,该协定在第十三章第 1 条“目标”中指出,制定“竞争”一章的目标,是通过采取和维持禁止反竞争行为的法律和法规,以及通过缔约方在制定和实施竞争法律和法规方面的区域合作,促进市场竞争,提高经济效率和消费者福利;其次,在该章第 7 条“消费者保护”中用 4 款的篇幅较详细地规定了消费者保护问题。与其他协定不同的是,该协定不仅要求各缔约方就消费者保护开展合作,还在相关法律和执法方面为缔约方设定了具体义务。该条第 1 款强调了消费者保护法律和此类法律执法以及缔约方就消费者保护相关事项开展合作以实现本章目标的重要性,第 4 款明确要求各缔约方以符合各自法律和法规的方式,在其可获得的资源范围内,在具有共同利益的与消费者保护相关的事项上进行合作,这是其他 21 项自由贸易协定都有的规定。该条第 2 款、第 3 款在相关法律和执法方面对缔约方的具体义务作了明确规定,要求每一缔约方应当采取或维持禁止在贸易中的误导性做法、虚假或误导性描述的法律或法规,并要求缔约方设立消费者投诉机制并为其利用此类投诉机制提供便利。这些规则是其他自由贸易协定所没有的,其表明 RCEP 在消费者保护方面的规定远远走在其他自由贸易协定之前。

欧盟在与埃及签订的自由贸易协定中,在消费者保护方面则另辟蹊径,并未在竞争政策一章中制定消费者保护规则,而是在"经济合作"框架下制定了双方在消费者保护方面的合作规则。《欧盟—埃及自由贸易协定》第 61 条规定,这一领域的合作应着眼于使欧洲共同体和埃及的消费者保护计划兼容,并应尽可能包括以下合作:加强消费者立法的兼容性,以避免阻碍贸易;建立和开发关于危险食品和工业产品的共同信息系统,并将它们相互连接(快速警报系统);交换信息和专家;组织培训计划并提供技术援助。

从上述有关协定的规定可以看出,自由贸易协定在消费者保护方面的规定表现出以下特点:其一,消费者保护还不是一个热点问题,大多数协定尚未涉及,规定有消费者保护规则的自由贸易协定只有 29 项。从协定的类型来看,制定消费者保护规则的协定要么是北北型协定,要么是南北型协定,还没有南南型协定规定消费者保护规则,可见发展中国家对在竞争政策领域进行消费者保护的合作与协调不感兴趣。其二,现有的消费者保护规则赋予成员国的义务,主要是要求成员国在打击跨境商业诈欺、消费者保护法的执法方面进行合作与协调,或提供相关技术援助,上述 21 项协定都对此作了或繁或简的规定,但没有在打击跨境商业诈欺和消费者保护法方面制定实体规则,相关义务的强制性也不高。与前述消费者保护国内法规则相比,自由贸易协定既没有涉及保护的手段与方式,也没有涉及保护的内容,因此关于消费者保护的规定尚处于初级阶段。其三,值得注意的是,在美国与澳大利亚、韩国签订的自由贸易协定中,要求成员国在必要时应制定或修改相关立法,以强化在消费者保护方面的合作与协调,此项义务超过了关于国内竞争执法和国有企业与指定垄断方面的义务。

第五节 国家援助

"国家援助"(State Aid)是一个源于欧共体的概念。[1]《罗马条约》在设计之初,起草者即认为有效竞争不仅可被私人实施的限制竞争行为破坏,也可以被政府实施的限制竞争行为所削弱,因此设立第92—94条(现为《欧洲联盟运行条约》第107—109条)以规制成员国政府实施的国家援助行为。现代市场经济发展过程中,市场调节机制所固有的缺陷会导致市场的失灵,从而需要国家对市场进行干预,而国家援助便是国家干预市场的直接表现。作为国家干预市场的其中一种手段,欧洲理事会和部长理事会都敦促各成员国仅可在纠正市场失灵的情况下提供国家援助,并要求其评估援助计划的作用,避免对竞争造成不应有的扭曲。其后,欧共体/欧盟将此一概念引入与其他国家签订的自由贸易协定之中,并制定了相关规则。规范国家援助的自由贸易协定并不多,共有73项协定制定了国家援助规则,主要是欧洲国家签订的自由贸易协定,包括欧共体/欧盟签订的24项、英国签订的21项、土耳其签订的14项、EFTA国家签订的9项、俄罗斯签订的3项及乌克兰签订的2项自由贸易协定。

一、自由贸易协定规范国家援助的方式

从上述统计数据可以清楚地看到,主要是欧盟、英国和土耳其这三个世贸组织成员在其签订的自由贸易协定中制定国家援助规则。英国在其脱欧后与其他国家签订的自由贸易协定中,将有关国家与欧盟签订的自由贸易协定并入该自由贸易协定之中,因而关于国家援助的规

[1] "State Aid"这一概念主要是欧共体/欧盟在其签订的自由贸易协定中使用,土耳其、EFTA在其签订的自由贸易协定中也使用此一概念。但也有部分协定使用"Public Aid"和"Government Aid",前者如《土耳其—埃及自由贸易协定》,后者如《俄罗斯—格鲁吉亚自由贸易协定》。在CPTPP签署之后,一些国家开始用"Non-Commercial Assitance"指称一国政府对国有企业的援助。

则基本保留了欧盟与相关国家签订的协定的规定。土耳其为争取加入欧盟,其签订的自由贸易协定的竞争规则也极力向欧盟相关规则靠拢。因此欧盟的做法最具代表性。

受《罗马条约》的影响,欧盟在与其他国家签订的相关自由贸易协定,特别强调对国家援助或公共援助的规制,以防止国家实施的限制竞争行为对自由贸易协定的有效实施造成不利影响。欧盟主要是在与欧洲、环地中海国家签订的自由贸易协定中规范国家援助,与其他地区国家签订的协定则较少将国家援助纳入其中,如与墨西哥、哥伦比亚、秘鲁等签订的协定,包括与加拿大签订的《综合经济与贸易协定》(CETA),都没有规范国家援助问题。在纳入国家援助的自由贸易协定中,有的使用国家援助的概念,如与智利、摩尔多瓦签订的协定;有的使用公共援助的概念,如与埃及、南非等签订的协定。

概括欧盟签订的有关自由贸易协定,其规制国家援助的路径有四种:一是在协定竞争政策一章中的定义条款中,通过对限制竞争行为的定义而将国家援助纳入规范范围之中,如与埃及签订的《欧盟—埃及自由贸易协定》、与约旦签订的联系协定。《欧盟—约旦联系协定》第53条第1款规定,由于以下行为可能影响欧盟与约旦之间的贸易,因此与本协定的适当运行不相符:(1)企业之间的所有协议、企业协会的决定以及企业之间以防止、限制或扭曲竞争为目标或效果的协调做法;(2)一家或多家企业滥用其共同体或约旦整个领土或其大部分领土的支配地位;(3)任何通过给予某些企业或某些商品的生产以优惠,而扭曲或威胁扭曲竞争的公共援助。通过如此定义,欧盟与约旦就必须将企业间的限制性协议、滥用市场支配地位和扭曲竞争的公共援助这三种限制性竞争行为列为其竞争法的规制对象。二是在协定竞争政策一章中,用单独一节为国家援助制定特别规则,如欧盟与摩尔多瓦签订的协定。欧盟与摩尔多瓦签订的《欧盟—摩尔多瓦联系协定》第十章为"竞争",其中第一节为"反托拉斯与合并",制定竞争政策执法的协调与合作、国家企业与指定垄断等问题的规则,第二节为"国家援助",专门制定了适用国家援助的具体规则。三是在竞争政策一章中,用单独一节制定补贴的规则,如欧盟与韩国、越南、新加坡等国签订的自由贸易协定。《欧盟—韩国自由贸易协定》第七章“竞争”共由两节组成，第一节亦名为“竞争”，第二节则名为“补贴”；《欧盟—越南自由贸易协定》第十章“竞争政策”共由三节组成，第一节名为“反竞争行为”，第二节名为“补贴”，第三节名为“定义与共同准则”。这些协定如此规范国家援助则引申出另一个问题，即国家援助与补贴之间的关系。四是在竞争政策一章之外，单独用国家援助一章制定特别规则，即竞争政策与国家援助为两个并列的议题。在《欧盟—南非自由贸易协定》中，其第三章为“与贸易有关的议题”，该章共 6 节，分别为共同条款、设业权与服务的提供、现金支付与资本移动、竞争政策、公共援助、其他与贸易有关的条款，其中竞争政策与公共援助为该章平行的两部分内容。

其他自由贸易协定也主要是采用欧盟的方式之一规范国家援助。土耳其由于与欧盟的特殊关系，其竞争法规则也向欧盟靠拢。土耳其于 1994 年与欧盟签订了《关税同盟条约》，并申请加入欧盟，1999 年获得候选国资格，2005 年启动入盟谈判。[1] 为实现加入欧盟的目标，土耳其在其签订的自由贸易协定中也借鉴了欧盟规范国家援助的方法与模式。其规范国家援助问题的 14 项协定中有 10 项协定采用欧盟采取的第一种方式，即将国家援助定义为反竞争行为之一而适用竞争法予以规制。

EFTA 国家签订的一些自由贸易协定主要采用了欧盟的第四种方式规范国家援助，即单独成章或单独条款规范国家援助问题。如《建立欧洲自由贸易联盟公约》。该公约第四章为“国家援助”，第五章为“公共企业与垄断”，第六章为“竞争规则”，分别规范国家援助、国有企业与指定垄断和竞争法的协调与合作。在该公约框架下，竞争政策条款由三章的内容组成。而在与土耳其、摩洛哥、巴基斯坦、智利签订的自由贸易协定中，通常是用一个条款规范与企业相关的竞争政策，接着再用另一个条款规范国家援助。不过和欧盟、土耳其不同的是，对 EFTA 而言，国家援助与补贴似乎是具有相同含义的概念，有的协定使用“国

[1] 参见李嘉宝：《土耳其与欧盟渐行渐远》，载人民网 2020 年 7 月 14 日，http://world.people.com.cn/n1/2020/0714/c1002-31782725.html。

家援助”一词,如与土耳其、巴勒斯坦签订的协定,有的协定则使用“补贴”一词,如与摩洛哥签订的协定,有的协定则同时使用“补贴”与“国家援助”一词。[1]

二、自由贸易协定关于国家援助的主要规则

概括欧盟、土耳其等世贸组织成员签订的自由贸易协定中关于国家援助的规定,国家援助规则主要涉及国家援助的基本含义、被禁止的条件、救济措施及协定成员承担的一般义务四方面的问题。

对于何为国家援助或公共援助,部分协定给出了明确的定义,部分协定则规避此一问题,不作任何界定。如果一协定是将国家援助作为反竞争行为之一进行规制的话,则不会对国家援助的含义作出澄清,如欧盟与阿尔巴尼亚、埃及签订的协定,土耳其与以色列、约旦签订的协定;如果一协定是单独对国家援助进行规制的话,通常会解释该概念的具体含义,如欧盟与南非、乌克兰签订的协定。

《欧盟—乌克兰联系协定》第十章“竞争”共分二节,第一节为“反托拉斯与兼并”,第二节为“国家援助”,其中包括第 262—267 条共 6 条。第 262 条“一般原则”第 1 款规定,由乌克兰或欧盟成员国通过国家资源提供的任何援助,通过为特定企业或特定产品的生产提供优惠而扭曲或威胁扭曲竞争,可能影响双方之间的贸易,因而与协定的正常运行不符。依该款规定,所谓国家援助,即由协定成员政府通过国家资源对特定的企业或特定产品的生产提供的优惠。这意味着非利用国家资源给予的优惠,或非给予特定的企业或产品的生产的优惠,均非国家援助。《欧盟—南非贸易、发展和合作协定》也有类似规定。[2]

根据欧盟签订的相关自由贸易协定的规定,并非所有的国家援助都是违反协定规定的,即国家援助行为本身并不违法,只有满足以下要件的国家援助才被禁止:

---

[1] See EFTA-Turkey FTA, Article 18; EFTA-Palestinian FTA, Article 17; EFTA-Morocco FTA, Article 18; EFTA-Chile FTA, Article 81.

[2] See EU-South Africa FTA, Article 41. 1.

(1)国家援助的主体是协定成员国政府。在现有的自由贸易协定中都没有明确解释成员国政府包含的具体范围。但考虑到该概念源于《罗马条约》,根据欧盟的相关实践,成员国政府不仅仅包含中央政府,还包括各级地方政府和成员国拥有控制权的任何实体。无论援助是否由成员国直接授予,只要有关援助决定得到成员国政府认可即可。

(2)国家援助的对象可以是特定的企业,也可以是特定的商品的生产,前者只局限于少数企业,而后者则并不局限于某一企业,只要生产特定商品的企业都可得到援助。如欧盟与南非签订的《欧盟—南非自由贸易协定》中,第41条第1款规定,公共援助是对特定的企业或特定商品的生产所提供的优惠。而在与《欧盟—摩尔多瓦联系协定》中,欧盟扩展了国家援助的对象,将特定服务的生产也纳入其中。该协定第339条第1款,国家援助是对特定的企业或特定产品和服务的生产所提供的优惠,从而将国家援助规则规范的范围从货物贸易扩展至服务贸易。

(3)国家援助的优惠性,即这种援助使受援助者得到了利益。根据欧盟的竞争实践,判断该要件的关键在于受援助者所获得的利益是否在正常的市场条件下所不能获得。

(4)最核心的要件是,国家援助是否会扭曲或威胁扭曲竞争,从而影响成员国之间的贸易。欧盟与约旦签订的《欧盟—约旦联系协定》第53.1条规定,任何公共补贴如果给特定的企业或特定产品的生产提供优惠,从而扭曲或威胁扭曲竞争,可能会影响成员之间的贸易,因而与该协定的正常运行不符。不难看出,这与《罗马条约》第92条的规定完全一致,即建立了“行为+后果”的模式来判断公共补贴的违法性。

此外,对于违反自由贸易协定的国家援助,一些协定还规定了豁免制度,将某些国家援助排除在外。在欧盟与韩国签订的《欧盟—韩国自由贸易协定》中,直接将公共服务部门与煤炭产业排除在外;[1]在欧盟与黑山签订的《欧盟—黑山自由贸易协定》中,直接将农业、渔业部门

[1] See EU-Korea FTA, Article 11.11.

排除在外。[1] 欧盟与乌克兰签订的《欧盟—乌克兰联系协定》并不是简单、直接地将某一部门排除适用，而是规定满足特定条件即可获得赦免。依该协定规定，在不歧视有关产品来源的前提下给予个人消费者的具有社会性质的援助，或帮助弥补自然灾害或特殊情况造成的损害的援助，与《欧盟—乌克兰联系协定》的正常运行相符，不予禁止。下列国家援助可能与协定的正常运行相符：(1)协助促进生活水平异常低下或就业严重不足的地区的经济发展；(2)协助促进符合欧洲共同利益的重要项目的实施或补救欧盟或乌克兰其中一个成员国的经济严重混乱；(3)协助某些经济活动或某些经济领域发展的援助，但这种援助不会不利地影响交易条件，损害当事方的利益；(4)促进文化和遗产保护的援助，只要这种援助不会不利于交易条件而损害当事方的利益；(5)为实现根据欧盟相关豁免条例以及根据其中规定的条件而授予的水平和部门国家援助规则所允许的目标提供的援助；(6)在协议规定的执行期内，在该协定第五编第六章“环境”附件 29 中列出的欧盟指令的强制性标准下，进行投资援助，并涉及对工厂和设备进行改造以满足新的要求，最高可获授权费用总额的 40%。[2]

对违反协定规定的国家援助如何处理，欧盟签订的一些协定规定了救济措施，较为典型的是《欧盟—南非贸易、发展和合作协定》。该协定第 42 条规定，如果欧盟或南非认为某一特定做法不符合第 41 条的规定，并且这种做法造成或威胁造成对另一方利益的严重损害或对其国内产业的重大损害，则缔约双方同意在现有规则和程序未充分处理的情况下进行磋商，以期找到双方满意的解决方案，任一缔约方还可邀请依该协定设立的合作理事会在协商期间审查缔约方的公共政策目标，以证明给予第 41 条所指的公共援助是合理的。

根据上述规定，磋商程序启动的条件是，缔约一方实施的公共援助行为损害了缔约另一方的利益，且根据现行规则和程序没有得到适当的处理结果。公共援助是否损害缔约一方的利益较好判断，而“现行规

---

[1] See EU-Montenegro FTA, Article 73.9(a).

[2] See EU-Ukraine FTA, Article 262.2,3.

则和程序”所指为何，协定则语焉不详。由于国家援助与补贴具有密切的关系，而补贴既受自由贸易协定的规范，也受世贸组织《补贴与反补贴措施协议》的规范，因而“现行规则和程序”是只包括自由贸易协定所规定的规则与程序，还是也包括可适用的其他协定，特别是是否包括世贸组织的相关规则与程序，这有待进一步明确。如果磋商涉及国家援助是否出于公共政策目标而实施，可请求由缔约双方组成的合作理事会作出判断，以帮助双方更好地进行磋商。

除规定上述认定条件、救济措施外，自由贸易协定通常还规定了成员在国家援助方面应承担的一般义务。与在国内竞争法的协调与合作中要求设立、维持国内竞争法和竞争执法机构的规定相似，欧盟签订的一些自由贸易协定也赋予缔约方设立、维持国家援助法律和机构的义务。《欧盟—摩尔多瓦联系协定》第 341 条规定，缔约各方应采取适当措施通过或维持控制国家援助的立法，并应采取适当措施建立或维持一个业务独立的机构，该机构应具有控制国家援助所必需的权力，包括有权批准国家援助计划和个别国家援助措施，并有权下令收回非法获得的国家援助。《欧盟—乌克兰联系协定》作了更详细的规定，要求乌克兰自该协定生效之日起三年内制定相关的法律、设立相应的机构，并要求根据《欧洲联盟运行条约》第 93 条、第 106 条、第 107 条制定的标准和欧盟有效的二级立法、指南、行政决定和欧盟法院的判例作为解释协定相关条款的依据。[1]

透明度义务是自由贸易协定为国家援助设定的最重要的义务，所有规范国家援助的协定均用专条或专款的形式规定了此义务。对国家援助透明度的基本要求是成员国应公开提供援助的总额及其分布情况，但不同协定的具体要求存在一些细微差别。《欧盟—约旦联系协定》第 53 条第 4 款(b)项规定，公共补贴还应符合透明度的要求，每一成员应确保其境内的公共补贴的透明度，即一成员应每年向其他成员报告提供援助的总额及其分布，并提供援助计划的相关资料；在一方提出请求时，应向其提供特定公共援助案的相关资料。《欧盟—埃及联系

[1] See EU-Ukraine FTA, Article 267. 1, 264.

协定》第 34.3 条对公共援助也作了完全相同的规定。《欧盟—摩尔多瓦联系协定》第 342.1 条规定,每一缔约方应确保国家援助领域的透明度,为此,自 2016 年 1 月 1 日起,每一缔约方应按照欧盟国家援助年度调查的方法,每两年向另一缔约方报告一次;如果缔约方在可公开访问的网站上提供了相关信息,则视为提供了上述报告。《欧盟—南非贸易、发展和合作协定》第 43 条对透明度的要求较低,并未要求成员每年向对方报告公共援助的总额及其分布,只是概括规定每一成员应确保公共援助事项的透明度,只有当一方提出请求时,另一方才应提供关于援助项目、特定援助案件、援助总额及其分布等方面的资料。

除以上要求外,《欧盟—南非贸易、发展和合作协定》第 41.2 条还对公共援助实施的方式作出了明确规定,要求公共援助应以公正、公平和透明的方式授予给相关企业或商品的生产。但对何为公正、公平和透明,协定则未作出任何解释。

从上述协定的相关规定不难看出,自由贸易协定规制国家援助的基本思路是:如果一项国家援助扭曲或威胁扭曲竞争,对成员国之间的贸易造成了不利影响,则该行为是非法的,应予禁止,但某些被禁止的国家援助可以得到豁免;如果一项国家援助合法,成员国仍应承担透明度义务,并保证公正、公平地实施。

从总体上看,欧盟在其签订的自由贸易协定中沿用了其在欧盟内部形成的竞争政策的国家援助规则,这在其与摩尔多瓦签订的《欧盟—摩尔多瓦联系协定》中表现得非常突出。该协定第 340.1 条明确规定,国家援助的评估应根据适用于欧盟的竞争规则所产生的标准,特别是《欧洲联盟运行条约》第 107 条和欧盟各机构通过的解释性文书,包括欧盟法院的相关判例。如果说在与其他国家签订的自由贸易协定中,欧盟只是套用了《欧洲联盟运行条约》的相关规定的话,在与摩尔多瓦签订的协定中,则直接照搬了欧盟的相关规定与做法,即关于国家援助是否非法的问题,直接适用欧盟的条约、条例及判例所确立的规则。《欧盟—约旦联系协定》第 53.2 条、《欧盟—乌克兰联系协定》第 264 条也都有类似规定。

除规定上述实体要件以判断国家援助或公共援助的合法性外,为保证有关规定得到有效执行,欧盟在其签订的一些协定中还规定了“审查”(review)条款。《欧盟—摩尔多瓦联系协定》第344条规定:双方应当对国家援助一章所提到的事项不断进行审查;每一方可依本协定第438条第4款的规定,将此类事项提交贸易联系委员会审定;双方同意在本协定生效后每两年审查一次本章的执行进展情况,除非双方另有协议。《欧盟—南非贸易、发展和合作协定》第44.2条也规定,合作理事会应定期审查在这些事项上取得的进展,特别是它应继续就每一缔约方就第41条的实施所采取的措施开展合作和达成谅解。

三、国家援助与补贴的关系

国家援助与补贴之间存在密切的联系,这从欧盟与埃及、约旦、南非和韩国签订的自由贸易协定和EFTA与智利、墨西哥签订的自由贸易协定的相关规定中就可以明确地看到这一点。但两项制度能在同一协定中同时出现,也说明两者之间存在差别。

对何为国家援助,各国签订的自由贸易协定都没有给出具体、明确的定义。在欧盟框架内,欧盟法院通过其判决逐步澄清了国家援助的含义。考虑到国家援助这一概念是由欧盟引入自由贸易协定之中,因而欧盟法院的相关判决对理解国家援助的含义具有较高的参考价值。1980年欧洲法院在其裁决中指出,国家援助是成员国为谋求其经济和社会目标,通过单方的行政决定,给予企业或其他个人资源或为其获取优势的方式,鼓励它们获得其寻求的经济或社会目标。欧盟委员会也以不完全列举的方式,指出常见的国家援助形式包括直接补贴、免除税收、优惠利息率、财政收费减免、亏损补偿、公共订单的优惠条件、延迟交纳财政或社会费用、优惠贷款担保、土地和建筑合同的特殊条款股息的担保等。[1] 随着国家援助制度的不断发展,欧盟将国家援助区分为现金补贴和非现金补贴两种形式,现金补贴是指受援者以直接或间接的方式获得的不必归还于政府的现金,例如,政府给予企业员工的津

[1] 参见杨永红:《欧共体国家援助制度的一体化及对我国的启示》,载《改革与战略》2007年第5期。

贴、对企业投资项目的补助或者对企业的税收减免。现金补贴便于计算，易于查询，是欧盟最常见的国家援助形式，占据了援助总量的60%—80%。其他非现金补贴形式的国家援助，例如，低息贷款和国家担保，必须转换为现金补贴方能确定援助金额，利息率则根据欧盟统一的标准计算。个别非现金补贴形式的国家援助，例如，政府对企业股权的投资以及以优惠价格出让货物或服务的行为，由于不能适用欧盟统一的标准转换为现金补贴，因而在司法实践中难以得到欧盟委员会的豁免。[1]

对补贴最权威的定义来自世贸组织。在乌拉圭回合达成的《补贴与反补贴措施协议》中，对补贴给出了明确的定义。该协议第 1.1 条规定，在某一成员的领土内由政府或任何公共机构提供的财政资助，或1994 年《关贸总协定》第 16 条规定所定义的任何形式的收入或价格支持，并由此而给予的某种利益，即为补贴。并具体列举了四种补贴行为：涉及资金直接转移的政府行为（如赠予、贷款、投股）、资金或债务潜在的直接转移（如贷款担保）；政府本应征收收入的豁免或未予征收（如税额减免之类的财政鼓励）；政府不是提供一般基础设施而是提供商品或服务，或购买产品；政府通过向基金机构支付或委托或指示私人机构行使上述所列举的一种或多种通常应由政府执行的功能，这种行为与通常的政府从事的行为没有实质性差别。

从上述分析不难看出，国家援助与补贴几乎是相同的概念。正因如此，欧盟在其签订的自由贸易协定中，往往将世贸组织的《补贴与反补贴措施协议》作为自由贸易协定规制国家援助的替代措施，甚至直接适用该协议的相关规则。《欧盟—约旦联系协定》第 53.3 条规定，依协定设立的联合理事会应在协定生效后 5 年内，通过实施该协定该条第1 款、第 2 款的决定；在有关决定被通过之前，关于解释或适用《关贸总协定》第 6 条、第 16 条及第 23 条的协议应作为执行第 1 款(c)项和第 2款有关部分的规则。这表明，在协定联合理事会出台实施国家援助的

---

[1] 参见周牧：《欧盟国家援助制度研究》，中国社会科学院研究生院 2012 年博士学位论文，第 5 页。

细则之前，对国家援助直接适用世贸组织的《补贴与反补贴措施协议》，《补贴与反补贴措施协议》是协定国家援助制度的暂时替代者。《欧盟—埃及联系协定》第34.5条规定，对于不符合第1款第3项的做法，在世贸组织规则适用于它们的情况下，只能根据世贸组织或在其主持下谈判并适用于缔约方的任何其他有关法律文件规定的程序和条件采取适当措施。依此规定，当协定关于国家援助的规定与世贸组织《补贴与反补贴措施协议》同时适用于某一行为时，世贸组织的规定优先适用，这与欧盟与约旦签订的《欧盟—约旦联系协定》存在一些差异。《欧盟—韩国自由贸易协定》并没有使用"国家援助"这一概念，而是直接使用了"补贴"的概念。该协定第十一章"竞争"包括两节，第一节为"竞争"，第二节为"补贴"，并在第11.10条"补贴的定义与特殊性"中规定，补贴就是指一种满足《补贴与反补贴措施协议》第1.1条规定条件的措施。该协定第11.13条还规定了与世贸组织《补贴与反补贴措施协议》的关系："本节（关于补贴）的规定不损害一方根据世贸组织协定有关规定对其他成员给予的补贴采取贸易救济或发起争端解决程序的权利。"这一规定与欧盟和埃及签订的《欧盟—埃及联系协定》一致，只是除规定《补贴与反补贴措施协议》的规定优先适用外，还规定对相关争端的解决也优先适用世贸组织的争端解决机制。

从对上述三个协定的相关规定的分析不难看出，从技术上看，国家援助与补贴的区别并不太大，其适用的条件相似，行为的类别也有许多相同之处。国家援助与补贴的主要区别在于，国家援助调整的政府行为的范围要广于《补贴与反补贴措施协议》，即构成补贴的行为很可能构成国家援助，而构成国家援助的行为则未必构成《补贴与反补贴措施协议》禁止的补贴。并且从制度的功能来看，两者则也存在明显的区别。欧洲法院在 Steenkolenmijnen 一案中指出，国家援助是一个与补贴非常相似的概念，国家援助的概念比补贴的概念更广泛，因为它不仅包括补贴本身等积极利益，而且包括以各种形式减轻通常包括在企业预算中的缴费的干预措施，但它强调其目的，尤其强调为没有外界帮助通常无法实现的特定目标而设计。[1] 在《欧盟—韩国自由贸易协定》也充分体现了这种区别。该协定在两个不同的部分分别规范补贴。一是在该协定第三章“贸易救济”的第四节“反倾销与反补贴”中从贸易救济的角度制定了反补贴的规则,二是在第十一章“竞争”的第二节“补贴”中从维护正常竞争秩序的角度又制定了反补贴的规则。如果说补贴与倾销一样被视为不公平的贸易行为,从而扭曲了国家之间的贸易,因而应被禁止,那么国家援助则是因为该行为会扭曲竞争而被禁止。前者从维护正常国际贸易关系的角度规范补贴行为,而后者则是从维护正常的市场竞争秩序的角度规范补贴行为。正因为存在此种差别,《欧盟—韩国自由贸易协定》第11.9条即明确规定,缔约方同意尽最大努力通过适用竞争法或其他方式纠正或消除补贴在影响国际贸易的范围内对竞争造成的扭曲,并防止出现这种情况。

四、国家援助与非商业性援助的关系

“非商业性援助”(non-commercial assistance)是指日本、加拿大、澳大利亚等11国在其签订的《全面与进步跨太平洋伙伴关系协定》第十七章“国有企业与指定垄断”中引入的一个概念,其主要目的是防止因国有企业从本国政府获得好处而对其他缔约方的利益造成不利影响或损害。尽管非商业性援助此一术语并不为大众所熟悉,但这些新规则与世贸组织《补贴与反补贴措施协议》的基本理念相同,而且确实纳入了世贸组织实践中的诸多原则。非商业性援助规则中包含的许多元素与《补贴与反补贴措施协议》中的现有条款相似,非商业性援助的定义包含了《补贴与反补贴措施协议》中采用的一些关键术语,如“不利影响”(adverse effects)和“损害”(injury),这些概念都包含了在《补贴与反补贴措施协议》框架下形成的原则。[2]

---

[1] See Case 30/59, De Gezamenlijke Steenkolenmijnen in Limburg v. High Authority of the European Coal and Steel Community, (1961) ECR 00001.

[2] See Yoshinori Abe & Takemasa Sekine, *Non-Commercial Assistance Rules in the TPP: A Comparative Analysis with the SCM Agreement*, SSRN (Oct. 15, 2016), https://papers.ssrn.com/sol3/papers.cfm?abstract_id=2852915.

根据 CPTPP 第 17.1 条“定义”的规定,“非商业性援助”是指缔约一方政府因对一国有企业享有所有权或控制权而给予该国有企业的援助,包括资金的直接转移或潜在的资金或债务的直接转移,如赠款、债务减免、比该企业商业可获得条件更优惠的贷款、贷款担保或其他形式的融资、与私人投资者通常投资行为不一致的股本资本,或比该企业商业可获得条件更优惠的除一般基础设施外的货物或服务。但不包括以下项目:含有国有企业的企业集团内部的集团交易;国有企业之间的与私营企业在公平交易中的惯常做法一致的其他交易;一缔约方将自出资人处收取的用于养老金、退休、社会保障、残疾、死亡或职工福利计划,或其中的任何组合的资金,转移至一独立的养老基金,以代表出资人及其受益人进行投资。上述列举的援助的具体形式与《补贴与反补贴措施协议》第 1.1(a)条列举的政府财政资助几乎完全相同。“因政府对一国有企业享有的所有权或控制权”是指该缔约方或该缔约方的任何国营企业或国有企业明确将援助限定于其他任何国有企业,该缔约方或该缔约方的任何国营企业或国有企业提供的援助主要由该国有企业使用,该缔约方或该缔约方的任何国营企业或国有企业将不成比例的大量援助提供给该缔约方的国有企业,或该缔约方或该缔约方的任何国营企业或国有企业在提供援助时,通过使用其自由裁量权对该缔约方的国有企业给予照顾。在确定给予的援助是否是“因政府对一国有企业享有的所有权或控制权”时,应考虑该缔约方领土内经济活动的多样化程度,以及非商业性援助项目已经运作的持续时间。这其实是在分析有关援助的专向性问题,与《补贴与反补贴措施协议》第 2.1 条的规定非常相似。

CPTPP 第 17.6.1 条规定,任何缔约方不得通过使用其直接或间接向其任何国有企业提供下列方面的非商业性援助而对另一缔约方利益造成不利影响:(1)该国有企业所从事的货物的生产和销售;(2)该国有企业自该缔约方领土向另一缔约方领土提供服务;(3)通过作为另一缔约方或任何其他缔约方领土内涵盖投资企业在该另一缔约方的领土内提供服务。CPTPP 第 17.6.2 条规定,各缔约方应保证其国家企业和国有企业不得通过该国家企业或国有企业向其他任何国有企业提供上述非商业性援助而对另一缔约方利益造成不利影响。该协定第17.6.3条还规定,在下列情形下,任何缔约方不得向其在缔约另一方领土内涵盖投资的任何国有企业直接或间接地提供非商业性援助而对另一缔约方的国内产业造成损害:(1)在另一方领土内的国有企业为商品的生产和销售提供非商业性援助;(2)另一缔约方国内产业在该另一方领土内生产和销售的同类商品。但CPTPP第17.6.4条规定,一缔约方的国有企业在该缔约方领土内提供的服务应视为未造成不利影响。

从CPTPP的上述规定来看,所谓非商业性援助,即非商业补贴。构成非商业性援助需满足以下构成要件:(1)从援助的主体来看,主要是缔约方国家或政府,还包括由其拥有或控制的国家企业或国有企业;(2)援助的对象是国有企业;(3)非商业性援助使受援助的国有企业得到某种利益;(4)援助对其他缔约方的利益造成了不利影响,或对其他缔约方的国内产业造成了损害。上述构成要件与国家援助的前三个构成要件非常相似。援助的主体一致,均为国家或政府,也都包括通过相关企业提供的援助;援助的对象也是特定的企业,只是在非商业性援助的概念下,特定企业只能是国有企业,而在国家援助中,特定企业还可以是私营企业,受援助的对象更广;无论是国家援助还是非商业性援助,都是使受援助的对象获得了一定的利益,而利益也包括的范围也都非常广泛;区别在于第四个构成要件,非商业性援助只要求此种援助损害了其他缔约方的利益或对其国内产业造成损害,而国家援助则要求是因援助损害了有效竞争而对成员方之间的贸易产生了不利影响。前者只要求对某一缔约方造成了损害,特别是对缔约方的国内产业造成了损害,而后者则要求是对成员国之间的贸易,而且实质上主要是货物贸易造成不利影响;前者是从援助或补贴行为自身的角度来规范的,而后者则是从竞争政策的角度来规范的。

因此,国家援助是从竞争政策的角度对政府补贴进行规制。补贴从货物贸易的角度对政府补贴行为进行规制。非商业性援助则从国有企业或国营企业的角度对政府补贴进行规制,且规制的范围既包括货物贸易,也包括服务贸易,还包括直接投资,规制对象只限于国有企业,但规制范围则比国家援助和补贴要广。不过值得注意的是，欧盟在晚近与摩尔多瓦签订的《欧盟—摩尔多瓦联系协定》中，将服务也纳入国家援助的范围，突破了之前签订的自由贸易协定只限于货物贸易的限制。

第六节　竞争政策争端的解决机制

争端解决规则是判断一项贸易纪律约束力的重要标志。一项贸易规则是否受争端解决规则的约束，受何种争端解决规则的约束，对相关贸易规则能否得到成员的有效遵守具有重大影响。

一、竞争政策争端解决机制的意义

在国际体系的发展中，和平、安全、秩序是国际社会的核心问题和基本价值所在，当代国际争端解决机制的基本宗旨与根本目标，也就是维护国际社会的和平、安全与秩序。国际法规范有效地形成国际法治秩序，行为体可以管理和协调自身和彼此的行为及其行为方式，同时行为体可以凭借国际法规范指引自身行为，同时评价、预测其他行为体的行为，既实现自我的保护，又体现与其他行为体的有机协调。[1] 完整的国际法规范是由实体法与程序法两大部分组成的。按照新分析法学派的主要代表哈特的观点，实体法是“第一性的义务规则”，程序法则是将“孤立的第一性的义务规则”结合为制度的“承认规则”；没有“承认规则”作基础的义务规则是一种“简单的社会结构形式”，是没有制度化的规则，只有将两者结合起来，“第一性的义务规则”才是一种制度化了的规则，才是“高级的或发达的社会结构形式”。[2]

因此，缺少了争端解决机制此一程序法的自由贸易协定只是一种

［1］　参见苏晓宏：《变动世界中的国际司法》，北京大学出版社 2005 年版，第 90 页。

［2］　参见古雪：《国际法发展的轨迹》，载曾令良、余敏友主编：《全球化时代的国际法——基础、结构与挑战》，武汉大学出版社 2005 年版。

没有制度化的规则,其建立的贸易体制也就得不到有效保障。由于全球化背景之下法律领域的转型与现代化发展,国际司法或者说国际争端解决机制的地位日益凸显。国际法主体的多元化、区域一体化等带来的是国际社会对国际争端解决机制的需求及其扩大,使其较以往有着更大的空间和领域。

对自由贸易协定而言,需要一套高效的争端解决机制以维持其有效运作。著名的关贸总协定/世贸组织专家彼特斯曼曾经说过:"所有文明社会有个共同特征,都需要一套适用于解析规则的、和平解决争端的规范和程序。这是国际、国内法律制度的共同经验。"[1]首先,争端解决机制是贸易自由化规则赖以存在的基础。对自由贸易协定的每一个成员而言,争端解决机制具有两方面的作用,它既是保护其依协定享有的利益不受损害的手段,又是督促其履行在协定项下承担的义务的工具。正是从这个意义上讲,争端解决机制为自由贸易协定的有效运作提供了基本保障,使协定所确立的贸易规则不再只是停留在纸上的条文而能够发挥实际效力,保证自由贸易协定的目标与宗旨得以实现。美国学者亨廷顿在评论《北美自由贸易协定》时说,"从长远来看,北美自由贸易区的成败,在很大程度上取决于它的解决争端机制的有效性。在国际贸易法这个极富政治敏感性的领域,能解决争端并促进遵守法律义务的机制,在推进北美自由贸易区经济一体化诸重要目标上,是大有作为的,而一个脆弱又不管用的体制足以破坏北美自由贸易区的合法地位,并阻挠本半球一体化的进程"[2]。其次,争端解决机制是为自由贸易协定贸易纪律提供保障和可预见性的中心环节。一方面,一个有效的争端解决机制为自由贸易协定所确立的贸易纪律得到良好地遵守,条文得以正确地解释和适用,乃至于整个协定得以有效运行等,均提供了有力的保障;另一方面,争端解决机制为提高自由贸易协定贸易

[1] Ernst - Ulrich Petersmann, *The Dispute Settlement System of the World Trade Organization and the Evolution of the GATT Dispute Settlement System Since* 1948, Common Market Law Review, Vol. 31:6, p. 1157(1994).

[2] David S. Huntington, *Settling Dispute under the North American Free Trade Agreement*, Harvard International Law Journal, Vol. 34:2, p. 407(1993).

纪律的可预见性发挥着重要作用。当一个国家与其贸易伙伴签订自由贸易协定以强化其间的贸易关系时,两者间经贸关系的可预见性便是其追求的目标之一,而可预见性与秩序似乎有着天然的联系。正如马斯洛所指出的,“我们社会中的大多数人,一般都倾向于安全的、有序的、可预见的、合法的和有组织的世界;这种世界是他所能依赖的,而且在他所倾向的这种世界里,出乎意料的、难以控制的、混乱的以及其他诸如此类的危险事情都不会发生”[1]。争端解决机制的作用在于,由于规则的违背者将受到某种制裁,从而预防和制止无序状态的发生,促使协定各方能遵守规则,从而增加贸易规则的可预见性。

从历史发展的角度看,国际社会并不是一开始即重视建立国际争端解决机制。在20世纪之前,一般而言,世界各国反对建立国际法院体系或其他裁判机构,并由其来提供一般的、强制的,对违反国际法的追索。而20世纪之后,一方面出于对全世界各国法院信任的增加,另一方面由于国际贸易和国际投资对法治的要求,各国逐步同意对其主权权力进行约束。因此总体上看,国际体系对第三方解决争端的需求在不断增加,并且为此目的正在建立起一个体制网络。[2] 在此背景下,区域贸易协定的各缔约方均同意将其在协定框架下发生的贸易争端,提交给一个独立的争端解决机制予以解决,以满足各方对法治的需求。

二、竞争政策争端解决规则的一般分析

自由贸易协定竞争政策条款关于争端解决的规定较为灵活。有相当部分协定非常重视竞争政策议题,规定所有竞争政策争端直接适用自由贸易协定争端解决程序一章所设计的争端解决机制,允许通过仲裁或专家组程序解决有关争端,此类协定共计104项,占设有竞争政策条款协定总数的43.2%;部分自由贸易协定在排除适用协定争端解决

[1] [美]E.博登海默:《法理学:法律哲学与法律方法》,邓正来译,中国政法大学出版社1999年版,第226-227页。

[2] 参见[美]路易丝·亨金:《国际法:政治与价值》,张乃根等译,中国政法大学出版社2005年版,第75-77页。

机制后,特别规定可通过磋商解决竞争政策争端,此类协定共计 78 项,占设有竞争政策条款协定总数的 32.4%;另有部分自由贸易协定未设立任何争端解决机制,这意味着有关实体规则其实不具有任何法律上的约束力,表明这些成员虽愿意将竞争政策议题纳入自由贸易协定规制范围,但不愿为此承担约束性义务,此类协定共计 59 项,占比 24.5%。

从竞争政策条款实体规则的角度来看,在规范国内竞争法的协调、竞争执法的协调与合作的 200 项自由贸易协定中,有 148 项规定适用协定的争端解决机制,占比 74%;在规范国有企业与指定垄断的 149 项自由贸易协定中,有 118 项规定适用协定的争端解决规则,占比 79.2%;在规范公共援助的 71 项协定中,有 51 项规定适用协定争端解决规则,占比 71.8%;规范消费者保护的 29 项自由贸易协定,全部排除适用协定争端解决机制。上述数据表明,在自由贸易协定中,国有企业与指定垄断规则是最为刚性的协定义务,而消费者保护纯属软性义务,对自由贸易协定成员没有法律约束力。之所以出现上述差异,本书的理解是,作为世贸组织成员,依《关贸总协定》第 17 条、第 19 条的规定,其已在补贴和国有企业与指定垄断方面承担了强制性义务,鉴于世贸组织设立了司法性的争端解决机制,因而在自由贸易协定框架下也愿意为此承担强制性义务。

从国别来看,日本在竞争政策争端解决方面最为保守。日本共签订了 18 项自由贸易协定,其中 17 项设有竞争政策条款,但除 CPTPP 和与欧盟、英国签订的自由贸易协定外,其他协定均排除适用协定争端解决机制。在排除适用协定争端解决机制的 14 项协定中,除与澳大利亚签订的协定规定有磋商机制外,其余 13 项均未规定任何争端解决方式。欧盟签订的 41 项自由贸易协定有 40 项纳入了竞争政策议题,其中有 12 项未设立争端解决机制,主要是与南美、非洲国家签订的自由贸易协定,而在与希望加入欧盟的有关欧洲国家签订的自由贸易协定中,则采用了仲裁此种司法性争端解决方法。这似乎表明欧盟积极主张将竞争政策议题纳入到自由贸易协定之中,但考虑到发展中国家国内竞争法的实施状况,有意识地降低了竞争政策条款对成员的约束力。中国、新加坡和 EFTA 成员方签订的自由贸易协定各有 5 项未设立争端解决机制，其他未设立争端解决机制的自由贸易协定分布较为分散，其成员主要包括东盟国家、澳大利亚、智利、乌克兰等。

之所以出现上述差异，本书研究的理解是，作为世贸组织的成员，其已在国有企业与指定垄断方面承担了强制性义务，鉴于世贸组织设立了较完善的争端解决机制，因而也愿意在自由贸易协定框架下在此方面承担强制性义务；而世贸组织并未在国内竞争法的制定、实施与执行方面直接设定任何义务，且协调国内法对一国主权限制更大，因而有关成员不愿在此方面承担强制性义务。

争端解决机制决定了自由贸易协定相关贸易纪律对成员的约束力。规定所有竞争政策争端直接适用协定争端解决机制，表明这些协定非常重视竞争政策议题，将其放在与贸易、投资、知识产权等议题相当的地位。排除适用协定的争端解决机制，甚至没有设立任何争端解决方法，一方面表明协定成员不愿在此方面承担强制性义务，另一方面也表明竞争政策议题在协定中的地位不及诸如贸易、投资、知识产权等受协定争端解决机制约束的议题重要。几乎占六成的纳入竞争政策议题的自由贸易协定无争端解决机制或采取磋商此种弱争端解决机制，这成为增加协定竞争政策义务约束力的障碍。有学者因此认为，尽管存在将竞争政策议题纳入自由贸易协定的谈判活力，但在竞争政策条款的实施方面几乎没有采取任何行动，区域贸易协定合作伙伴似乎更倾向于在协定中留下竞争政策条款的烙印，而不是将其付诸实践。[1]

三、竞争政策争端解决的具体方法

根据自由贸易协定的相关规定，其为竞争政策规则设计的争端解决方法概括起来就是两种：磋商与专家组裁决。

在国际关系与国际法方面，磋商这一术语具有两种含义。一是指

[1] See Lucian Cernat, *Eager to Ink, But Ready to Act? RTA Proliferation and International Cooperation on Competition Policy*, in Philppe Brusick, Ana Maria Alvarez & Lucian Cernat, eds., *Competition Provisions in Regional Trade Agreements: How to Assure Development Gains*, United Nations Publication, 2005, p. 31.

国家或其他国际法主体之间就共同关心的问题或利益达成一致意见的活动,二是指解决国际争端的一种方法。第一种含义的磋商实际上是一种非法律性质的外交工具,它是有关国家就共同问题进行合作、协调与审议的一种比较灵活的渠道;第二种含义的磋商是解决国际争端的一种方法,注重有关国家依据条约或协定承担以此种方法解决相互间争端的法律义务,是20世纪以来逐渐发展起来的一种独立的、和平解决国际争端的程序,是20世纪以来国际法实践中的一种新现象。[1]自由贸易协定作为国际条约的一种,在第二意义上使用了磋商。

磋商是自由贸易协定竞争政策争端最常用的争端解决方法。对解决竞争政策争端而言存在两种磋商,一是在竞争政策一章中规定的磋商,二是适用自由贸易协定争端解决机制规定的磋商。在竞争政策一章中规定通过磋商解决竞争政策争端,较典型的是《美国—韩国自由贸易协定》。该协定第16.7条规定,为增进各方之间的理解或处理本章项下出现的具体事项,每一缔约方应另一缔约方的请求,就另一缔约方所作的陈述进行磋商。在其请求中,缔约方应指明相关事项如何影响缔约方之间的贸易或投资;被请求进行磋商的缔约方应对另一缔约方提出的关切给予充分和同情的考量;为便利对磋商所涉事项的讨论,每一缔约方应努力向另一缔约方提供相关的非机密信息。上述规定首先明确了磋商的事项或者说范围,其次明确了双方的义务,请求方应在其磋商请求中就有关事项作出说明,被请求方对磋商请求应给予积极的回应,为便利磋商的顺利开展,双方应提供相关非机密资料。

如果自由贸易协定规定竞争政策争端可以适用协定争端解决机制的话,这些协定争端解决机制也规定有磋商程序。依照《美国—韩国自由贸易协定》第16.8条的规定,竞争政策争端除第16.1条、第16.6条和第16.7条的规定不能诉诸第二十二章规定的协定争端解决机制外,双方就其他竞争政策条款发生的争议,都可以利用第二十二章规定的争端解决机制,其中就包括磋商。该协定第22.7条规定的磋商,除作

---

[1] 参见余敏友、左海聪、黄志雄:《WTO争端解决机制概论》,上海人民出版社2001年版,第158页。

了类似于第 16.7 条的规定外，还有不同的规定。两种磋商的主要差别在于：一是要求进行磋商时，成员一方可请求另一方提供在其政府机构或其他监管机构供职的、在磋商事项所属领域的专家人选，如《美国—韩国自由贸易协定》第 22.7 条第 4 款的规定。二是要求磋商各方听取公众对磋商事项的意见，以便获得更充分的资料，并促使磋商结果更具公正性。如《美国—澳大利亚自由贸易协定》第 21.5.4 条规定，"在依本条提出或收到磋商请求后，各方应立即征求、考虑成员公众对磋商事项的观点，以便吸取各种观点"。这一规定具有两方面的作用。一方面增加了磋商的透明度，有利于社会公众了解贸易争端的相关情况，增加了公众的参与度；另一方面扩展了政府资讯的来源，使其决策更为合理，并利用公众舆论向对方施加压力。三是两种磋商最根本的区别在于在协定争端解决机制中规定的磋商几乎都规定了时限，即要求磋商应在规定的时限内完成，否则请求方可请求进入争端解决的另一程序如专家组裁决程序，而竞争政策一章中规定的磋商是没有时限要求的，当然更没有专家组裁决此种司法性程序作为争端解决的进一步程序。如《美国—韩国自由贸易协定》第 22.8 条规定，如果缔约方未能在根据第 22.7 条提出磋商请求之日起 60 天内解决某一事项，任一缔约方可通过向另一缔约方提交书面通知而将该事项提交联合委员会，从而将争议提交联合委员会处理。该协定第 22.9 条还进一步规定，如果联合委员会未能在 60 天之内解决争议，则一缔约方可请求设立专家组，由其对争议作出裁决。

在规定竞争政策争端可以适用协定争端解决的自由贸易协定中，除俄罗斯签订的协定外，其他协定均设立了专家组程序。专家组程序一般是自由贸易协定争端解决的终极方法，其作出的裁决或提交的报告具有法律拘束力，争端各方应予执行，否则对方可实施贸易报复措施。专家组的职能主要包括两项：第一，对争端各方提交的争议进行评估，包括对所涉事实的审查以及协定相关规定的可适用性；第二，对争议事项作出裁决，提出相关建议。

为了保证专家组能有效地行使上述职能，保证裁决的公正性，一些自由贸易协定还规定了专家组在获取资料方面的权限，如《北美自由贸易协定》第 2014 条、第 2015 条、《日本—新加坡新时代经济伙伴协定》第 144 条。一方面，如其认为必要与适当，专家组可以要求争议双方提交有关资料，争议双方应以专家组认为必要与适当的方式作出迅速、充分的回应；另一方面，如果必要，专家组可以从任何相关来源获取所需资料，包括与专家进行协商以听取其观点，如涉及科学或技术问题，还可请求有关技术专家提交书面报告。一些自由贸易协定还规定，专家组为了帮助其评估争议各方的主张，可以接受争议成员境内的非政府机构或私人提交的有关争议事项的书面材料，并提供机会让争议各方对这些书面材料作出回应，即可以接纳法庭之友的报告。如《美国—澳大利亚自由贸易协定》第 21.8.1(d)条规定，专家组应考虑成员境内的非政府个人或实体以书面形式提交的有关争端材料，只要其有助于专家组评估争议双方的要求与主张，并给双方当事人作出回应的机会。

专家组以听审的方式对提交的争议进行审理，但对听审是否公开，各自由贸易协定规定各不相同。有的明确规定听审应以不公开的方式举行，如《欧盟—加拿大全面经济与贸易协定》附件 29-A 第 39 条、《日本—新加坡新时代经济伙伴协定》第 145.1 条、《澳大利亚—泰国自由贸易协定》第 1807.1 条等；有些自由贸易协定则明确规定听审应公开举行，如《美国—澳大利亚自由贸易协定》第 21.8.1(a)条、《美国—韩国自由贸易协定》第 22.10.1 条、《欧盟—日本经济伙伴协定》第 21.14.1 条等。

不过，不管专家组的听审是否公开，专家组对争议案件进行的评议，通常规定应秘密进行，包括争议双方，都不能参加专家组的评议活动。如《加拿大—约旦自由贸易协定》附 14-9 第 19 条规定，只有专家组的成员可以参加专家组的评议。依照自由贸易协定的有关规定，专家组可依协商一致或多数票两种方式作出裁决。《日本—新加坡新时代经济伙伴协定》第 144.8 条规定，专家组应努力以协商一致的方式作出包括其裁决在内的决定，但也可以多数票的方式作出包括其裁决在内的决定；《澳大利亚—智利自由贸易协定》第 21.8.4 条亦规定，专家组应力求以协商一致方式作出决定，包括其报告，但也可以多数票作出决定。

除采用磋商及专家组程序解决竞争政策争议外，在有关争议适用自由贸易协定的争端解决机制时，往往还可采用斡旋、调停与调解程序。斡旋、调停与调解程序虽然与磋商一样，同属于争端的政治解决方法，但在性质上却存在差别，斡旋、调停与调解属于非法律第三方争端解决方法。磋商是争端各方通过自身努力解决其间争议的方法，没有任何第三方的介入；斡旋、调停和调解则是第三方或主动或在争端当事方的请求下介入其间的争议，第三方的权威性及其努力的程度对争端能否解决会产生重大的影响。在斡旋、调停和调解中，斡旋人或调停调解人不提出任何解决争端的方案，或者虽然提出了解决争端的方案，但该方案没有任何法律拘束力，是否接受，是否遵行，都取决于争端当事各方。对大多数自由贸易协定而言，斡旋、调停与调解程序只是一个选择性程序，但也有少数区域贸易协定规定该程序为必经程序。前者如《澳大利亚—泰国自由贸易协定》第1803条规定协定成员在任何时间都可同意采用斡旋、调停或调解，此类程序可在任何时间开始，任何时间结束，斡旋、调停或调解可在依本章规定设立的仲裁庭程序进行期间继续进行；后者如依《北美自由贸易协定》第2007条、第2008条规定，如果争端各方未能在规定或双方协商确定的期限内通过磋商解决其间的争端，即可向自由贸易委员会提出书面请求，要求由自由贸易委员会进行斡旋、调停与调解。除非另有决定，自由贸易委员会应在申请方发出请求通知后的10天内召开会议，并努力解决争端。只有自由贸易委员会未能在30天内或双方同意的其他时间内解决其间的争议，任何一方才可申请设立专家组。

第七节　自由贸易协定规制竞争政策的模式

从前文的分析可以发现，虽然不同自由贸易协定有着不同的规定，但从宏观上看，一些国家自由贸易协定的竞争政策条款具有某些共同特征，本书将其归为欧洲模式、北美模式和俄罗斯模式三种类型。欧盟、EFTA国家、土耳其与他国签订自由贸易协定时基本采用欧洲模式,北美三国、中南美洲一些国家与他国签订自由贸易协定时基本采用北美模式,俄罗斯及苏联加盟共和国相互间签订自由贸易协定时基本采用俄罗斯模式。其他国家,特别是亚太国家签订自由贸易协定时则主要借鉴北美模式,再糅合欧洲模式的一些特点设计其竞争政策条款。

一、欧洲模式

欧洲模式最突出的特征,就是在协定中明确规定了成员国内竞争法应规范的具体限制竞争商业行为,通常包括反竞争协议(包括垂直协议与水平协议)、滥用支配地位和经营者集中等三种行为。特别是相关条款所使用的措辞,与《欧共体条约》第81条、第82条、第87条非常相似。北美模式的竞争政策条款只是概括性地规定成员应采纳和维持国内竞争法,但对竞争法的实体内容不作任何限定。这反映出欧洲模式竞争政策条款以协调成员实体竞争法为基础,北美模式则回避协调实体竞争法,而着重从程序角度规范成员间的竞争执法。如《欧盟—韩国自由贸易协定》第11.1.2条首先规定,缔约双方应在各自领土内维持综合竞争法,以有效地解决限制性协定、协调一致的做法和一个或多个企业滥用支配地位,然后在第11.1.3条对此三种行为作了具体说明。协定规定,缔约双方同意,限制竞争的下列活动可能影响到双方之间的贸易,因而不利于协定的正常运作:(1)企业之间的协定、企业协会的决定和协调一致的做法,这些协定或做法的目的或效果是在任何一方的领土内或在其相当大的一部分领土内防止、限制或扭曲竞争;(2)在任何一方的领土内或在其相当大的一部分领土内,一家或多家具有支配地位的企业任何滥用其支配地位的行为;(3)企业之间的集中严重妨碍了有效竞争,特别是由于在任何一方的领土内或在其相当大的一部分领土内建立或加强了支配地位。北美模式的竞争条款都只是概括性地规定成员国应采纳和维持国内竞争法,但对竞争法的实体内容则无任何协调。如《美国—秘鲁自由贸易协定》第13.2.1条规定,每一缔约方应采纳或维持禁止反竞争商业行为和促进经济效率和消费者福利的国家竞争法,并对这种行为采取适当行动。这反映出欧洲模式竞争政策条款以协调成员国实体竞争法为基础,北美模式则回避实体竞争法的协调，而着重从程序角度协调成员国之间的竞争执法合作。正因如此，有学者将欧洲模式称为“实体法协调模式”，将北美模式称为“软机制合作模式”。[1]

欧洲模式的另一特征，是强调对公共援助或者说国家援助的规制。从总体上看，公共援助在自由贸易协定竞争政策条款中并不是一个受重视的问题，总共只有71项协定制定有此方面的规则，但这些协定几乎全部由欧洲国家签订，其中欧盟24项，英国21项，土耳其14项，EFTA成员国9项。上述统计数据显示出欧盟最热衷于在自由贸易协定中规范公共援助问题。一方面，在其签订的40项规范竞争政策议题的协定中，占60%的协定规范公共援助；另一方面，在所有规制公共援助的自由贸易协定中，欧盟就占到33.8%。考虑到英国脱欧之后在与有关国家签订自由贸易协定时并入了有关国家与欧盟签订的自由贸易协定，欧盟规范公共援助规则的影响力得到了进一步提升。欧盟签订的自由贸易协定规范公共援助的方式有两种：一是在明确限制竞争商业行为具体种类时列举公共援助，将公共援助直接、明确界定为限制竞争行为，欧盟与埃及、约旦签订的自由贸易协定即采取此种方式；二是在竞争政策部分规定如反竞争协定、滥用支配地位等限制竞争商业行为，然后单独在补贴部分规范公共援助问题，欧盟与韩国、南非签订的自由贸易协定即采用此一方式。

在争端解决方面，欧洲模式表现出的特征是其硬争端解决机制的设计，即主要运用仲裁或专家组此种法律方法解决竞争政策争端。自由贸易协定争端解决机制可归为政治解决方式与混合解决方式两种类型。政治解决方式是采用国际争端的政治解决办法，主要是磋商、斡旋、调停、解调等方法解决协定成员国之间发生的争端。其优点是程序灵活、争端当事国的主权能够得到充分的尊重、避免对当事各方国际声誉造成消极影响的“输赢情势”的发生，但也存在依实力而不是依规则解决争端、缺乏程序上的保证和透明度等弊端。混合解决方式则是将

[1] 参见骆旭旭：《区域贸易协定的竞争条款研究》，载《华侨大学学报（哲学社会科学版）》2011年第3期。

国际争端解决的政治方法与法律方法结合起来解决成员国之间的争端,即先运用磋商等政治解决方法弥合成员国之间的分歧,如未成功,则由仲裁庭或专家组此类独立第三方解决其间的争端。其优点是争端解决结果更具客观性、公正性和可预见性,效率也更高,其弊端是争端解决缺乏连续性与稳定性,裁决的执行力也受到一些因素的限制。[1]在采用仲裁或专家组程序解决竞争政策争端的105项协定中,欧盟签订的协定有25项,英国有19项,EFTA有17项,土耳其有8项,共计占65.7%。由仲裁庭或专家组对争端作出裁决,意味着裁决结果对双方均有法律约束力,竞争政策条款为成员国所设立的义务具有国际法上的约束力,反映出相关协定成员非常重视竞争政策议题。

二、北美模式

北美模式主要是三个北美国家使用。亚太地区的一些国家也主要是借鉴北美模式,再结合自身的特点设计其竞争政策条款,受北美模式影响较大。

北美模式最典型的特征是在协定中就竞争执法的合作与协调问题作出详细的规定。北美模式首先要求成员竞争执法应满足正当程序、非歧视和透明度要求,其次强调成员竞争执法机构之间的合作,包括信息交换、通报、执法磋商和技术援助等。欧洲模式通过协调成员国内竞争法实现对限制竞争商业行为的规制,而北美模式设计的逻辑是,在承认成员国内竞争法效力的前提下,通过设计详细的合作机制,强化竞争执法机构之间的合作,从而提高规制跨境限制竞争商业行为的效率。此类协定主要以《北美自由贸易协定》的竞争政策条款为蓝本,如《加拿大—智利自由贸易协定》关于竞争政策的规定几乎与《北美自由贸易协定》竞争政策条款完全相同。[2] 此种方式最大限度地维持了成员国内竞争法体系与竞争执法体系的独立性,但由于缺乏对成员实体竞

[1] 参见钟立国:《区域贸易协定争端解决机制:理论及其条约法实践》,上海人民出版社2014年版,第39-45页。

[2] See Canada-Chile FTA, Article J-01.

争法的协调,当成员国内竞争法规定不一致时,对跨境限制竞争商业行为的打击就会存在法律漏洞。

北美模式的另一特征是制定详细的国有企业与指定垄断规则。国有企业与指定垄断均为欧洲模式与北美模式竞争政策条款的主要内容之一,但两者规制的方式不一。欧洲模式只是概括规定国有企业与指定垄断不得扭曲贸易,并不设定具体义务。而北美模式则在国有企业与指定垄断方面为成员设定了具体义务:对于国有企业,通常规定成员应承担授予职权、非歧视待遇和商业考量义务;对于指定垄断,通常规定成员应承担授予职权、非歧视待遇、商业考量及正当利用垄断地位义务。鉴于在北美模式下该部分义务几乎全部适用自由贸易协定专章设立的争端解决机制,北美模式对国有企业与指定垄断设定的义务远高于欧洲模式。

北美模式关于竞争政策争端解决的规定也颇具特色。在美国、加拿大和墨西哥签订的自由贸易协定中,除墨西哥与欧盟签订的协定规定所有竞争政策争端都适用协定争端解决机制、与 EFTA 签订的协定全部排除适用协定争端解决机制外,其他协定均规定,在国内竞争法的协调、竞争执法的协调与合作方面发生的争端一概排除适用协定争端解决机制,而在国有企业与指定垄断方面发生的争端则一概适用协定争端解决机制。虽然北美模式在国内竞争法的协调、竞争执法的协调与合作方面制定了详细、具体的规则,但除美国与澳大利亚、韩国、哥伦比亚、秘鲁和新加坡签订的协定规定有磋商机制外,美墨加三国签订的其他协定都没有设定任何争端解决方法,均为软性义务;而有关国有企业与指定垄断的义务都适用磋商加仲裁或专家组的混合解决方式解决相关争端,均为硬性义务。

三、俄罗斯模式

从形式上看,俄罗斯模式的特点是不单独设章,只用一个条文规范竞争政策问题,而且内容也非常简单,这与北美模式、欧洲模式用专章多条甚至用多章多条规范竞争政策形成了鲜明的对比。当然,在俄罗斯模式下只用一个条款规范竞争政策的客观原因是,这些协定本身就内容简单,条文数不多,通常不超过 20 条。

从竞争政策条款的内容来看,俄罗斯模式的特点是,只对成员国内竞争法进行协调,要求成员国内竞争法就特定的限制竞争商业行为进行规制,不涉及竞争执法的协调与合作,不涉及国有企业与指定垄断,更不涉及消费者保护,只有俄罗斯与格鲁吉亚、阿塞拜疆及乌克兰与摩尔多瓦签订的协定还规范公共援助问题。俄罗斯模式下的竞争政策条款在内容上表现出的另一特点是,其通常只规制反竞争协议、滥用支配地位两种限制竞争商业行为,对其他自由贸易协定规范的经营者集中不作规定。

在争端解决机制的设计方面,俄罗斯模式表现出的特点是,其规定竞争政策争端均适用协定的争端解决机制,没有出现争端解决方法空缺的情况,因此与争端解决方法空缺的自由贸易协定相比,俄罗斯模式下的协定更强调竞争政策条款对成员的约束力。但另外,这些协定设立的争端解决机制都采用政治解决方式,只规定有磋商或谈判程序,而没有设立仲裁庭或专家组程序。这表明各成员在协定中设定的包括竞争政策在内的各项义务均为软性义务。

第三章　CPTPP 竞争政策规则

2018 年 3 月 8 日,备受关注的 CPTPP 得以签署,并于当年 12 月 30 日正式生效。与其原本 TPP 相比,由于美国的退出,CPTPP 的经济规模和战略影响力大不如前。但作为一项综合性的自由贸易协定,在国际经贸规则方面,该协定对其成员国在贸易、投资、知识产权、竞争政策、环境与劳工等方面赋予了诸多义务,这些义务在许多方面都超过了世贸组织对其成员的要求,因而仍然代表了新一代贸易协定的最高标准。特别是在竞争政策方面,该协定首次将之前自由贸易协定用一章篇幅规范的竞争政策议题一分为二,用两章篇幅予以规范,第十六章“竞争政策”设立反限制竞争行为规则,第十七章“国有企业与指定垄断”设立国有企业与指定垄断规则,从而极大地丰富了自由贸易协定竞争政策议题的条款与内容,对其后的自由贸易协定必将带来深远的影响。2020 年 11 月 20 日,国家主席习近平在亚太经合组织领导人非正式会议上表示,中方将积极考虑加入 CPTPP。[1] 2021 年 9 月 16 日,我国商务部部长王文涛正式向 CPTPP 保存方新西兰贸易与出口增长部长奥康纳提交了中国正式申请加入 CPTPP 的书面信函。这成为影响当前国际经济局势的大事件,瞬间吸引了各国媒体的关注。因此本章将 CPTPP 的竞争政策规则作为样本予以研究,以观察自由贸易协定竞

[1] 习近平:《携手构建亚太命运共同体——在亚太经合组织第二十七次领导人非正式会议上的发言》,载求是网 2020 年 11 月 20 日,http://www.qstheory.cn/yaowen/2020-11/20/c_1126767570.htm。

争政策规则的发展状况,及可能给我国带来的影响。

第一节　CPTPP 产生的背景、主要内容及影响

一、CPTPP 产生的背景

CPTPP 由 TPP 演变而来,分析 CPTPP 产生的背景,就必须从分析 TPP 的产生背景着手。在新西兰、新加坡、智利、文莱四国于 2005 年 7 月签订《跨太平洋战略经济伙伴关系协定》后,时任美国总统奥巴马于 2009 年 11 月 14 日宣布美国将参与 TPP 协议的谈判,强调建立一个高标准、体现创新思想、涵盖多领域和范围的自由贸易协议,设定 21 世纪贸易协定标准。在美国主导下,将《跨太平洋战略经济伙伴关系协定》更名为《跨太平洋伙伴关系协定》,秘鲁、越南、澳大利亚、马来西亚、日本、墨西哥和加拿大先后加入谈判。2016 年 2 月 4 日,上述 12 个国家在新西兰奥克兰正式签署 TPP。但在 2017 年 1 月,美国前总统罗纳德·特朗普认为,TPP 将对美国的制造业带来致命的打击,扩大美国的贸易逆差,降低美国的就业率,因此在"美国第一"的旗帜下,在其就任后的首个工作日即签署总统行政令,宣布美国退出 TPP。

TPP 的产生有其深厚的政治、经济背景。美国加入并主导 TPP 谈判是奥巴马政府提出亚太再平衡战略在贸易政策领域的反映。21 世纪的第一个十年美国由于深陷伊拉克、阿富汗战争,对东亚地区无暇顾及,而中国抓住这一战略机遇期综合国力迅速提升。与此同时,俄罗斯向东扩展、日本与韩国自主意识增强、东亚区域合作的态势强劲,这都促使美国在东亚经济中逐步呈现被边缘化的态势。在这一背景下,美国前总统奥巴马于 2010 年提出亚太再平衡战略。就政治方面而言,美国亚太再平衡战略包括参与地区多边机制、积极构建地区多边机制、强化与盟友及伙伴的关系等措施;在经济再平衡方面,美国签署《韩美自由贸易协定》力推 TPP。TPP 为美国亚太再平衡战略找到了经济路径,是美国亚太再平衡战略的重要组成部分,不仅赋予美国亚太再平衡战

略以具体内涵,也赋予美国亚太再平衡战略以新的生命力。

2008 年爆发的全球金融危机,给各国经济造成了极大的冲击,使美元霸权地位直接受到冲击,欧盟深陷主权债务之中不可自拔。其深刻影响已经从局部发展到全球,从发达国家蔓延到发展中国家,从金融领域延伸到实体经济。过去世界贸易是世界经济增长尤其是发展中国家经济增长的引擎,几乎占到 8%的增长,仅 2007 年就吸引了 1 万亿元的私人投资。但在 2009 年,由于需求下降和缺少贸易信贷,世界贸易下降,世界贸易量自 1980 年以来首次下跌。[1] 全球金融危机加深了世界经济相互依赖的程度,美国等西方发达国家不断增强与各经济体之间的对话、磋商与政策协调。为了减少全球金融危机对本国贸易利益的影响,亚太国家纷纷寻求通过签订区域贸易协定抱团取暖,美国抓住此一契机推动了 TPP 协议的谈判,并在 2016 年由 12 个成员国代表在奥克兰签署了该协定。

世贸组织多哈回合贸易谈判停滞不前是导致美国大力推动 TPP 谈判重要的原因。2001 年 11 月,多哈部长级会议决定发起世贸组织成立后首回合多边贸易谈判,原定在 5 年内结束谈判,结果由于世贸组织成员在农业和非农产品市场准入方面的分歧,除达成《贸易便利化协议》和《修改 TRIPs 协定议定书》外,其他领域的贸易谈判几乎一事无成。多哈回合贸易谈判的搁浅,影响了服务贸易、知识产权和投资等部分新贸易投资规则的达成,从而对贸易投资的自由化造成了不利影响。当多边贸易谈判陷入僵局时,谈判签订区域贸易协定便成为多边贸易协定成员的一种替代选择。乌拉圭回合的谈判历程表明,对多边贸易机制的信心与签订区域贸易协定两者间呈反比关系。[2] 因此,当多哈回合谈判久久难以达成协议时,世贸组织的一些成员便希望通过签订自由贸易协定实现贸易投资的自由化。依照《关贸总协定》第 24 条、《服务贸易总协定》第 5 条的规定,区域贸易协定在世贸组织法律框架

---

[1] 参见[美]托马斯·舍恩鲍姆:《全球金融危机及其对世界贸易和世界经济的影响》,载《中国法律》2010 年第 3 期。

[2] 参见钟立国:《WTO 对区域贸易协定的规制及其完善》,载《法学家》2003 年第 4 期。

内具有合法性,且是最惠国待遇原则的例外。对世贸组织成员而言,由于在区域贸易协定中给予的贸易优惠不需要依最惠国待遇原则立即无条件地给予其他成员,这极大地降低了世贸组织成员谈判签署区域贸易协定的成本。因此世贸组织成员纷纷通过签订区域贸易协定推进贸易投资自由化,区域贸易协定在当代得到了蓬勃发展。根据世贸组织的统计,关贸总协定共收到缔约方 124 项签订区域贸易协定的通知,世贸组织建立后共收到成员 444 项签订区域贸易协定的通知;且随着 2016 年 6 月日本与蒙古签订自由贸易协定,世贸组织所有的成员都至少签订了一项区域贸易协定,而欧盟则签订了多达 45 项区域贸易协定。[1]

希望借签订 TPP 以掌握制定未来国际贸易投资规则的主导权是美国大力推动 TPP 谈判的另一重要原因。2016 年 2 月 4 日 TPP 签订后时任美国总统奥巴马在白宫发表的讲话鲜明地展现了这一点。在这篇题为《TPP,将使美国而非中国成为全球贸易的引领者》的讲话中,奥巴马强调,中国和其他 15 个国家谈判的《区域全面经济伙伴关系协定》(以下简称 RCEP)不会阻止政府补贴的国有企业之间的不公平竞争,不会保护免费开放的互联网,不会以确保美国的创作者、艺术家、电影制片人和企业家以应有的方式来尊重知识产权,也不会为劳工和环境强制执行高标准,但美国主导的 TPP 可以实现所有这些目标,美国已推动建立高标准的"跨太平洋伙伴关系",确保在美国主导下制定 21 世纪的贸易规则。[2] 由于中国及其他新兴国家在世贸组织内的影响力逐步加大,美国认为世贸组织的现有规则让中国等获得特别利益而损害了美国的利益,因此从杯葛世贸组织争端解决机制开始,提出对世贸组织进行改革。但由于牵涉各方利益,改革进程非常缓慢,美国因此希望在世贸组织框架之外,重塑国际贸易规则。TPP 号称"未来贸易协

---

[1] 根据世贸组织相关数据统计。See WTO, *Regional Trade Agreements Database*, WTO (Oct. 15, 2021), http://rtais.wto.org/UI/publicsummarytable.aspx.

[2] 参见 Barack Obama, *The TPP Would Let America, Not China, Lead the Way on Global Trade*, USTR (May 2, 2016), https://ustr.gov/about-us/policy-offices/press-office/press-releases/2016/may/cross-post-president-obama-tpp-would。

定”,除涵盖世贸组织多边贸易协议已经达成协议的货物贸易、服务贸易、知识产权等领域外,还涉及世贸组织多边贸易协议尚未达成协议的众多领域,如竞争政策、环境保护、劳工标准。能在上述领域达成协议并制定相关规则,无疑使TPP走在了世贸组织的前面,为建立更公平、更自由化的国际贸易规则起到了带头作用。此外,与世贸组织多边贸易协议相比,TPP的贸易投资规则主要在于消除其成员国边境内的壁垒,而不是像世贸组织多边贸易协定侧重消除其成员的边境壁垒,虽然其在消除成员国边境壁垒方面也走在世贸组织之前。TPP的签署与CPTPP的生效,一方面达成了一个较世贸组织多边贸易协议更自由化的贸易规则,另一方面也可以倒逼世贸组织多边贸易谈判,推动多哈回合谈判取得更多的成果。

自2017年1月美国前总统特朗普签署退出TPP的行政令之后,日本国内一时间弥漫了TPP将要解散的悲观情绪,认为美国缺席的TPP将失去存在的价值。尤其是日本当年加入TPP时主要看中了美日主导TPP可以制定高标准的贸易投资规则,牵制中国在亚太区域经济一体化中的主导地位。为保持经济温和复苏、吸引美国重返TPP、强化同TPP其他成员国关系、贯彻自由贸易区战略及争夺亚太地区经贸话语权,[1]为了抓住遏制中国、确立日本在亚太经济一体化中的主导地位,原来认为没有美国TPP将失去存在价值的日本政府,开始主张即使美国缺席也要推动TPP的新方案。因此,日本安倍政府决定主导并联合澳大利亚等国积极进行规则修改谈判,以推动TPP生效。2017年11月11日,日本经济再生担当大臣茂木敏充与越南工贸部长陈俊英于亚太经合组织会议期间在越南岘港举行新闻发布会,共同宣布除美国外的11国就继续推进TPP正式达成一致,11国将签署新的自由贸易协定,即CPTPP。2018年3月8日,参与CPTPP谈判的11国代表在智利首都圣地亚哥举行签字仪式。CPTPP新架构保留了原TPP超过95%的条款,其中关于竞争政策议题的第十六章、第十七章得到完全保留。

[1] 参见张永涛、杨卫东:《日本主导CPTPP的动机及我国的对策分析》,载《现代日本经济》2019年第4期。

搁置了 TPP 的 22 个条款，包括第五章“海关管理与贸易便利化”的快递关税条款、第九章“投资”的投资者—东道国投资争端解决条款、第十章“跨境服务”的邮政垄断条款、第十一章“金融服务”的最低待遇标准条款、第十三章“电信”的电信纠纷条款、第十五章“政府采购”的政府采购程序和采购范围条款、第十八章“知识产权”的 11 个相关条款、第二十章“环境”的濒危物种贸易条款、第二十六章“透明与反腐败”的药品保护条款以及关于文莱、马来西亚的特别规定，这些被搁置的条款只有在将来得到所有成员认可时才会生效。[1]

除搁置以上 22 个条款外，CPTPP 还放宽了协定的生效条件。TPP 的生效条件是要求至少占到协定经济总量(参考 2013 年 GDP)85%的 6 个成员国批准才能生效，CPTPP 则修改为至少得到 6 个成员国或者是超过协定经济总量 50%的成员国批准。CPTPP 还修改和增加了一些附件，更好地照顾了个别成员国的特殊利益，如修改文莱、马来西亚协定生效日期的措辞。越南通过附加的单边保证函与其他各国达成了协定，解决了加拿大对支持“加拿大艺术表演和内容的推广、创造、分配和发展”的灵活适用性的担忧，通过有关汽车标准承诺的单边保证函解决了日本和加拿大之间的汽车行业非关税壁垒的问题，以及通过有关汽车原产地规则承诺的单边保证函与马来西亚达成协定。

二、CPTPP 的主要内容

CPTPP 协议共有 30 章，其中第一章为“初始条款和一般定义”，第二十九章为“例外与一般规定”，第三十章为“最后条款”，第二—二十八章设立具体的贸易投资规则。CPTPP 关于贸易投资的规定可概括为以下方面的内容：第一，货物贸易规则，包括协定第二—八章，分别制定了国民待遇与市场准入、原产地规则、纺织品与服装、海关当局与贸易便利化、贸易救济、卫生与检疫措施和技术贸易壁垒等方面的制度；

---

[1] See New Zealand Ministry of Foreign Affairs and Trade, *CPTPP vs. TPP*, MFAT(May 8,2018), https://www.mfat.govt.nz/en/trade/free-trade-agreements/free-trade-agreements-in-force/cptpp/understanding-cptpp/cptpp-vs-tpp/.

第二,投资规则,包括协定第九章,制定了投资待遇、保护与争端解决等方面的制度;第三,服务贸易规则,包括第十—十四章,分别制定了跨境服务贸易、金融服务、商务人士的临时入境、电信和电子商务等方面的制度;第四,与贸易有关的议题,包括协定第十五—二十章,分别制定了政府采购、[1]竞争政策、国有企业与指定垄断、知识产权、劳工和环境等方面的制度;第五,交叉性议题,包括协定第二十一—二十六章,分别制定了合作与能力建设、竞争力与商业便利性、开发、中小型企业、法规一致性、透明度及反腐败等方面的制度;第六,机制建设议题,包括协定第二十七—二十八章,分别制定了机构设置、争端解决等方面的制度。

从 CPTPP 所涵盖的上述内容来看,除提升之前签订的自由贸易协定中传统议题的规制水平外,还纳入了新的、正在逐步显现其重要性的与贸易有关的议题与交叉性议题。针对这些内容进行分析后不难看出,CPTPP 是世贸组织多边贸易协议和现有自由贸易协定的"升级版"。[2] 其中包括了一些与因特网、数字经济相关的议题,国有企业参与国际贸易投资的议题,中小企业利用贸易协定的能力议题,等等,因而其达到了自由贸易协定前所未有的高度。随着该协定将反腐败议题纳入其中,CPTPP 不再只是一项自由贸易协定而具有政治协定的色彩。

CPTPP 的签署国认为,由于该协定囊括议题范围的广泛性和所设计的贸易投资自由化达到的高度。该协定作为当今自由贸易协定各项议题规制水平最高的代表,拥有其他自由贸易协定所不具备的特征,使得该协定成为一份 21 世纪最具标志性的自由贸易协定,可以被认为是当今全球贸易合作的高水准参照物,应当作为日后各国签订自由贸易

[1] 与一些自由贸易协定将政府采购一章放在货物贸易之后不同,CPTPP 将政府采购一章放在服务贸易之后,表明该章既规范货物贸易领域的政府采购,也规范服务贸易领域的政府采购。

[2] 参见杨国华:《论〈跨太平洋伙伴关系协议〉(TPP)与我国多边和区域一体化战略》,载《当代法学》2016 年第 1 期。

协定时的新蓝本。[1]

概括 CPTPP 的贸易规则，该协定体现出以下五大特点：

其一，最广泛的市场准入条件。CPTPP 减少或者某种程度上消除了在货物和服务贸易领域存在的关税和非关税壁垒，从而为各国的企业、工人、消费者等创造了新的机会和利益。

其二，实现承诺的区域性方法。CPTPP 将有利于生产和供应链的快速发展，加快无缝交易，提高效率，支持各国的工作岗位的创建，提高各国人民生活水平、加强保护力度、促进跨界融合以及国内市场的全面开放。

其三，更具挑战性的贸易模式。CPTPP 将促进创新、生产力以及竞争力，解决了包括数字经济的发展、国有企业将如何在全球经济中将扮演何种角色等新问题。

其四，贸易上更强大的包容性。CPTPP 中囊括了许多新的元素，希望确保不同发展水平的经济体、不同规模的企业都能从贸易中获益。它包含了一些承诺，旨在帮助中小型企业理解这份协议，利用它所带来的机遇，并提醒 CPTPP 各缔约方政府关注中小企业所面临的独特挑战。它也包含了一些特别承诺，旨在促进各方发展并帮助其提升贸易能力，确保各方都能兑现协议中的承诺并充分利用其益处。

其五，区域一体化平台。CPTPP 意在为区域经济一体化提供一个平台，它从设计上就鼓励更多亚太地区经济体加入进来。该协定把在地理、语言、历史、规模和发展水平这些方面都截然不同的国家结合在了一起，利用 CPTPP 这个区域一体化平台，促进各协定签署方，包括发达国家与发展中国家之间更加紧密的合作。

三、CPTPP 对世界贸易体制的影响

从 12 个成员国的 TPP 变为 11 个成员国的 CPTPP，尽管只是美国

---

[1] See Department of Foreign Affairs and Trade of Australian, *Summary of the Trans-Pacific Partnership Agreement*, DFAT (Oct. 5, 2015), https://www.dfat.gov.au/trade/agreements/not-yet-in-force/tpp/Pages/summary-of-the-tpp-agreement.

一国退出,但其实际 GDP 占世界的比重却由 37.49%锐减到 15.51%,美国的退出使得 TPP 成员国的实际 GDP 总额减少了近 60%,实际进出口额占世界比重也分别由 27.93%和 24.59%下降到 15.10%和 14.93%。[1] 不过,虽然美国的退出使得该贸易集团的政治、经济地位有所下降,且搁置了 TPP 的 22 项条款,但 CPTPP 仍然保留了 TPP 的绝大部分条款,仍然是一项全面、高水平、高标准的自由贸易协定。

首先是对世贸组织多边贸易体制的冲击。作为全球最大的多边贸易体制的监管者,世贸组织自 1995 年成立以来,对维护和推动世界贸易的自由化发挥了积极的作用。多边贸易体制的优势首先表现在其成员众多,目前世贸组织的成员达 164 个,其代表的经济总量及贸易总量非常大,且最惠国待遇原则极大地提高了贸易谈判成果实施的效率。但其决策体制也存在明显的缺陷,由于成员太多,且实行协商一致的决策原则,各方意见难以达成一致,导致贸易谈判难以取得实质性进展,这在乌拉圭回合和多哈回合贸易谈判中得到了充分的体现。TPP/CPTPP 则不同,它分别只有 12/11 个谈判方,因而较容易就谈判议题达成一致从而取得贸易谈判成果。在多哈回合贸易谈判举步维艰的情况下,这使得这些国家更容易被 TPP/CPTPP 贸易谈判所吸引。由于一国的贸易资源与行政资源存在有限性,当其把这些有限的资源投入 TPP/CPTPP 谈判之中时,其投入多哈回合贸易谈判的资源当然被削弱,进而削弱了多哈回合贸易谈判前行的推动力。

其次是对 CPTPP 成员国签署的其他区域贸易协定的冲击。CPTPP 的 11 个成员国都与其他国家签署了区域贸易协定,其中影响较大的是北美自由贸易区、东盟和南方共同市场。由于 CPTPP 代表的经济总量与贸易总量较其他区域贸易协定大,贸易投资自由化程度更高,且 11 个成员国形成了一个庞大的一体化市场,成员国当然更重视 CPTPP,也愿意在履行协定义务方面投更多的资源。这对 CPTPP 成员国签署的其他区域贸易协定的实施可能会造成负面影响,CPTPP 生效

---

[1] 参见杨立强、余稳策:《从 TPP 到 CPTPP:参与各方谈判动机与贸易利得变化分析》,载《亚太经济》2018 年第 5 期。

实施后,北美自由贸易区特别是东盟和南方共同市场,都将受到较大的冲击。如对东盟而言,其10个成员国只有新加坡、马来西亚、越南和文莱是CPTPP成员,这四个国家可以更优惠的条件与CPTPP其他7个成员进行贸易投资,考虑到日本、澳大利亚、新西兰、加拿大是东盟的重要贸易伙伴,CPTPP的生效无疑使这四个国家较东盟其他成员国处于有利地位,这可能会减少这些国家对东盟关注度,降低这些国家推动东盟经济一体化的积极性。正因如此,东盟认为CPTPP分裂了东盟,并为与之抗衡,力推东盟十国作为整体与其他亚太地区国家签订RCEP。从结构角度看,RCEP以东盟为"中心"的5个"东盟+1"自由贸易协定为基础,对既有的承诺与规则条款进行整合,并对协议内容做进一步的扩展和提升。这种模式突出了东盟在亚洲区域经济一体化中的重要作用,并以嵌套式规则体系作用于不同成员经济体。[1]

最后是对非CPTPP成员签署区域贸易协定造成的影响。依世贸组织的统计,其164个成员都至少签订了一项区域贸易协定,最高者如欧盟签订了45项区域贸易协定,这些区域贸易协定为区域经济一体化和贸易投资自由化作出了积极的贡献。但依照世贸组织多边贸易协定的规定,区域贸易协定具有封闭性且是最惠国待遇原则的例外,其贸易投资利益只给予协定成员,非协定成员则被排斥在外,其确立的贸易投资优惠都只会惠及成员国,非成员国并不能依世贸组织的最惠国待遇原则享受这些优惠。这使得世贸组织的其他成员在与区域贸易协定成员的贸易投资往来中处于不利地位。一项区域贸易协定的规模越大,其对非协定成员造成的负面影响也越大。因此对CPTPP这项除RCEP之外规模最大的自由贸易协定而言,其对非协定成员的贸易投资利益无疑会造成诸多不利影响,最突出的是会造成贸易和投资的转移效应。CPTPP中货物贸易、服务贸易、投资条款都有非常明显的排外意图,从而在成员国之间形成了一个封闭的市场,其改善后的市场条件使其形成一个更优良的贸易投资环境,产生贸易、投资转移效应,影响其他国

---

[1] 参见沈铭辉、李天国:《区域全面经济伙伴关系:进展、影响及展望》,载《东北亚论坛》2020年第3期。

家的经济发展。以货物贸易为例,CPTPP 实施后,绝大部分成员国零关税的比重将达到 80%以上,而《中韩自贸协定》实施一年后,中国零关税比重仅为 57.02%,CPTPP 如此大幅度的减税,必然产生不可忽视的货物贸易转移效应。[1]

CPTPP 作为一项高标准的自由贸易协定,可以产生类似国际示范法的作用,各国在签订自由贸易协定时可将其作为参考文本。通过将 CPTPP 协定文本与美国和亚太国家签署的五个自由贸易协定文本相比较,发现 CPTPP 一共有 30 章内容,美国与亚太国家签订的自由贸易协定通常包含 23 至 24 章。CPTPP 新增的议题为 6 章,分别是合作和能力建设、竞争力和商务便利化、发展、中小企业、监管一致性、透明度与反腐败。除知识产权和投资方面的规则没有 TPP 水平高之外,其他方面保持一致。因此,CPTPP 确立的规则仍然延续了 TPP 的精神,在 21 世纪国际经贸规则制定和实施方面起引领作用,其中的很多规则可以作为成员国、非成员国谈判的模板。

第二节 CPTPP 竞争政策的目标与宗旨

一、CPTPP 纳入竞争政策的原因

在 CPTPP 中,竞争政策议题占有两章的篇幅,共 24 个条款,针对竞争执法的协调与合作和国有企业与指定垄断两大问题制定了具体规则。作为一项代表当今最高水准的自由贸易协定,CPTPP 将竞争政策议题纳入其规范的范围具有必然性。

CPTPP 首先是一项自由贸易协定,具有一般自由贸易协定所具有的共同特点与属性,与其他自由贸易协定一样,追求贸易投资的自由化。正如 CPTPP 序言所言,该协定的各缔约国是为了缔结一项促进经

[1] 参见白洁、苏庆义:《CPTPP 的规则、影响及中国对策:基于和 TPP 对比的分析》,载《国际经济评论》2019 年第 1 期。

济一体化的全面区域性协定,以推动贸易和投资自由化,促进经济增长和社会福利,为劳工和工商界创造新机遇,进一步提高生活水平,为消费者带来利益,减少贫困并促进经济的可持续发展。要实现这一宏伟目标,除需要通过谈判制定贸易投资自由化规则之外,还要制定为保证贸易投资自由化规则得以实现、不被各种非贸易措施所削弱的规则,其中就包括竞争政策规则。正如前文所述,随着经济全球化不断发展与贸易自由化不断深化,自由贸易协定必然将竞争政策议题纳入其规范的范围。CPTPP 需要保证其取得的高水准的贸易投资自由化成果,不被其他措施所抵消或损害。作为维持市场高效运行、推动贸易发展的较为有效的方式之一的基本经济政策——竞争政策,其目的与 CPTPP 在追求贸易自由化的宗旨与目标上不谋而合,必然会被 CPTPP 纳入其中。

其次,CPTPP 是目前全球贸易投资自由化程度最高的自由贸易协定,也是除 RCEP 之外全球经济规模最大、市场规模最广的自由贸易协定。其贸易投资自由化水平越高,区域经济一体化程度越强,其对竞争政策进行协调的需求也就越大。正如前文所述,与一般自由贸易协定相比,CPTPP 设立了最广泛的市场准入条件,建立了更具挑战性的贸易模式,在贸易上具有更强的包容性。而且 CPTPP 希望扮演一个将区域主义多边化的角色。[1] 其成员多达 11 个,除美国、中国和欧盟三大经济体没有加入外,其他世界主要经济体都是其成员,其序言还表达了鼓励其他国家或单独关税区加入,以扩大伙伴关系范围从而进一步加强区域经济一体化的愿望。这些都为 CPTPP 执行高水平的贸易投资自由化规则创造了有利条件。区域贸易协定规范竞争政策议题的实践告诉我们,区域经济一体化水平越高,越需要在区域贸易协定中制定具体的竞争政策规则。欧盟是以关税同盟的形式建立的,经济一体化程度比自由贸易协定更高,正因如此,6 个成员国在《巴黎公约》中对企业限制竞争协议、滥用市场支配地位等反竞争行为制定了实体规则,统一

---

[1] See Ann Capling & John Ravenhill, *Multilateralising Regionalism: What Role for the Trans-Pacific Partnership Agreement*? The Pacific Review, Vol. 24:5, p. 553-575(2011).

了各成员国竞争法在此方面的具体规定。[1] 因此,CPTPP 作为一个高水平的自由贸易协定,也需要制定竞争政策规则,以协调成员国此方面的行为,保证协定利益不为各类反竞争行为所侵蚀。

最后,CPTPP 在本质上是一个由美国主导达成的自由贸易协定,必然反映美国在自由贸易协定中对竞争政策议题的态度与设想。美国是世界上竞争立法最为发达的国家,早在 19 世纪即开始制定相关法律。构成美国反托拉斯法核心的三个基本法规颁布时间都很早,包括 1890 年的《谢尔曼法》、1914 年的《克莱顿法》和 1914 年的《联邦贸易委员会法》。美国在反竞争执法方面有了丰富的经验,其在长期的反托拉斯执法中充分认识到良好的竞争秩序对维护公平、统一市场的重要性。正因如此,美国在与其他国家签订自由贸易协定时,都力主将竞争政策议题纳入谈判范围。

美国在与其重要贸易伙伴签订的自由贸易协定中,都用专章的形式规范竞争政策议题,《北美自由贸易协定》《美国—新自由贸易协定》《美国—澳大利亚自由贸易协定》《美国—韩国自由贸易协定》等均是如此,特别是 USMCA 更是几乎照搬了 TPP/CPTPP 的竞争政策条款。[2] TPP/CPTPP 竞争政策条款是对《北美自由贸易协定》的继承与发展。从规范竞争政策的方法来看,反映了美国的一贯主张,即采用软法模式规范竞争政策议题;从竞争政策规制的对象来看,TPP/CPTPP 也没有突破《北美自由贸易协定》,仍然是规制竞争政策执法的协调与合作和国有企业与指定垄断;但从形式和内容来看,TPP/CPTPP 则突破了《北美自由贸易协定》的规定,用两章的篇幅分别规范竞争政策执法的合作与协调和国有企业与指定垄断,在具体规则上也更具体、翔实,内容更为丰富。

二、竞争政策在 CPTPP 中的地位

竞争政策议题虽然只是 CPTPP 众多议题中的一个,但由于竞争政

[1] 参见《关于建立欧洲煤钢共同体的条约》第 85 条、第 86 条。

[2] See United States-Mexico-Canada Agreement, Chapter 21, 22.

策规则对协定贸易投资自由化规则有效实施的重要性,竞争政策议题在整个 CPTPP 中占有重要地位。

从竞争政策议题在 TPP 谈判中出现的轮数、消耗的时间,不难看出竞争政策议题的重要性。众所周知,从一开始《跨太平洋战略经济伙伴关系协定》的生效到最后逐渐演变成 12 国参与的 TPP,其过程非常曲折,谈判内容也极不透明,但从谈判各方透露的零星信息中,还是可以看出蛛丝马迹。美国贸易代表办公室官方文件显示,2010 年 3 月 15 至 19 日,各国在澳大利亚开展了为期 4 天的第 1 轮贸易谈判,8 个国家、200 个与会代表组成 6 个小组就 TPP 的框架进行了谈判。在谈判第四天,各国就包括劳工、投资、纺织服装、电子商务、竞争政策以及贸易能力建设等议题进行了讨论。[1] 这体现出竞争政策议题是各国第一轮谈判的重要议题,在 TPP 中的不可或缺的地位。在 2011 年 9 月 6 日举行的第 8 轮谈判中,各国谈判代表们就监管一致、竞争政策、中小企业等问题有了整合的文本,美国提出了关于国有企业问题的草案文本。[2] 在 2011 年 10 月 22 日举行的第 9 轮谈判中,主要讨论了竞争政策议题,美国在会前即就国有企业问题的文本与其他国家谈判代表进行了讨论,议题主要是外国国有企业提供的不公平保护导致的贸易与竞争扭曲问题。[3] 在 2012 年 7 月 2 日至 10 日举行的第 13 轮谈判中,代表们就 TPP 的 20 个重要章节达成了初步的共识,取得最显著成效的章节有 7 个,其中之一就是竞争政策。[4] 在总共 19 轮的贸易谈判中,竞争政策议题谈判占用的轮数多、耗费的时间长,反映出竞争政策议题在 TPP 谈判中受重视的程度。

---

[1] See USTR, *Round* 1: *Melbourne*, USTR (Mar. 15, 2010), https://ustr.gov/trade-agreements/free-trade-agreements/trans-pacific-partnership/round-1-melbourne.

[2] See USTR, *Round* 8: *Chicago*, USTR (Sep. 6, 2011), https://ustr.gov/trade-agreements/free-trade-agreements/trans-pacific-partnership/tpp-negotiation-updates/round-8-chicago.

[3] See USTR, *Round* 9: *Lima*, USTR (Oct. 22, 2011), https://ustr.gov/trade-agreements/free-trade-agreements/trans-pacific-partnership/tpp-negotiation-updates/round-9-lima.

[4] See USTR, *Round* 13: *San Diego*, USTR (Jul. 10, 2012), https://ustr.gov/trade-agreements/free-trade-agreements/trans-pacific-partnership/round-13-sandiego.

从 CPTPP 的框架体例方面也可以看出竞争政策议题的重要地位。CPTPP 包括序言和 30 章,除囊括众多"纵向"的传统与新兴议题,包括货物贸易、纺织品和服装、原产地规则、海关管理和贸易便利化、检验检疫措施、技术性贸易壁垒、贸易救济、投资、跨境服务贸易、金融服务、商务人员临时入境、电信、电子商务、政府采购、竞争政策、国有企业和指定垄断、知识产权、劳工、环境等。其还包括了许多"横向"议题,如合作与能力建设、竞争力与商务便利化、中小企业、发展、透明度与反腐败等。在这些众多的议题之中,竞争政策议题排在货物贸易、投资、服务贸易和政府采购之后居第五位,甚至排在多边贸易体制与区域贸易协定都非常重视的知识产权之前,更排在劳工、环境这些新兴议题之前。从所占篇幅来看,CPTPP 只有三个议题用多章的篇幅来制定相关规则,其中货物贸易议题用了 7 章,服务贸易议题用了 4 章,竞争政策议题则用了两章,其他议题,包括如投资、知识产权等重要议题,都只用了 1 章的篇幅。这足可见竞争政策议题在 CPTPP 中的重要地位与受重视的程度。

三、CPTPP 竞争政策的目标与宗旨

从国内竞争政策角度看,各国在确定本国竞争政策的目标与宗旨时往往会考虑诸多因素,如经济状况、司法制度、公权力的执行能力、民众的意向以及国际环境等,这些因素都对目标的确定有着重要影响。欧盟在其 2003 年出版的《竞争政策年度报告》中指出,欧盟竞争政策的目标与宗旨是,在保护和促进有效竞争的基础上,进而提高消费者福利,并增强欧洲工业的竞争力。[1] 日本竞争策目标也具有上述多元性,其竞争政策目标除包括促进自由与公平竞争外,还包括发挥事业者的创造性、繁荣事业活动、提高就业及国民实际收入的水平,并在确保一般消费者利益的同时,促进国民经济的民主、健康发展。[2]

---

[1] See European Commission, *XXXIInd Report on Competition Policy* 2002, SEC(2003) 467 FINAL, 2003, p. 19.

[2] 参见[日]根岸哲、[日]舟田正之:《日本禁止垄断法概论》(第 3 版),王为农、陈杰译,中国法制出版社 2007 年版,第 26 页。

对自由贸易协定而言,尽管措辞各有不同,但几乎所有纳入竞争政策议题的自由贸易协定都有条款明确规定竞争条款的目标与宗旨,通常为该章开篇第一条。CPTPP 同样如此,对其竞争政策的目标与宗旨也作了明确阐述。CPTPP 第 16. 1. 1 条规定,每一缔约方应采纳或维持禁止限制竞争商业行为的国内竞争法,以提高经济效率和消费者福利,并且应针对此类行为采取适当措施。从上述规定不难看出,CPTPP 竞争政策议题的目标与宗旨集中在两大方面:第一,提高经济效率;第二,增进消费者福利。CPTPP 的此一规定,与前述各国关于国内竞争政策的目标与宗旨保持着高度一致。

对 CPTPP 规定的竞争政策的目标与宗旨,一些成员国也作出了自己的理解。在 TPP 谈判期间,美国贸易代表认为,竞争政策的目标是在长期原则的基础上建立一个公平竞争、保护消费者和高透明度的竞争环境,并且探寻一个良好规制反商业竞争、欺诈甚至是欺骗性的商业活动、损害消费者利益的行为的规则。根据其相关阐述,可以概括出以下三点:(1)确保 TPP 协议的签署国家设立或维持规制已经造成或潜在的危害消费者的欺诈和欺骗的商业活动的国内法律;(2)设立或维持国内的竞争法律,在禁止限制竞争的商业行为以及领土内一切商业活动方面作出具体承诺;(3)建立公平的竞争执法程序规则。澳大利亚外交与贸易部则认为,TPP 签署各方应该在严格遵守条约的前提下,把保持或者建立一个禁止反竞争的商业行为、防止欺诈和欺骗性商业活动、防止损害消费者利益的法律制度,以及保障区域内的公平竞争框架作为竞争政策的目标。

从上述 CPTPP 的相关规定和有关国家的阐述来看,CPTPP 关于竞争政策目标与宗旨的规定,与其他自由贸易协定相比有一个重大的区别,即缺乏关于保证自由贸易协定的实施、确保协定贸易投资自由化的利益得到实现的描述。与《澳大利亚—韩国自由贸易协定》相比,两者都规定通过实施竞争政策以提高经济效率和增进消费者福利,但《澳大利亚—韩国自由贸易协定》还有一项重要规定,即保证该协定所确立的贸易投资自由化利益得到实现,而 CPTPP 则没有此方面的表述。《澳大利亚—韩国自由贸易协定》第 14. 1 条"目标"规定,缔约方认识到执行促进竞争、提高经济效率和消费者福利的政策,就"竞争政策"一章涵盖的事项进行合作以及减少可能限制双边贸易和投资的反竞争做法的重要性。《欧盟　日本经济伙伴关系协定》第 11.1 条更明确地规定,缔约双方认识到在贸易和投资关系中公平和自由竞争的重要性,承认反竞争行为有可能扭曲市场的正常运作,并损害贸易和投资自由化的利益。从其他国家签订的自由贸易协定的相关规定来看,大部分协定认为保证协定贸易投资自由化利益得到实施是竞争政策的首要、直接的目标与宗旨,在此基础上,才是提高经济效率与增进消费者福利。有些协定甚至只强调保证贸易投资自由化的利益,而未提及提高经济效率、促进消费者保护,如前述欧盟日本签订的《欧盟—日本自由贸易协定》。CPTPP 协议的此种规定有些令人困惑。在笔者看来,CPTPP 似乎更注重对消费者福利的保护。除在第 16.1.1 条强调促进消费者利益外,CPTPP 还在第 16.6 条专条制定了保护消费者福利的具体规则,指出消费者保护政策及其实施,对在自由贸易区中创造高效、有竞争力市场和增进消费者福利方面都具有重要意义。

第三节　CPTPP 反限制竞争行为规则

CPTPP 第十六章标题为"竞争政策",共包括 9 个条款和 1 个附件。第 16.1 条,"竞争法和主管机关与限制竞争商业行为";第 16.2 条,"竞争法执行中的程序公正";第 16.3 条,"私人诉权";第 16.4 条,"合作";第 16.5 条,"技术合作";第 16.6 条,"消费者保护";第 16.7 条,"透明度";第 16.8 条,"磋商";第 16.9 条,"争端解决的不适用"。除第 16.8 条和第 16.9 条为程序性条款外,其他 7 条内容均为与规范限制竞争行为相关的实体规定。

一、国内竞争法的协调规则

国内竞争法的协调规则出现在 CPTPP 第 16.1 条,即该章的第 1 条。该条名为"竞争法和主管机关与限制竞争商业行为",共 3 款,简明扼要地规定了各成员在此方面应承担的具体义务。

CPTPP 第 16.1 条第 1 款规定,每一成员应采用或维持禁止反竞争性商业行为的国内竞争法,以提高经济效率和增进消费者福利,并应对该行为采取适当的行动。这些法律应考虑到 1999 年 9 月 13 日在奥克兰制定的《APEC 加强竞争和监管改革的原则》。从以上规定不难看出,CPTPP 没有像欧盟签订的一些自由贸易协定,明确要求法律对特定的反竞争商业行为进行规制,而是采用了软协调的方法,虽然要求协定成员必须制定、维持国内竞争法,但对法律规制的具体反竞争商业行为没有作出限制性规定而交由各成员国内法自主确定。对成员国内竞争法提出的唯一的限制性规定,是应参考 APEC 的上述原则。该原则规定,APEC 各成员赞同其竞争法应符合非歧视性、全面性、透明性、可靠性和可实施性,但也没有对成员国内竞争法规制的反竞争商业行为作出硬性规定。而且 CPTPP 使用了"应考虑"此种软性措辞,更降低了 APEC 上述原则对协定成员的约束力。由于文莱在协定生效时尚未制定竞争法,CPTPP 给该国最长 10 年的过渡期,要求其在最长 10 年的期限内制定竞争法。

CPTPP 第 16.1 条第 2 款规定,每一成员应努力将其国内竞争法适用于其领土内的所有商业活动,不过可以规定适用其国内竞争法的一些豁免,前提是这些豁免是透明的并基于公共政策或公众利益的理由。此款规定了一国竞争法的适用范围,要求一成员的竞争法应适用于其境内所有企业的商业活动,其实就是强调一成员的竞争法应一视同仁地适用于其境内的所有企业,无论是私营企业还是国有企业,无论是内资企业还是外资企业。但 CPTPP 同时规定,根据各国竞争法的立法惯例,也允许协定成员基于公共利益的需要,在满足透明度原则要求的前提下,豁免某些反竞争商业行为。

一国制定竞争法之后,如何实施竞争法就成为关键问题。CPTPP 为了保证成员国内竞争法能得到有效实施,还规定协定成员有义务设立国家竞争机构负责竞争法的具体实施。CPTPP 第 16.1 条第 3 款规定,每一成员应设有一个或多个负责执行其国家竞争法的机构,同时要求成员国内法规定,此类机构在执法时应以提高经济效率和增进消费者福利为行动目标,并不以企业国籍为依据区别执法。

如前所述,国内竞争法的协调是自由贸易协定竞争政策条款最核心的规则,占 65%的自由贸易协定均设立了此一规则。CPTPP 的竞争政策条款是在美国主导下完成的,因此协定第十六章“竞争政策”必然反映美国在自由贸易协定中规范竞争政策议题的特点。CPTPP 采用软协调的方法协调成员国内竞争法,不对成员国内竞争法应规制的反竞争商业行为作出硬性的限制性规定,而由成员自行确定,充分反映了美国基于其国内竞争法律发达、实施经验丰富而推行竞争法的域外效力的立法逻辑。同时考虑到参与 TPP/CPTPP 谈判的国家众多,经济实力参差不齐,竞争执法经验也相差悬殊,如果一味追求在协定中制定统一的实体竞争规则,那么很可能重蹈多哈回合贸易谈判的覆辙,导致该议题搁浅。因此,TPP/CPTPP 在竞争政策协调问题上采用了北美模式,只是在最低限度内要求各国拥有自己的国内竞争法并建立且维持相应的执法机构。

二、竞争执法的协调与合作规则

TPP/CPTPP 承继了北美模式规范竞争政策议题的特点,在将国内竞争法规制的对象交由协定成员自行确定的前提下,对竞争执法机构的竞争执法行为作了具体、详尽的规定,CPTPP 用了“竞争政策”一章 9 个条款中的 4 个条款设定协定成员此方面应承担的义务,包括第 16.2 条“竞争法执行中的程序公正”、第 16.3 条“私人诉权”、第 16.4 条“合作”和第 16.5 条“技术合作”。

由于 TPP/CPTPP 并没有协调协定成员的实体竞争法,而只要求协定成员采纳和维持其国内的竞争法,保证协定成员国内竞争执法机构能公正执法便成为该协定的首要任务。CPTPP 第 16.2 条即对协定成员竞争执法机构的执法程序作了具体要求,以保证执法的公正性。第 16.2 条第 1—4 款首先从保证被调查人合法权益的角度作出规定。协定成员应确保其在被调查人因违反本国竞争法而被实施制裁或救济之前,向其提供有关国家竞争管理当局竞争关注的信息、由律师代理的合理机会、为辩护提供合理的听证和陈述证据的机会;协定成员应采用或设立书面程序,据此进行其国家竞争法调查,此类调查应在规定的期限内或合理的期限内完成;协定成员应采用或设立适用于关于涉嫌违反其国家竞争法以及据此确定制裁和救济措施的执法程序的议事规则和证据;协定成员应设立法院或其他独立法庭,以便被调查人提起申诉,要求其对制裁或救济进行审查。

CPTPP 第 16.2 条第 5—9 款则从协定成员竞争执法机构的角度,规定了竞争执法机构应承担的义务。协定成员应授权其国家竞争主管部门在征得主管部门和被调查人的同意后,与被调查人就其涉嫌的违法行为达成和解。CPTPP 规定,此类和解须经过法院或独立法庭的批准,或设立公众评议期;协定成员竞争主管当局在发布的调查公告中,应避免暗示被调查人已经从事了涉嫌的违法行为或已经违反了该成员的竞争法;如果协定成员竞争主管当局指控被调查人违反了国家竞争法律,则该当局应负责在执行程序中为所指控的违法行为建立法律和事实依据;协定成员应保护竞争主管当局在调查过程中获得的商业秘密及依其法律被认定为机密的其他信息,如果竞争主管当局打算在执法过程中使用此类信息,则应在法律许可的情况下让被调查人获得必要信息,以便其针对竞争主管当局的指控提出抗辩;协定成员应保证其竞争主管当局向可能违法的被调查人提供合理机会,就调查过程中出现的重大法律、事实或程序问题向竞争主管当局提出咨询。

CPTPP 第 16.3 条就私人诉权问题作了具体规定。所谓私人诉权,是指商业或财产遭受违反竞争法行为损害的私人,在违法行为认定后,向法院或其他独立法庭寻求补偿的权利,包括禁令、金钱赔偿或其他救济。该条第 2 款规定,私人诉权是对国内竞争法公共执法的重要补充,因此协定成员应采用或维持为私人提供此一权利的相关法律或其他措施;该条第 3 款规定,如果一成员没有此类法律或相关措施,则该成员应采用或维持相关法律或其他措施,以便私人有权请求竞争主管当局就其指控违反竞争法的行为发起调查,并在竞争主管当局作出违法裁定后向法庭或其他独立法庭寻求救济。该条第 4 款还特别强调,协定成员应保证依上述第 2 款、第 3 款给予另一成员私人的权利不低于该成员给予其国民的权利,以防对外国人造成歧视。

自由贸易协定竞争政策的规制对象是跨境反竞争商业行为,要提高竞争执法效率,有效保护市场竞争秩序,成员国之间的执法合作就显得尤为必要。CPTPP 即在第 16.4 条就协定成员国内竞争执法机构之间的合作问题作了规定。CPTPP 首先强调了各成员国内竞争主管当局相互间进行合作与协调对在自由贸易区内促进有效竞争执法的重要性,然后就合作的具体方式与方法作出规定。协定成员的国内竞争主管当局可通过相互间签订合作安排或协定,就合作问题作出具体安排,至于合作的具体方法,CPTPP 第 16.4 条第 1 款规定,各协定成员应通过交换竞争政策发展的信息在竞争政策领域进行合作,以包括通知、磋商和信息交换在内的适当方式就竞争执法问题开展合作。不过,协定第 16.4 条第 3 款对合作的范围有所限制,该款要求 CPTPP 成员以一种与各自法律、法规和重要利益相一致的方式,在各自可合理获得的资源范围内进行合作。

由于 CPTPP 包含有 11 个成员国,且各自经济社会的发展程度不同,竞争立法与执法的先进性各异,如何保持竞争立法与执法的一致性就成为该协定需要解决的问题。成员之间的技术合作成为解决此一问题的手段之一,CPTPP 第 16.5 条即就协定成员之间的技术合作问题作了较具体的规定。该条强调了技术合作的必要性,指出协定成员可从分享各自在制定、适用和实施竞争法及制定和实施竞争政策过程中积累的不同经验中获益,并规定了技术合作的三种具体方式:就相关问题提供建议或培训;交换竞争宣传的信息和经验;协助有的成员实施其新的国内竞争法。这些规定较许多自由贸易协定具体、详细,如《澳大利亚—智利自由贸易协定》第 14.10 条"技术援助"只是简单规定双方可相互提供技术援助,以利用各自的经验并加强其竞争法和竞争政策的执行。

技术合作是自由贸易协定竞争政策规则的传统规则。此类规则主要存在于发达国家与发达国家之间,其目的是在满足发达国家制定的高标准竞争政策规则的同时,由发达国家帮助发展中国家在实践中逐步提高国内竞争立法与执法的水平。虽然其最终是为了进一步让发展中国家遵守自身的游戏规则,但在客观上有利于提高发展中缔约方竞争立法与竞争执法的水平,有助于实现双赢。

总体而言,CPTPP关于竞争执法的合作与协调的规定较为合理,相较之前的其他自由贸易协定的相关规定,内容更为丰富,义务更为具体。CPTPP此方面的规定具有以下特点:(1)规制对象明确,即对所有因涉嫌违反竞争政策有关的行为的执法;(2)内容较为完备,从缔约方竞争主管机构的调查方式、信息的披露、处罚程序到被调查私人的申诉机制,各个方面都作了较严格的规定;(3)第一次将私人诉权问题纳入其中。CPTPP第一次在自由贸易协定中赋予受反竞争商业行为损害的私人,在国内竞争主管机关作出违法认定之后,有权向法院或其他独立法庭寻求就违反国家竞争法的行为给其造成的损害进行救济的权利,包括颁布禁令、货币赔偿或其他补救措施。

三、消费者保护规则

消费者福利是竞争政策的终极目标之一。[1] 在自由贸易协定中加强对消费者的保护,不仅仅是为了增进消费者福利,对在自由贸易区内建设有效和竞争的大市场也具有重要意义。正因如此,CPTPP第16.6条第1款即指出,协定成员认识到消费者保护政策和执法对在自由贸易区内建设有效和竞争的市场以及对提高消费者福利的重要性。

第16.6条第3—6款是该条的核心内容,规定了协定成员在消费者保护方面应承担的义务。具体包括:每一成员应采用或维持消费者保护法或其他法律,以规制欺诈和欺骗性商业行为。该款还在注释中特别强调,此类法律可以是民事法律,也可以是刑事法律,指出商业欺诈行为可导致刑事责任而不仅仅是民事责任。考虑到越来越多的商业欺诈行为跨越国境,成员间应在处理商业欺诈具有共同利益的领域加强合作与协调,特别是负责消费者保护政策、法律实施的公共机构或官员,在与各自法律、法规和重大利益相一致的前提下,在可资利用的合理资源范围内,相互间进行合作与协调。

---

[1] See Massimo Motta, *Competition Policy: Theory and Practice*, Cambridge University Press, 2004, p. 13.

与其他自由贸易协定一样,CPTPP 关于消费者保护的规定较为原则。CPTPP 虽要求各成员采用和维持各自的消费者保护法律,但在如何保护消费者方面没有作出具体规定,而仅仅是要求各成员在此方面展开合作与协调。此部分内容与国内竞争执法的合作与协调的相关规定相比,内容更宽泛,更缺乏约束力。

但与其他自由贸易协定不同的是,CPTPP 对何为"欺诈和欺骗性商业行为"作出了明确具体的界定。CPTPP 第 16.6 条第 2 款规定,就该条而言,欺诈和欺骗性商业行为是指对消费者造成实际损害或如不加制止即会造成迫近的损害威胁的欺诈和欺骗性商业行为。这些行为可包括:对重要事项的虚假陈述,包括隐含的事实虚假陈述,从而导致被误导的消费者经济利益的严重损害;在向消费者收费后未能向消费者交付产品或提供服务的做法;未经授权的情况下,向消费者财务、电话或其他账户收费或借记的做法。由于明显界定了欺诈和欺骗性商业行为的含义,从而间接限定了协定成员国内消费者保护法律应规制的对象,这对统一协定成员消费者保护法律有一定的帮助。

四、透明度规则

透明度原则是世贸组织多边贸易协议确立的基本原则,与最惠国待遇原则、国民待遇原则有着同等重要地位。该原则象征着制度的民主化。因此随着民主化思潮在国际法领域的逐步发展,这一原则下已被运用到当代国际贸易与投资等众多领域之中。

CPTPP 第 16.7 条从竞争执法政策与竞争执法行为两个角度规定了透明度问题。该条第 1 款首先强调了提高透明度的意义,指出各成员认识到尽可能提高其竞争执法政策透明度的重要性。该条第 2 款、第 3 款则规定了协定成员在竞争执法政策透明度方面应承担的具体义务。第 2 款规定,认识到 APEC 竞争政策与立法数据库在提高国内竞争法律、政策及其执法活动方面所具有的价值,每一成员应努力维持、更新该数据库;第 3 款规定,应其他成员请求,一成员应向其提供下列公共信息:其竞争法的执法政策与惯例;其国内竞争法的例外与豁免,条件是该请求指明特定的货物或服务和有关市场,并包含例外与豁免如何阻碍成员之间的贸易或投资的相关信息。

CPTPP 第 16.7 条第 4 款、第 5 款则对成员竞争执法行为的透明度问题作了规定。第 4 款规定,每一成员应保证,有关认定违反其国内竞争法的最终裁决应以书面形式作成,并就非刑事案件列出事实认定和论证过程,包括作出裁决所基于的法律分析及经济分析。这一规定意味着协定成员在刑事案件中,无须遵守上述义务。第 5 款还进一步规定,每一成员还应保证,上述最终裁定和执行裁定的任何命令都应公开发行,如果公开发行不可行,则应以其他方式予以公开,以便利害关系人和其他成员获悉该裁定。不过,向公众公开的裁定或命令并不包含受其法律保护的不得公开披露的机密信息。

CPTPP 的成员国多达 11 个,各国经济发展水平、市场运行状态、国内竞争法都存在诸多差异,在竞争执法实践环节会有许多不同的处理方式,这都不利于协定成员竞争法的协调与实施。CPTPP 关于提高竞争执法政策及执法行为透明度的规定,对提高竞争执法水平及体现竞争执法的公正性,无疑具有重要意义。

五、争端解决规则

对适用竞争政策一章所产生的纠纷,CPTPP 第 16.9 条明确规定,对因该章而起的任何争议,任何成员都不得将其诉诸协定第二十八章规定的争端解决机制。这一规定体现了自《北美自由贸易协定》以来美国主导的自由贸易协定的一贯规定,反映出各成员对履行 CPTPP 第十六章赋予的义务可能产生的后果具有不确定性的心理状态,也表明缔约方不愿意过多地受到该章规定约束的思想。因为一旦履行该章项下的义务可以适用 CPTPP 第二十八章规定的争端解决机制的话,意味着各方要受依该章设立的专家组裁决的约束,败诉方应承担相应的法律责任。这反映出 CPTPP 各成员在此方面极为谨慎。

不过,CPTPP 并没有像一些自由贸易协定在排除适用协定争端解决机制后,对履行相关义务发生的争议如何处理不作任何规定。CPTPP 第 16.8 条规定,因履行该章义务发生的争端,可通过磋商予以解决。为促进成员间的相互理解,或为了处理该章出现的问题,在另一成员提出磋商请求时,一成员应与请求方进行磋商。此规定表明,一旦某一成员提出磋商请求,另一成员必须与之进行磋商,用 CPTPP 的措辞表达,就是被请求方应对请求给予充分和同情的考虑(full and sympathetic consideration)。不过,该条对磋商请求也提出了限制条件,请求方应就有关事项如何影响与缔约方之间的贸易与投资作出说明。

第四节 CPTPP 国有企业与指定垄断规则

CPTPP 首次以专章规制国有企业,模板效应已开始显现。相较于以往自由贸易协定中的国有企业规则,CPTPP 国有企业章节在规制内容上既有继承也有突破,在规制体系上更加完善。[1] CPTPP 在第 17 章"国有企业与指定垄断"中用专章 15 个条款、6 个附件的篇幅设立了国有企业与指定垄断的相关规则,这远远超出了其他自由贸易协定,表现出 CPTPP 成员对国有企业与指定垄断在公平竞争中应扮演的角色的高度重视,也鲜明地展现了相较于欧洲模式、俄罗斯模式,北美模式的竞争政策条款特别注重对国有企业与指定垄断规制的特点。该章除第 17.1 条为定义条款、第 17.2 条界定该章适用范围外,其他条款围绕国有企业与指定垄断制定了授予职权、非歧视待遇、商业考量、非商业性援助、透明度、技术合作和机构设置等方面的规则。

在分析 CPTPP 制定的国有企业与指定垄断具体规则之前,首先需明确根据 CPTPP 第 17.2 条确定的该章相关规则的适用范围。该条用 11 款从正反两方面明确了具体适用范围。CPTPP 第十七章适用于一协定成员的国有企业和指定垄断在自由贸易区内对成员之间的贸易和投资产生影响的活动,也适用于一成员的国有企业对一非成员的市场造成第 17.7 条"不利影响"所规定的不利影响的活动;但本章中任何内容不阻止协定成员中央银行或货币主管机关开展监管或监督活动,或

[1] 参见陈瑶、应力:《CPTPP 国有企业章节的评价与中国应对》,载《宁波大学学报(人文科学版)》2021 年第 2 期。

执行货币和相关信贷政策及汇率政策,不阻止协定成员的金融监管机构对金融服务提供者行使监管或监督权,不阻止协定成员或该协定成员国家企业或国有企业为解散破产中或已破产的金融机构或主要提供金融服务的其他任何企业所从事的活动,也不得阻止一协定成员的国有企业以履行政府职能为目的专门向该成员提供货物或服务;该章的规定不适用于一协定成员的主权财富基金、独立养老基金和独立养老基金拥有或控制的企业、政府采购。第 17.4 条"非歧视待遇和商业考量"、第 17.6 条"非商业性援助"和第 17.10 条"透明度"三条的规定不适用于国有企业与指定垄断在行使政府职权时提供的任何服务。在协定成员依第 9.11 条第 1 款、第 2 款,第 10.7 条第 1 款、第 2 款,第 11.10 条第 1 款、第 2 款规定在投资、跨境服务、金融服务方面采取的与国民待遇和最惠国待遇不符措施时,第 17.4 条规定的国有企业与指定垄断在购买和销售货物或服务时承担的非歧视待遇义务也不适用。

一、授予职权义务

此为 CPTPP 在国有企业与指定垄断方面为协定成员设定的第一项义务。依 CPTPP 第 17.2 条第 9 款的规定,"国有企业与指定垄断"一章并不阻止一协定成员建立或维持国家企业或国有企业,或指定垄断者,因此任何协定成员都可以设立国家企业、国有企业或指定垄断,但应遵守 CPTPP 第 17.3 条所设立的规则。

依 CPTPP 第 17.1 条规定,"国有企业"是指主要从事商业活动,且缔约方在该企业中直接拥有 50%以上的股份资本,通过所有者权益控制 50%以上投票权,或拥有任命过半数董事会或其他同等管理机构成员的权利的企业;"指定垄断"是指在 CPTPP 生效之日后,指定的私营垄断者和缔约方指定或已经指定的任何政府垄断者。"指定"是指建立、指定或授权垄断,或扩大垄断的范围以涵盖额外的货物或服务。"政府垄断"是指由缔约方或由另一政府垄断者所有或通过所有者权益控制的垄断者。

CPTPP 第 17.3 条关于授予职权的规定非常简单,却非常重要,是协定成员履行授予职权义务是履行其他相关义务的基础。该条规定,各协定成员应保证，当其国有企业和指定垄断行使任何该成员指示或授予该实体的任何监管、行政或其他政府职能时，如征收、发放许可、批准商业交易或施加配额、规费或其他费用的权力，该实体应以与该成员在 CPTPP 项下的义务不相抵触的方式行事。

该条规定表明，对一成员的国有企业与指定垄断而言，在其行使政府职能时，其地位如同一成员的政府机构，需要承担一成员在 CPTPP 框架下应承担的义务。

二、非歧视义务

非歧视义务体现在 CPTPP 第 17.4 条，该条规定了协定成员的国有企业和指定垄断在从事商业活动时，在非歧视待遇方面应遵守的具体义务。

CPTPP 第 17.4 条第 1 款首先规定了各协定成员国有企业应承担的非歧视义务。CPTPP 从货物或服务的购买与销售两个方面分别规定了国有企业的非歧视义务。在货物或服务的购买方面，第 17.4 条第 1 款(b)项规定：给予另一成员企业提供的货物或服务的待遇，不低于其给予该成员、任何其他成员或任何非成员企业提供的同类货物或同类服务的待遇；给予该成员领土内涵盖投资的企业提供的货物或服务的待遇，不低于其给予由该成员、任何其他成员或任何非成员的投资者在该成员领土内相关市场上所投资的企业提供的同类货物或同类服务的待遇。在货物或服务的销售方面，第 17.4 条第 1 款(c)项规定：给予另一成员企业的待遇，不低于其给予该成员、其他任何成员或任何非成员的企业的待遇；给予该成员领土内涵盖投资的企业的待遇，不低于其给予由该成员、其他任何成员或任何非成员的投资者在该成员领土内相关市场上所投资的企业提供同类货物或同类服务的待遇。

第 17.4 条第 2 款用与第 1 款几乎完全相同的措辞，规定了各成员指定垄断在购买或销售垄断货物或服务时应承担的非歧视待遇义务。不同的是，第 17.4 条第 2 款多了(d)项，其规定指定垄断不使用其垄断地位直接或间接，包括通过其与母公司、子公司或该成员或指定垄断拥有的其他实体之间的交易，在一成员领土内的非垄断市场上，从事对协定成员之间的贸易与投资产生负面影响的反竞争行为。这意味着指定垄断不仅要在垄断市场上承担非歧视义务,在非垄断市场上也应承担非歧视义务。因此,指定垄断在非歧视待遇方面承担的义务比国有企业为重。

第 17.4 条第 3 款规定了非歧视待遇义务的例外。国有企业和指定垄断可以以包括与价格相关的不同条款或条件购买或销售货物或服务,或拒绝购买或销售货物或服务,只要该差别待遇或拒绝是依照商业考虑做出的。此一规定意味着对国有企业与指定垄断而言,只要其购买或销售货物或服务的行为符合商业考量义务,就可免于考察其行为是否符合非歧视义务。因此,商业考量义务是第一位的,非歧视待遇义务是第二位的。

概括 CPTPP 第 17.4 条关于非歧视义务的规定,CPTPP 主要是要求各成员在国有企业和指定垄断方面给其他成员的企业及企业提供的货物或服务以最惠国待遇和国民待遇,这对一协定成员企业在另一成员境内能在公平竞争的基础上进行商业活动具有重要意义。

三、商业考量义务

如前所述,商业考量(Commercial Considerations)概念源于《关贸总协定》第 17 条。CPTPP 关于商业考量的规定首先体现在第 17.1 条,该条明确了此一概念的含义,然后在第 17.4 条对国有企业与指定垄断承担的商业考量义务作了具体规定。所谓"商业考量",是指价格、质量、可获性、适销性、运输和其他购买或销售的条款和条件,或相关产业或行业的私营企业在商业决策中通常考虑的其他因素。这一解释的前一句与《关贸总协定》第 17 条的措施完全相同,但不同的是,CPTPP 增加了后一句,将私营企业在商业决策中通常考虑的有关因素也作为分析是否符合商业考虑时的参考因素,使得这一定义更具可操作性。

CPTPP 将原仅适用于指定垄断企业的商业考虑义务适用于国有企业。CPTPP 第 17.4 条第 1 款(a)项首先规定了国有企业承担的商业考量义务。该项规定,各协定成员应当保证其国有企业在从事商业活动时,应依商业考量购买、销售货物或者服务,但以与(c)项(ii)目不相抵触的方式履行其公共服务授权中任何条款的情况除外。实际上,这是将 2002 年“加拿大小麦出口和谷物进口措施案”中未被上诉机构采纳的“将商业考虑解释为对国营企业参与国际商业活动施加类似竞争法义务”的美方主张写入协议。[1] 该条第 2 款(a)项规定了指定垄断承担的商业考量义务。该项规定,各协定成员应保证其指定垄断依照商业考量在相关市场购买或销售垄断货物或服务,但以与(b)项、(c)项或(d)项不相抵触的方式履行其指定条款的情况除外。由此可以看出,国有企业与指定垄断在承担商业考量义务方面,与承担非歧视待遇义务一样也存在差异。

CPTPP 将商业考量与非歧视待遇同在第 17.4 条中予以规范,可见此两项义务存在密切的关系。CPTPP 首先规定了国有企业与指定垄断应承担的商业考量义务,再规定其应承担的非歧视义务,并依后者对商业考量义务作了一定的限制,可见商业考量义务更为重要。非歧视待遇的具体实施离不开商业考量,如果国有企业或指定垄断根本不依照商业考量作出决策和参与商业活动,就根本不可能实现 CPTPP 关于非歧视待遇方面的规定,这是 CPTPP 将二者放在一起进行规制的根本原因。非歧视义务要求各成员的国有企业与指定垄断给予另一成员货物、服务的待遇不得低于本国或任何第三方,这意味着有关国有企业与指定垄断在购买、销售货物或服务等商业活动中为了不违反歧视义务,就必须依照价格、质量、可获性、适销性、运输和其他购买或销售的条款和条件、或相关产业或行业的私营企业在商业决策中通常考虑的其他因素作出决策。可以说,商业考量的规定令到非歧视义务具有了更高的可操作性。

四、非商业性援助义务

非商业性援助是 CPTPP 第十七章的核心内容,在为国有企业与指

[1] 参见陈瑶、应力:《CPTPP 国有企业章节的评价与中国应对》,载《宁波大学学报(人文科学版)》2021 年第 2 期。

定垄断设立的授予职权、非歧视待遇、商业考量、非商业性援助、透明度和技术合作这六大义务中,非商业性援助义务花费的笔墨最多。第十七章用第17.6条、第17.7条、第17.8条共3个条款,即占全章五分之一的条款规范非商业性援助问题。其中第17.6条为核心条款,确立了非商业性援助义务的核心规则,第17.7条、第17.8条则分别对第17.6条中涉及的两个重要概念"不利影响""损害"如何理解作了具体、详细和充分的说明。

CPTPP是第一个尝试通过非商业性援助条款以构建专门的、更具针对性的规则体系以处理国有企业补贴问题的自由贸易协定。[1] 该条款一定程度上借鉴了世贸组织《补贴与反补贴措施协议》的相关规则,如对非商业性援助所造成的不利影响(adverse effects)、损害(injury)两个重要概念的界定都与《补贴与反补贴措施协议》的规定相似,但由于CPTPP是从国有企业这一特定角度规范国有企业的补贴问题,其规则体例、适用逻辑、适用范围等与《补贴与反补贴措施协议》存在一定差别。

综合CPTPP第17.6条的规定,CPTPP将其成员应承担的非商业性援助义务归为两大情形,一是协定成员对在其境内的国有企业的非商业性援助义务,二是协定成员对在另一协定成员境内的国有企业的非商业性援助义务,并分别规定了不同的认定条件。

根据CPTPP第17.6条第1款、第2款和第17.7条的规定,在成员对在其境内的国有企业提供援助时,构成非商业性援助应满足以下三项条件。

第一,协定成员通过某种途径对本国国有企业提供了援助。根据CPTPP第17.6条第1款、第2款的规定,提供援助的主体可以是成员政府,也可以是成员的其他国有企业,甚至可以是接受一成员委托或指示的非国有企业。受援助的对象是一成员的国有企业,受援助的具体内容包括该国有企业的货物生产与销售、该国有企业自该成员的领土

---

[1] 参见毛真真:《国有企业补贴国际规则对比研究——从传统补贴规则到非商业支持规则》,载《河北法学》2017年第5期。

向另一成员的领土提供服务、通过作为另一成员或第三成员领土内涵盖投资的企业向该另一成员的领土提供服务三种。

第二,此类援助对另一协定成员的利益造成了不利影响。根据 CPTPP 第 17.7 条的规定,“不利影响”包括替代影响和价格影响两大方面。就替代影响而言,是指接受非商业性援助的一成员国有企业生产和销售的货物,在该成员国内市场上替代或阻碍了另一成员同类货物的进口,或在该成员领土内涵盖投资企业生产的同类货物的销售;或接受非商业性援助的一成员国有企业生产和销售的货物,在另一成员市场上替代或阻碍了该另一成员涵盖投资企业生产的同类商品的销售,或从非成员同类商品的进口;接受非商业性援助的一成员国有企业提供的服务,替代或阻碍了从另一成员或其他成员的服务提供者从该另一成员市场上提供的同类服务。所谓替代或阻碍,根据该条第 2 款的规定,是指已被证明存在不利于同类货物或同类服务的相对市场份额的显著变化的任何情况,该变化必须在可充分表明所涉货物或服务市场发展清晰趋势的一适当代表期内明确显现,通常情况下至少为 1 年。

就价格影响而言,是指获得非商业性援助的一成员国有企业生产或销售的货物、提供的服务在以下方面造成价格大幅削减:(1)在一成员市场上相较于在相同市场上一成员同类货物的进口价格,或作为该成员领土内涵盖投资企业生产的同类货物的价格,或在同一市场上存在显著的价格抑制、价格压低或销售损失;(2)在一非成员市场上相较于在相同市场上另一成员同类货物的进口价格,或在同一市场上存在显著的价格抑制、价格压低或销售损失;(3)由获得非商业性援助的一成员的国有企业在另一成员市场上提供的服务,相较于该另一成员或其他成员的服务提供者在同一市场提供的同类服务,价格大幅削减,或在同一市场上存在显著的价格抑制、价格压低或销售损失。根据该条第 3 款、第 4 款的规定,价格大幅削减包括通过比较该国有企业的货物或服务的价格与同类货物或服务的价格而证明存在该价格削减的任何情况,且价格比较应在相同贸易水平和可比时间进行,并应适当考虑影响价格可比性的因素。

另外,根据该条第5款、第6款的规定,就该条第1款(b)项和第2款(b)而言,不利影响的起因不包括对一国有企业的原始投资,或一成员对主要在该成员领土内从事服务提供的企业控股权益的获取,且在CPTPP签署之前,或在CPTPP签署后的3年内根据CPTPP签署前颁布的法律或承担的合同义务而提供的商业援助,应视为未造成不利影响。

第三,此不利影响与协定成员提供的援助存在因果关系。根据第17.6条第1款的规定,另一成员利益遭受的不利影响,必须是因一成员对其领土内国有企业提供非商业性援助而造成的。该款在注释中进一步明确规定,一成员必须证明被主张的不利影响是由非商业性援助造成的,因此非商业性援助必须以其他可能的致损因素为背景进行审查,以保证适当的归因分析。

根据CPTPP第17.6条第3款和第17.8条的规定,在成员对在其境外的国有企业提供援助时,构成非商业性援助应满足以下三项条件:

第一,向在另一成员境内涵盖投资的国有企业提供了非商业性援助。与前一种情形相同的是,接受援助的对象也只能是国有企业。但不同的是,提供援助的主体只包括国家而不包括国有企业或受委托或指示的非国有企业,援助的范围只包括向该国有企业在另一成员领土内生产或销售的货物和该另一成员的国内产业在该另一成员领土内生产或销售的同类货物,而不包括提供的服务。

第二,对东道国的国内产业造成了损害。根据CPTPP第17.6条第3款的注释,"国内产业"是指同类货物的国内生产商的总体,或集体产量构成同类货物国内总产量的主要部分的国内生产商,但不包括属于涵盖投资并获得该款所指非商业性援助的国有企业。根据CPTPP第17.8条第1款的规定,"损害"包括对一国内产业的实质损害、对一国内产业的实质损害威胁或对建立一国内产业的实质阻碍。该条还对何为实质损害、实质损害威胁作了具体解释,但未解释何谓实质阻碍国内产业的建立。该款还规定,对实质损害的认定应基于肯定性证据,并对相关因素进行客观审查,包括已获得非商业性援助的涵盖投资的产量、此类生产对国内产业生产和销售的同类货物价格的影响,以及此类生产对生产同类货物的国内产业的影响。第17.8条第5款规定，对实质损害威胁的认定应基于事实而非仅基于主张、推测或极小的可能性，对实质损害威胁的认定应特别谨慎，涵盖投资的非商业性援助可能造成损害的情势变化必须可清晰预见且迫在眉睫，且在作出实质损害威胁的认定时，应考虑相关因素以及此类因素作为整体可否得出如下结论，即涵盖投资进一步生产货物是迫近的，且除非采取保护行动，否则实质损害就会发生。

第三，在损害与非商业性援助之间存在因果关系。依CPTPP第17.8条第4款的规定，必须证明涵盖投资生产和销售的货物通过非商业性援助的影响造成了第17.8条意义上的损害。对上述货物与对国内产业的损害之间的因果关系的证明应基于对所有相关证据的审查为根据，应审查除涵盖投资生产的货物以外、同时正在损害国内产业的其他任何已知因素，且不得将此类其他因素造成的损害归因于获得非商业性援助的涵盖投资生产和销售的货物。该款还进一步规定，与此可能有关的因素特别包括所涉市场其他同类货物的数量和价格、需求的减少或消费模式的变化，技术发展以及国内产业的出口实绩和生产力的发展。

从上述分析不难看出，CPTPP非商业性援助规则中的关键概念，如“不利影响”“国内产业”“损害”等，与世贸组织《补贴与反补贴措施协议》中的相关概念高度相似，揭示了其国有企业规则与补贴、反补贴规则间的密切关系。[1] 但两者之间也存在明显的差别，《补贴与反补贴措施协议》只规范成员政府，而CPTPP除规范成员政府外，还规范成员的国有企业甚至非国有企业，从而大大扩展了反补贴协议规制的范围。另外，CPTPP非商业性援助规则简化了《补贴与反补贴措施协议》规定的补贴认定标准，直接省略其中有争议的要素，也扩大了反补贴协议规制的范围。从定义的角度看，CPTPP非商业性援助中对援助的定义基本上借鉴了《补贴与反补贴措施协议》关于补贴定义中财政资助

---

[1] 参见刘瑛：《〈跨太平洋伙伴关系协定〉国有企业章节的中国应对》，载《东方法学》2016年第5期。

的概念,但绕开了中美双反措施案中上诉机构对公共机构的解释认定,直接将其定义下国有企业的指定行为认定为非商业性援助而加以规制,相比较反补贴协议对补贴的认定,CPTPP 非商业性援助涵盖的范围更大。相比于《补贴与反补贴措施协议》中判定补贴是否具有专向性的标准,CPTPP 作为针对国有企业专门制定的补贴规则对专向性认定更为简便,其通过将非商业性援助定义中的“凭借国有企业的政府所有权或控制权”的解释与《补贴与反补贴措施协议》第 2. 1(c)条中事实上的专向性对比联系起来。《补贴与反补贴措施协议》涉及的补贴仅包含某一成员国领土内的货物贸易领域,而 CPTPP 非商业性援助的接受者既包括国内企业,也包括通过海外投资设立的国有企业,且非商业性援助条款还适用于服务贸易领域。

五、透明度义务

透明度义务规定在 CPTPP 第 17. 10 条,该条共 9 款,分别规定了协定成员主动公开相关信息的义务、经请求公开相关信息的义务及请求方的保密义务。该条花费大量笔墨对成员应承担的透明度义务作了具体规定,足可见 CPTPP 对透明度义务的重视。

根据 CPTPP 第 17. 10 条第 1 款、第 2 款的规定,协定成员有义务主动公开涉及国有企业与指定垄断的相关信息。协定成员应在 CPTPP 对其生效后的 6 个月内,向其他成员提供或通过官网公布其国有企业名单,且此后应每年更新;协定成员应迅速向其他成员通报或通过官网公布对垄断的指定或对现有指定垄断范围的扩大及其指定条件。可见,CPTPP 关于公开国有企业名单的义务严于公开指定垄断信息的义务,前者除对公开的时间作了明确限制外,还要求每年都需更新该名单。

CPTPP 第 17. 10 条第 3 款规定了协定成员在其他成员提出请求时公开国有企业与指定垄断关键信息的义务。当另一成员提出书面请求,如果该请求包含要求一成员就其国有企业或指定垄断如何影响成员之间的贸易和投资作出解释,则该成员应迅速提供关于该实体的下述信息:(1)该成员、其国有企业或指定垄断在该实体中累计拥有的股权比例,以及累计持有的投票权比例;(2)对该成员、其国有企业或指定垄断持有的任何特殊股份或特别投票权或其他权利的描述,以显示该权利与该实体的一般普通股份所具权利的差异;(3)在该实体担任管理人员或董事会中任职的任何政府官员的政府头衔;(4)关于该实体最近 3 年的年收入和总资产的可获得的信息;(5)该实体根据成员法律所享有的免责和豁免;(6)关于该实体公开的可获得和该书面请求中寻求的其他额外信息,包括年度财务报备、第三方审计报告。

CPTPP 第 17.10 条第 4—8 款规定了协定成员提供非商业性援助有关信息的义务。其中第 4 款规定,当另一成员提出书面请求,只要该请求包含要求一成员就其采取或维持的非商业性援助的任何政策或计划如何影响、可能影响相互间的贸易或投资作出解释,则该成员应通过书面形式迅速提供相关信息。该成员作出的答复应提供足够具体的信息,第 5 款从两个方面规定了认定信息是否足够具体的标准。一方面,从请求一方角度来看,被请求成员提供的信息可以让请求成员理解政策或计划的运作,并能对之及其对成员之间贸易和投资的影响或潜在影响开展评估。另一方面,从被请求一方角度来看,其提供的信息至少应包含以下内容:在该政策或计划下提供的非商业性援助的形式;提供非商业性援助的政府机关、国有企业或国家企业的名称,已经获得或有资格获得非商业性援助的国有企业名称;提供非商业性援助的政策或计划的法律依据和政策目标;就货物而言,提供非商业性援助的单位金额,如不可能,则提供非商业性援助的预算总额或年度金额;就服务而言,非商业性援助的总额或预算年度额,如可能,说明上一年的总金额;对于以贷款或贷款担保形式提供非商业性援助的政策或计划,提供贷款金额或担保贷款金额、利率和收取的费用;对于以商品或服务形式提供非商业性援助的政策或计划,所收取的价格(如有);对于以权益资本形式提供非商业性援助的政策或计划,提供投资金额、获得股份的数量和说明以及对潜在投资决定进行的任何评估;提供有关政策或计划的期限或附加的任何其他时限;提供可用以对非商业性援助对协定成员间贸易或投资的影响进行评估的统计数据。该条第 7 款还进一步规定,如果被请求成员在书面答复中未就上述要点作出回应,则应在书面答复中就此作出说明。该条第 6 款规定,如果一成员认为其未采取或维持任何符合第 4 款规定的政策或计划,则应就此书面通知请求一方。从上述规定不难看出,CPTPP 对成员实施非商业性援助的政策或计划的透明度提出了极高的要求,充分展现了其严格规制非商业性援助的态度。不过,为了保证对成员实施的非商业性援助的合法性作出准确判断,CPTPP 第 17.10 条第 8 款规定,依据第 5 款和第 7 款提供的信息,并不能使一成员预先判断作为第 4 款下请求对象的援助的法律地位或该援助在本协定项下的影响。

CPTPP 第 17.10 条第 9 款最后规定了请求一方应承担的保密义务。当一成员根据第 17.10 条的请求提供书面信息并通知请求一方,其认为相关信息涉密,则请求一方未经提供信息一方的事先同意,不得披露该涉密信息。

鉴于透明度原则的基本要求,CPTPP 第 17.10 条规定的透明度义务与其第 16.7 条规定的透明度义务有着相似之处,都要求协定成员提供相关数据、公开相关信息,且都规定一成员未经提供相关信息的成员的许可,不得泄露相关涉密信息等。但 CPTPP 第 17.10 条确立的透明度规则更具体、更详细,可操作性也更强。

六、技术合作义务

CPTPP 第 17.11 条规定,各成员应依适当和可获得资源的情况下,开展相互同意的技术合作活动,包括交换成员在改进国有企业公司治理经营方面经验的信息,分享确保国有企业与私人企业之间公平竞争包括竞争中立政策的最佳实践,组织国际研讨会、座谈会或其他任何相关论坛以分享国有企业治理与营运的技术信息和专业知识。

技术合作不是 CPTPP 第十七章规范的重点。从条文的篇幅来看,可以说是该章花费笔墨最少的规定,规范此问题的第 17.11 条只有一款。从规定的法律约束力来看,该条的规定几乎没有约束力,虽然规定了进行技术合作的三个方面,但成员是否进行这些技术合作,该条规定了“在适当情况下”和“取决于成员可获得的资源”两项约束条件,因此对一成员而言,完全可以不具备适当条件或没有可获得的资源为由而不开展任何技术合作。不过,与 CPTPP 第十六章“竞争政策”没有设立技术合作条款相比,第十七章考虑到协定成员的多样性和国有企业与指定垄断问题的复杂性,在 CPTPP 第 17. 11 条制定了技术合作规则,这对协定中的发展中成员履行相关义务还是有所帮助,也反映出 CPTPP 更注重对国有企业与指定垄断的规制。

七、机构设置

与第十六章不同,CPTPP 第十七章除就国有企业与指定垄断设定实体规则外,还在第 17. 12 条规定设立"国有企业与指定垄断委员会",这也突出表明其更为重视对国有企业与指定垄断的规制。

CPTPP 第 17. 12 条规定,设立由全体成员组成的国有企业与指定垄断委员会,并履行四项职能:(1)审议和考虑第十七章的实施与运用情况;(2)应一成员请求,对第十七章项下产生的任何事项进行磋商;(3)酌情开展合作努力,以在自由贸易内促进第十七章规则所体现的原则,并为在两个或两个以上成员参加的其他区域和多边机构中制定类似原则的发展做出贡献;(4)开展该委员会可能同意的其他活动。上述规定表明,国有企业与指定垄断委员会可以充当多种角色,它可以是一个审议机构,可以是一个发展机构,可以是一个合作机构,还可以是一个争端解决机构。

八、例外规定

CPTPP 除规定各成员在国有企业与指定垄断方面承担上述各项义务外,还在第 17. 13 条和相关附件中规定了上述义务的例外,这使得该章的规定保有一定的灵活性,以适应协定成员的多样性而产生的特别需求。这些例外概括起来包括两大类别:一是一般例外,即适用所有上述义务的例外;二是国别例外,即根据成员的具体情况而给予的特别照顾。

对于非歧视待遇义务、商业考量义务而言,CPTPP 第 17. 4 条、第 17. 6 条的规定不得解释为妨碍任何成员采取或实施措施,以临时应对全国或全球经济紧急状况,或适用于一成员为应对全国或全球经济紧急状况而在紧急状况期间对其临时采取或实施措施的国有企业。对非歧视待遇义务、商业考量义务而言,第 17.4 条第 1 款的规定不适用于国有企业根据政府授权提供金融服务,如所提供的金融服务支持出口或进口或支持该成员领土之外的私人投资,但该服务无意取代商业融资或提供的条件不优于从商业市场上获得类似金融服务的条件,或在安排的范围之内以与安排相一致的条件提供。

对非商业性援助而言,如金融服务提供所在地一成员要求建立本地存在以提供此类服务,国有企业根据政府授权提供金融服务应视为不造成第 17.6 条第 1 款(b)项、(c)项和第 17.6 条第 2 款(b)项、(c)项所指的不利影响,如该金融服务支持出口或进口或者支持该成员领土之外的私人投资,且该服务无意取代商业融资或提供的条件不优于从商业市场上获得类似金融服务的条件,或在安排的范围之内以与安排相一致的条件提供。CPTPP 第 17.6 条不适用于因其丧失抵押品赎回权或与债务违约有关的类似行为,或与第 2 款和第 3 款所指金融服务提供相联系的国有企业对保险索赔支付,而由一成员的国有企业临时取得其所有权的位于该缔约方领土之外的企业。如该成员及其国有企业在临时所有期间向该企业提供的任何支持均是为收回该国有企业根据重组或清算计划而进行的投资,而该计划将导致企业股权的最终过户。

第 17.13 条第 5 款还规定,第 17.4 条设定的非歧视待遇义务和商业考量义务、第 17.6 条设定的非商业性援助义务、第 17.10 条设定的透明度义务及第 17.12 条设定的国有企业与指定垄断委员会义务不适用于一国有企业或指定垄断,如果该国有企业或指定垄断在前三个连续的财务年度中的任何一年,自商业活动获得的年度收入低于依照附件 17-A 计算的门槛金额。

除一般例外之外,第十七章还在相关条款的注释和附件 17-D、17-E、17-F 中规定有国别例外,允许特定成员在特定情形下不履行相关义务,通过这些国别例外的规定,限缩了 CPTPP 国有企业与指定垄断规则创设的义务,满足了各成员的特殊需求。

九、关于争端解决

与 CPTPP 第十六章明确排除协定第二十八章“争端解决”的适用而规定采用磋商解决相关争端相比，其第十七章没有排除第二十八章的适用，且第 17.12 条、第 17.15 条及附件 17-B 的规定涉及争端解决问题。

根据 CPTPP 第 17.12 条的规定，协定成员因履行第十七章项下所产生的各种争端，可首先在国有企业与指定垄断委员会框架下通过磋商解决。因为该条款赋予国有企业与指定垄断委员会的职责之一就是应任一成员的请求，对该章项下产生的任何事项进行磋商。在该章项下产生的任何事项，当然包括因履行相关义务而发生的争端，因此国有企业与指定垄断委员会有义务就成员履行第十七章义务发生的所有争端，采用磋商的方法予以解决。

CPTPP 第 28.3 条“范围”第 1 款规定，除 CPTPP 另有规定外，应适用第二十八章的规定解决相关争端，而第十七章并没有排除协定第二十八章的适用，因此第十七章项下发生的争端应适用协定第二十八章的规定予以解决。CPTPP 第二十八章规定的争端解决方式包括磋商和斡旋、调停与调解及专家组程序，且专家组裁决对成员具有法律约束力，因此第十七章设定的义务，其法律约束力远远强于第十六章。还应特别注意的是，第 17.15 条和附件 17-B 还明确规定，如果设立专家组解决依第 17.4 条和第 17.6 条提起的争端，则争端各方可依附件 17-B 第 2—4 款规定的程序交换书面文件，从而获得与争端解决相关但无法从其他渠道获得的信息，以帮助专家组顺利解决相关争端。这些规定从争端解决程序方面充分显示了 CPTPP 对国有企业与指定垄断规则的重视。

第五节　对自由贸易协定竞争政策规则的发展

作为对自由贸易协定的一次重大升级，CPTPP 对之前的自由贸易协定竞争政策规则作出了重大发展,这反映了贸易自由化水平提高后国际贸易法的新发展,在一定程度上代表了自由贸易协定竞争政策议题未来的发展方向。

一、竞争政策规则的民主化

随着《威斯特伐利亚和约》的签订与国家主权原则的确立,国际关系民主化的要求随之显现,各界开始呼吁将民主及民主理论引入国际法领域。[1] “二战”结束后,特别是20世纪80年代后,随着国际法制的逐步完善,民主已成为国际法的基本价值观。当今经济全球化以前所未有的深度、广度从多方面改变着人类生活。全球性联系要求民主化的国际合作,全球性问题需要民主化的国际协调,全球性问题挑战呼唤民主化的解决方式。于是,民主化成为当代国际关系发展的基本趋势。[2] 在此背景下,国际社会对区域贸易协定也提出了民主化的要求,作为国内政治制度的民主,被逐步移植到作为国际法制一部分的区域贸易协定之中。[3]

CPTPP的竞争政策议题相关规则较好地体现了民主化理念。这首先表现在其关于透明度的规定。透明度义务是CPTPP竞争政策规则的核心之一,其除在第二十六章就透明度问题作了一般性规定外,还在第十六章、第十七章中分别就国内竞争执法与国有企业及指定垄断中的透明度问题作了具体规定。第16.7条关于更新竞争法律与政策的数据库、公布相关竞争法信息、有关裁决和裁定都应当出版或通过其他方式公开的规定,都是为了提高成员竞争执法的透明度;第17.10条关于公布成员国有企业的名单、提供有关国有企业或指定垄断的相关信息等规定,表明CPTPP成员希望通过相关信息的公开,对各成员国有企业的营运进行有效的监督,防止其利用国有企业的优势地位获得

---

[1] See Susan Marks, *The Riddle of All Constitutions: International Law, Democracy, and the Critique of Ideology*, Oxford University Press, 2003, p. 1.

[2] 参见房广顺、高宁:《国际关系民主化与国际法》,载《国际问题研究》2006年第4期。

[3] 参见钟立国:《区域贸易协定争端解决机制:理论及其条约法实践》,上海人民出版社2014年版,第86页。

不正当的竞争利益。

民主化理念其次表现在CPTPP关于竞争执法程序公正的要求上。为了保证成员竞争主管机关调查结果的公正性,CPTPP对调查程序作了较严格的规定:成员应确保在对违反竞争法律的行为者作出处罚时,由律师出庭代理为其辩护以及提交相关证据,对证人作交叉质询,对执法过程中使用的证据进行审查、辩驳;成员应建立或维持书面程序,以指引其竞争主管机关反竞争调查的进行;成员应为因违反国内竞争法而受制裁的企业提供复审或救济的机会,以保证裁决的公正性、合法性。CPTPP的上述规定表明,其要求在反竞争调查过程中,应给被调查方有充分地阐述自己观点的机会,并能通过相关程序维护自己的合法利益,而不是由缔约方国内竞争主管机关独自决定调查结果。

在《北美自由贸易协定》中,竞争政策议题并不是其规范的主要对象,因此内容较为简单,没有在透明度、程序公正方面作出具体规定。但随着时间的推移,一方面国际法制面临的民主化压力越来越大,另一方面竞争政策议题在自由贸易协定中也变得越来越重要,因此CPTPP花费了较大篇幅制定相关规则,对成员竞争执法提出了程序公正与透明度两方面的要求。这既是为了满足国际立法民主化的要求,也是为了保证各成员国竞争执法的公正、合理。

民主化理念还体现在反垄断诉讼中对私人诉权的保护。私人诉权,是指商业或财产遭受违反竞争法行为损害的私人,在违法行为得到认定后,向法院或独立法庭寻求补偿的权利,私人诉权是对国内竞争法公共执法的重要补充。反垄断的私人诉讼制度源于美国。[1] 1890年颁布的《谢尔曼法》最先对反垄断私人诉讼制度给予了规定,而后1914年颁布的《克莱顿法》对该制度给予了一定的补充和完善,从而使得该项制度在美国得以广泛运用并对世界各国产生了一定的影响。早在1961年,欧洲议会的《迪林格报告》就建议私人诉讼对于欧共体竞争法

[1] 参见谷帆凯:《反垄断私人诉讼制度的必要性分析》,载《政法学刊》2011年第4期。

的实施不仅是可取的,而且是必要的。[1] 其实,由于对公共实施有较大的依赖,20 世纪 90 年代以前,各国对于反垄断私人诉讼并没有给予太多的关注。在美国主导下达成的 TPP 为了促进国内竞争法的有效执行或实施的民主性,而将国内反垄断的诉讼制度引入到该协定之中,并称为“私人诉权”。CPTPP 第 16.3 条强调了赋予私人以诉权的重要性,要求每一成员应采用或维持此类法律或其他措施,为私人提供此一权利,并规定在私人诉权方面给予另一成员私人的权利不得低于该成员给予本国私人的权利,以防止出现对外国私人的歧视。这是私人权利条款第一次被写入自由贸易协定之中,为提高成员各国竞争执法的合理性、有效性打下了良好的基础。

二、竞争政策议题地位的提升

签订自由贸易协定的目的是消除贸易壁垒、令货物与服务在国家间自由流动最终达到经济一体化,虽然其一体化的程度不及关税同盟,但也需要协调成员之间的竞争政策,规制成员之间跨国的限制竞争行为,保证贸易与投资的自由化,保证区域内经济一体化的逐步实现,且对发展中国家成员来说,还可以避免受到国际卡特尔、垄断等行为造成的损害。因此,在当代各国签订的自由贸易协定中,竞争政策议题具有越来越重要的地位,相关协定对竞争政策的协调规则也越来越具体、详细,对成员的法律约束力也越来越强。

在当今各国签订的自由贸易协定中,竞争政策议题可以说受到了广泛的重视,已经成为其不可或缺的一部分。如前所述,根据世贸组织的统计,截至 2020 年 8 月,当前仍然有效的实体自由贸易区为 260 项,其中 206 项纳入了竞争政策议题,占比 79.2%。《北美自由贸易协定》是纳入竞争政策议题的自由贸易协定中影响最大的自由贸易协定,在其影响下,许多国家在签订自由贸易协定时将竞争政策纳入其规范的范围。

---

[1] 参见万宗瓒:《欧盟反垄断私人诉讼制度的最新发展及启示》,载《法学杂志》2013 年第 7 期。

在CPTPP之前,竞争政策条款较为完善的自由贸易协定是2010年欧盟与韩国签署的《欧盟—韩国自由贸易协定》。《欧盟—韩国自由贸易协定》的竞争政策条款规定在第十一章,分为两部分。第一部分就竞争政策问题作了具体规定,共8个条款,包括原则、定义、实施、企业和国有企业的专有权或者特殊权利、国家垄断、合作、咨询、争端解决机制;第二部分共7个条款,规范补贴问题,包括原则、补贴的定义、禁止的补贴、透明度、与世贸组织协定的关系、监督与复审、范围等,内容非常全面。该协定既对成员国内竞争法进行了协调,也对成员竞争执法机构之间的合作作了明确的规定。一方面,该协定对欧盟与韩国各自的竞争法作出了限制性规定,要求协定成员的国内竞争法必须对企业间协议、滥用支配地位和企业集中此三种限制竞争行为进行规制,这反映了欧共体/欧盟反垄断法的传统。德国联邦卡特尔局局长沃尔先生曾指出,一部现代竞争法的基础支柱一般包括规范合同性的限制竞争即卡特尔、对占市场支配地位企业的滥用、市场支配地位行为的监督以及企业合并控制的规范。[1] 另一方面,《欧盟—韩国自由贸易协定》要求协定成员的竞争执法机构之间应进行有效的合作,具体义务包括执法合作、通知、协调与交换非机密信息等。

概括现有自由贸易协定竞争条款的相关规定,自由贸易协定竞争政策规范的内容主要包括国内竞争法的协调、竞争执法的协调与合作、国有企业与指定垄断、消费者保护、国家援助五大方面的内容。这些规则与关税同盟的竞争政策相比,如与欧共体/欧盟的竞争政策规则相比,存在重大差别。这种差别表现三个方面:其一,欧共体/欧盟制定了统一实体竞争法规范,协调了成员国的竞争法,各成员国在制定其竞争法时必须遵守诸如《欧洲经济共同体条约》第85条、第86条、第91条的相关规定。其二,欧共体/欧盟设立了实施竞争政策的专门机构。欧共体/欧盟委员会作为实施竞争政策的主要机构,负责竞争政策规则的执行与实施。为此,欧共体/欧盟委员会下设竞争总司(Directorate

---

[1] 参见[德]D.沃尔:《德国竞争法的经验》,载王晓晔编:《反垄断法与市场经济:中德反垄断法比较研讨会》,法律出版社1998年版。

General),具体负责竞争政策的实施,享有调查权、处理决定权、处罚权等。其三,欧共体/欧盟建立了欧洲法院,其相关裁决在成员国能得到有效执行,强有力的争端解决机制保证了统一竞争法规则的有效实施。欧洲法院一方面通过判例解释、适用欧共体/欧盟竞争政策,另一方面通过行使先予裁决权,指导成员国法院实施欧共体/欧盟竞争政策,以保证竞争政策在所有成员国得到统一、一致的实施与执行。自由贸易协定较少协调其成员的实体竞争法规则,也没有如欧洲法院一样的司法机构以保证相关规则得到有效的遵守。两者间之所以出现如此巨大的差别,主要原因在于自由贸易区与关税同盟在经济一体化程度上有着巨大的差距,其对协调竞争法的需要远没有关税同盟那么高。

但是,随着自由贸易协定贸易投资自由化的逐步深化,竞争政策议题在自由贸易协定中扮演着越来越重要的角色。竞争政策被纳入自由贸易协定后,有利于加强缔约国间竞争立法与执法的协调与合作,将会更好地推动缔约双方市场经济的健康发展及自由贸易协定贸易自由化利益的实现。

CPTPP 作为当今贸易投资自由化水平最高的自由贸易协定,虽然其规范竞争政策的主要内容与《北美自由贸易协定》相比并没有变化,重点规范成员国内的竞争执法与国有企业及指定垄断两大问题,但在具体规则及规范的范围方面,对《北美自由贸易协定》以来竞争政策规则作出了较大的发展,提高了竞争政策议题在自由贸易协定中的地位。

CPTPP 提升竞争政策议题地位的第一个表现,就是竞争政策议题在章节体例方面的变化。作为第一个正式规范竞争政策议题的自由贸易协定,《北美自由贸易协定》在第十五章用一章共 5 条的篇幅制定了北美自由贸易区的竞争政策规则,条款数少,内容也较简单。从第十五章所处的位置来看,竞争政策议题是作为与投资、服务相关的议题出现在该协定的第五部分。在 CPTPP 中,竞争政策议题摆脱了附属议题的地位,而与历来受自由贸易协定重视的政府采购议题一样,成为自由贸易协定独立规制的议题。更明显的变化是,竞争政策议题在《北美自由贸易协定》中只用了一章的篇幅,而 CPTPP 用两章的篇幅,对竞争政策议题的两大核心问题作了更具体、详细的规定。

CPTPP 提升竞争政策议题地位的第二个表现，就是竞争政策规则的内容更为丰富。如前所述，《北美自由贸易协定》竞争政策条款总共只有 5 条，第 1501 条规定了贸易与竞争的联系，并对各国如何积极合作作出了规定，属于宣示性条款；第 1502 条、第 1503 条用较大篇幅对国有企业与指定垄断问题进行规制；第 1504 条属于机构条款，规定应建立一个贸易与竞争工作组；第 1505 条则是定义条款，对该章所涉关键概念作出解释。概括《北美自由贸易协定》4 个实质性条款的规定，共确立了成员的六大义务：采用与维持国内竞争法的义务；竞争执法的协调与合作义务；禁止利用协定一般争端解决机制的义务；正当行使指定垄断义务；保证国家企业正当营运的义务；设立贸易与竞争工作组的义务。此六大义务可分为两类，采用与维持国内竞争法、竞争执法的协调与合作属于“协调成员国内竞争执法”的范围；正当行使指定垄断、保证国家企业正当营运属于“国家企业与指定垄断”的范围。对 CPTPP 而言，第十六章规制的属于“协调成员国内竞争执法”方面的内容，除规定了协定成员应承担《北美自由贸易协定》设立的上述两大义务外，还增设了程序公正与保护私人诉权义务、保护消费者义务、透明度义务三大义务。在国有企业与指定垄断方面，与《北美自由贸易协定》只有两个条文相比，CPTPP 共用了 15 个条文、6 个附件制定相关规范，不仅对《北美自由贸易协定》已涉及的授予职权义务、商业考量义务、非歧视义务作了非常详细、具体的规定，设立了具体的认定标准，还增设了非商业性援助义务与透明度义务。这些规定，既扩大了 CPTPP 成员在此方面的义务范围，也极大地提高了相关条款的可操作性。

CPTPP 提升竞争政策议题的第三个表现，就是改变了之前自由贸易协定不允许竞争政策条款之下发生的争议使用协定一般争端解决机制的态度，提高了竞争政策规则的法律约束力。CPTPP 之前各国签订的自由贸易协定大多明确规定，因履行竞争政策条款发生的争议，一般规定只能通过磋商解决，不能适用自由贸易协定设立的争端解决机制。如《北美自由贸易协定》第 1501 条第 3 款明确定，各成员国不得将在该章框架下产生的争议，诉诸协定第二十章规定的争端解决机制；《欧盟—韩国自由贸易协定》第 11.8 条也明确规定，任何成员不得将本章项下产生的争议诉诸本协定第十四章规定的争端解决机制，这表明协定成员不愿受竞争政策条款义务的硬性约束。而CPTPP在此方面则有所突破，虽然其第十六章也明确规定禁止将该章项下发生的争端诉诸第二十八章的争端解决机制，但第十七章却允许将该章项下发生的争端适用协定第二十八章的争端解决程序予以解决。

三、成员义务的具体化

与之前的自由贸易协定，特别是与《北美自由贸易协定》相比，CPTPP在反限制竞争行为和国有企业与指定垄断方面制定的规则更加具体、细致，内容也更为丰富。

CPTPP在“国有企业与指定垄断”一章中，对规制对象作了更明确具体的规定。其他自由贸易协定对何谓国有企业、指定垄断通常不作解释，《北美自由贸易协定》将其规制对象称为“国家企业”（state enterprises），而所谓国家企业是指由一成员拥有或通过所有权利益控制的企业，但未能明确所有权控制的具体认定标准；CPTPP将其规制对象称为“国有企业”（state-owned enterprises），是指在一成员境内主要从事商业活动的企业，且成员直接拥有超过50%的股份资本，或通过所有权利益行使超过50%的投票权控制该企业，或拥有任命企业董事会或类似管理机构多数成员的权利。CPTPP的规定为其成员判断某一企业是否为国有企业确定了明确的认定标准，有利于相关规则得到更有效的执行。

在成员应承担的具体义务方面，CPTPP在承继《北美自由贸易协定》商业考量义务的基础上，新提出了非商业性援助义务和技术合作义务。如果说商业考量义务是针对国有企业的规定，要求国有企业所作出的经营决策均基于商业考量的话，那么非商业性援助义务则是针对协定成员政府作出的规定。《北美自由贸易协定》只规定了商业考量义务，即只对企业的营运提出了要求，没有对企业的所有权人即成员政府提出要求，规制的效果有限。CPTPP将商业考量义务与非商业性援助义务结合在一起，能较好地规制国有企业的营运，使国有企业更像私营商业企业一样在商业基础上运作，避免国有企业获取不正当的竞争优势。

在技术合作方面，之前签订的自由贸易协定如《北美自由贸易协定》只是要求各成员竞争执法机构应在竞争执法方面加强合作，相互间提供法律援助、交换信息及进行磋商。CPTPP 在《北美自由贸易协定》规定的竞争执法合作的基础上，将合作义务的范围扩展至国有企业。在当代签订的许多南北型、南南型自由贸易协定中，都在竞争政策条款中设立了技术援助或技术合作条款，以帮助发展中国家尽快设立竞争法律、维持竞争政策的有效执行。如《欧盟—智利自由贸易协定》《澳大利亚—智利自由贸易协定》《秘鲁—智利自由贸易协定》等均有此类规定。CPTPP 借鉴《北美自由贸易协定》及其他自由贸易协定在此方面取得的经验，除在第 16.4 条要求协定成员及其竞争执法机构就竞争执法问题进行合作外，还在第 17.11 条对成员间在国有企业治理与营运方面的技术合作义务提出了三点要求，包括交流相关经验、分享政策方法的最佳实践及分享国有企业公司治理和经营的技术信息与专业知识。CPTPP 将技术合作义务同时适用于竞争执法与国有企业的治理与营运，是对《北美自由贸易协定》及其他自由贸易协定此方面规定的一大发展，有利于 CPTPP 发展中国家成员竞争政策的制定与维持，以及国有企业的治理与营运。

为了保证成员国内竞争执法程序及执法结果的公正性，CPTPP 第十六章在此方面作了新的规定，第 16.2 条规定了协定成员在竞争执法中的正当程序义务，第 16.3 条规定了私人诉权义务。前者要求协定成员的竞争执法机构在执法过程中要做到公开、透明并给被调查人合理的辩驳机会，以保证执法程序的公正性；后者第一次将私人诉权引入自由贸易协定之中，利用私人诉权补充公共执法可能存在的不足，以保证竞争执法结果的公正性。

第四章　欧盟竞争政策及其可借鉴的经验

依照《关贸总协定》第 24 条的规定,区域贸易协定可分为关税同盟与自由贸易区两类。作为关税同盟,欧共体在其设立之初,即在 1951 年 4 月 18 日签订的《巴黎条约》第 65 条、第 66 条针对反竞争协议和企业集中制定了具体规则。在 1957 年 3 月 25 日签订的《罗马条约》第 85 条、第 86 条、第 90 条针对私人限制竞争行为和政府对竞争的限制制定了具体规则,并成为欧共体竞争政策的核心渊源。随着《罗马条约》于 1958 年 1 月 1 日生效,欧洲经济共同体创立,欧洲开始了一体化进程。其中,竞争政策发挥了远远超出其他任何条件下所发挥的作用与影响。[1] 竞争政策在欧共体/欧盟的成功,对自由贸易协定如何利用竞争政策以保证其有效运作具有诸多可借鉴的经验。

第一节　欧盟竞争政策的目标

作为关税同盟,欧盟竞争政策的目标与自由贸易协定既有相似之处,也有着重大差别。除具有自由贸易协定竞争政策的一般目标外,欧盟竞争政策还需为设立与维护欧洲单一市场服务。有学者在评论美国《反托拉斯法》时说,直到我们能够给企业一个明确的答案,告诉他们

[1] 参见[美]戴维·J. 格伯尔:《二十世纪欧洲的法律与竞争》,冯克利、魏志梅译,中国社会科学出版社 2004 年版,第 416 页。

什么是法的要义,以及什么是它的目标时,《反托拉斯法》才能称得上是理性的。[1] 因此,理性研究欧盟竞争政策的前提,就是明确何为其创设目标,并通过其目标发展之演变来了解欧盟竞争政策体系内的价值顺位。

欧共体委员会在其关于欧共体竞争政策的第九个报告中,曾明确阐述过欧共体竞争政策的目的。该报告明确指出,欧共体竞争政策是为了防止通过分割市场和建立出口障碍等限制竞争的方式重建1958年被拆除了的成员国之间的疆界;而消费者和企业也可以从竞争政策得到好处:消费者可以在任何成员国以最低价格购买商品,企业可以自由进入共同体市场。[2]

一、建立与维护欧盟市场的统一

通过建立统一内部市场全面提高欧洲内部的福祉是欧盟创设的目标之一,欧盟竞争法成为实现这一目标的重要手段。随着成员国的不断增加,统一市场成为欧盟竞争政策的主要特征,欧盟竞争政策的目标明确为维持市场的竞争性以及统一的内部市场,促进消费者福利以及提高相关的分配效率。[3] 欧盟竞争政策是各成员国为了保证建成一个单一市场而部分让渡国家主权的结果,欧盟竞争政策的首要任务是推动建立统一的共同体市场,但这一目标并没有直接写入欧盟的基础条约、条例或指令之中,而是体现在相关条款语言之中。

经过欧洲经济共同体设立后几年时间的发展,竞争政策成为其法律体系的核心内容。在逐渐形成的欧洲经济共同体法律体系中,竞争政策成为其"支柱",常被用来打破贸易壁垒,为经济发展创立条件。[4] 欧盟委员会和欧盟法院用它来推动一体化进程,尤其是在政治

[1] 参见李恩汉:《论欧盟竞争法的目标》,载《学理论》2014年第22期。

[2] 参见王晓晔:《多元化目的——欧共体竞争法目的和任务评述》,载《国际贸易》2001年第9期。

[3] 参见何仁平:《竞争法和贸易救济法功能定位之厘清——以〈欧盟外国补贴白皮书〉为核心》,载《国际经济法学刊》2021年第4期。

[4] 参见[美]戴维·J.格伯尔:《全球竞争:法律、市场和全球化》,陈若鸿译,中国法制出版社2012年版,第206页。

动机弱化的时期。

建立与维护欧盟统一市场之所以成为欧盟的首要目标,在于各类限制竞争行为会侵蚀成员国削减关税等各类措施所取得的成果。《巴黎条约》第 65 条和第 66 条分别对禁止反竞争协议、集中和滥用经济权力等行为进行了规制,这些规则成为 6 年后起草的《罗马条约》的类似规定的参照文本。人们在评价《巴黎条约》的相关规定时认为,起草第 65 条和第 66 条的理由,只能部分从起草者执着地坚持把竞争作为一种经济生活方式的角度来理解。或许更重要的是,起草者所关心的是如果允许卡特尔(以及产业集中)发展,它们可能会变成共同体中真正的政治权力,并可能构成对共同体主权的挑战。[1] 从上述评述不难看出,从建立欧洲煤钢共同体之时起,条约起草者即已预见到,要实现欧洲统一市场的建立最重要的是通过对各类反竞争行为的规制,以防止此类行为削弱欧洲煤钢共同体的权力。

欧共体理事会《理事会关于企业之间并购控制条例》(以下简称第 4064/89 号条例)指出,"为了实现条约的关于建立欧洲经济共同体的总目标,条约第 3 条 f 款委托共同体的任务是'建立一个使共同体市场内的竞争不受歪曲的制度',这个目标主要是在 1992 年之前实现一个统一的内部市场以及在今后发展这个市场"。欧盟竞争政策将建立统一的共同体市场视为竞争政策的首要目的,其与成员国竞争法的最大不同之处就是在违法行为的构成要件中增加了一个"损害成员国之间的贸易"的条件,或者被称为"国际贸易"要件。根据《欧共体条约》第 81 条第 1 款的规定,被禁止的协议、决议或者协调一致的行为是那些"可能影响成员国之间的贸易,并且具有妨碍、限制或者歪曲共同体市场的目的或者具有这种后果"的行为;《欧共体条约》第 82 条同样规定,一种滥用市场支配地位的行为,如果"可能影响成员国之间的贸易,从而与共同体市场不协调",得被予以禁止;欧共体理事会第 4064/89 号条例和取代该条例的《关于企业集中控制的理事会第 139/2004 号条

[1] 参见[美]戴维·J. 格伯尔:《二十世纪欧洲的法律与竞争》,冯克利、魏志梅译,中国社会科学出版社 2004 年版,第 420 页。

例》(以下简称第139/2004号条例)均明确规定,该条例仅适用于具有共同体意义的企业合并,如果一个企业合并仅是对某个成员国的市场竞争产生影响,这个合并应当适用成员国的竞争法。[1]

为了建立欧洲单一大市场,《欧共体条约》不仅以相当数量的条款规定了货物、人员、服务和资金在欧共体内自由流动的原则,还规定了共同体内必须要建立一个使竞争不受扭曲的制度,以保证共同体内的货物、人员、服务和资金的自由流动不受人为的限制。维护共同体内的有效竞争不仅需要消除成员国之间的关税壁垒和各种非关税的贸易障碍如配额限制,而且还必须消除成员国以及成员国企业的限制竞争实践。很明显,如果允许成员国对本国的出口产品给予国家补贴,或者允许成员国的私人企业建立出口卡特尔,通过成员国政府之间的谈判而开放了的共同体市场就会因为这些国家的或者企业的限制竞争行为而重新被关闭起来。如果一个成员国内生产同类产品的企业相互结成了卡特尔,排斥外国的进口产品,这种卡特尔对成员国之间国际贸易所造成的影响就如同国家间提高关税或者实行配额限制的后果一样。因此,建立一个统一的共同体市场的前提条件是这个市场内部实现真正的有效竞争。这说明,竞争虽然不能代表共同体市场,但是,没有竞争就没有共同体市场。[2] 为此,《欧共体条约》第81条至第86条对私人限制竞争行为进行了规制,而第87条至第89条对国家援助即国家限制竞争行为进行了规制。

2000年欧盟委员会对法国足协滥用市场支配地位的裁决可以很好地说明竞争政策在统一共同市场方面可发挥的重要作用。1998年在法国举办的世界杯足球赛中,法国足协出售比赛门票时,仅对法国人提供邮购的方式,从而对其他成员国的公民实施了歧视待遇。根据《欧

---

[1] 参见王晓晔:《多元化目的——欧共体竞争法目的和任务评述》,载《国际贸易》2001年第9期。

[2] 参见王晓晔:《多元化目的——欧共体竞争法目的和任务评述》,载《国际贸易》2001年第9期。

共体条约》第 82 条，欧盟委员会对法国足协象征性地罚款 1000 欧元。[1] 该案件是欧盟委员会在竞争政策领域迄今为止最小的案件。从竞争政策的角度看，这个案件虽然远不及欧盟委员会 2000 年初审查的美国在线与时代华纳公司之间的合并以及英国沃达丰公司与德国曼内斯曼公司之间的合并那么重要，但由于足球赛的门票制度受到欧共体足球爱好者的普遍关注，因而该裁决产生了巨大影响，同时还展现出欧盟竞争政策比欧盟其他任何制度都能更有效地干预市场，从而在建立统一的共同体市场的过程中发挥着极其重要的作用。[2]

二、维护欧盟统一市场的有效竞争

欧共体/欧盟竞争政策的第二个任务是维护共同体市场的有效竞争。欧共体/欧盟竞争政策的所有规定都体现了它们在维护共同体市场有效竞争方面的重要使命。例如，根据《欧共体条约》第 81 条第 1 款的规定，作为违法的协议、决议以及协调行为，其事实构成不仅包括损害成员国之间的“国际贸易”这一条件，而且还要求“具有妨碍、限制或者扭曲共同体市场竞争的目的，或者能够产生这种后果”。欧共体理事会 1989 年第 4064/89 号条例在这个方面也非常明确地表示，鉴于其第 3—6 条指出，通过企业合并打破成员国之间的国界，现在和将来对共同体内部的企业会产生显著的结构变化。应当欢迎这个发展，因为这是一个生气勃勃的竞争结果，可以由此提高欧洲产业的竞争力，改善发展条件，提高欧共体内部的生活水准。然而，必须要保证，结构调整的过程不能长期损害竞争。因此，欧共体法必须制定关于企业合并的规则，目的是保护欧共体市场及其重大部分的有效竞争不受损害。《欧共体条约》第 81 条和第 82 条虽然根据欧洲法院的判决可以适用于一定的企业合并，但它们不足以规范根据条约要求建立的使竞争不受扭曲

---

[1] See EC: *Commission Decision of* 20 July 1999 *Relating to a Proceeding under Article* 82 *of the EC Treaty and Article* 54 *of the EEA Agreement*, [2000] OJ L 5/55.

[2] 参见王晓晔：《多元化目的——欧共体竞争法目的和任务评述》，载《国际贸易》2001 年第 9 期。

的制度不相适应的所有合并。

从经济学的角度看,实现欧共体市场内的有效竞争虽然是欧共体竞争政策的目的,但它们不是最终的目的。根据学者的观点,欧共体建立保护竞争的制度之初是为了实现以下根本目的:

一是提高欧共体企业经济效益。欧共体委员会在其关于欧共体竞争政策的许多年度报告中已经强调指出,有效竞争是维护共同体市场得以健康和协调发展并且不断提高共同体企业国际竞争力的前提条件。这说明,欧共体竞争法不仅承担着建立和维护欧共体市场的重要使命,而且还应当在提高欧共体企业的经济效益方面发挥重要的作用。当然,这里关于经济效益的理解是以微观经济为出发点的,即这些效益从方法论上是来自个人主义。然而,正如亚当·斯密指出的,市场竞争如同一只看不见的手,它在为个人创造幸福的时候,同时创造了整个社会的福利。因此,从这个意义上也可以说,竞争是发展社会生产力的强大推进器。

二是推动欧共体经济民主和政治民主。学者认为,市场经济和竞争绝不仅是为了提高企业的效率以及提高社会福利,而且还与自由和民主有着密切的关系。欧洲近现代历史的经验已经证明,一个社会如果只有市场经济而没有自由,这样的社会事实上不是市场经济。因此,欧共体特别注重维护共同体内的政治民主和经济民主。因为只有通过竞争才能限制经济势力以及由此产生的社会势力和政治势力,而且也只有在竞争的条件下,一种经济势力才不会成为垄断势力永久性地存在下去。保护竞争的法律制度在维护一个国家的政治民主和经济民主的过程中就会发挥极其重要的作用。出于这种考虑,欧共体竞争政策除考虑企业的经济效率外,还非常注重公平和机会平等的原则,从而也注重保护中小企业和消费者的利益。从这一目标出发,欧共体竞争政策不允许成员国对其国有企业以及享受特权或者专有权的企业采取某些违反条约的特别是违反条约中竞争规则的措施。此外,欧共体竞争政策原则上也不允许成员国采取国家补贴的手段及对个别企业或者个别生产部门给予特殊的优惠,以致妨碍其他企业参与公平竞争。

为推动经济民主,欧共体竞争政策在扶持中小企业方面也有许多重要的规定，特别是考虑中小企业在市场竞争中处于弱者的地位。为了使广大中小企业能够取得参与市场竞争的机会，《欧共体条约》第 82 条规定了对占市场支配地位的企业实行滥用监督的法律制度。欧共体理事会以及委员会还在推动中小企业参与市场竞争方面发布了许多相关的条例。[1]

从上述分析不难看出，欧共体/欧盟竞争政策第二目标，在于通过维护竞争效率达到维护经济效率的目的。欧盟委员会在《关于竞争政策的第二十三次报告》中阐明了如下观点：实际上，刺激经济增长、增强经济的竞争力、促进就业，从来就是竞争政策存在的理由。竞争优化资源的配置，鼓励科研的发展、创新和投资。就是通过这种机制，资源和就业才能从不景气的生产领域被引导到朝阳产业。竞争的这项传统的作用，在近年来成倍地增强了：一方面，竞争政策对欧洲内部大市场的建设作出了很大的贡献，内部市场的建成将创造出更多的就业机会，能够实现经济增长、加强经济的竞争力；另一方面，竞争政策又是欧盟产业政策的核心。欧盟委员会的优先任务之一便是通过一个透明的政策和高效的决策方便企业的结合行为和相互之间的合作行为，只要这些行为不危及到有效竞争和市场的活力。企业的结合有助于经济结构的重组，而企业间的合作行为有益于发展具有重要意义的规模经济。规模经济有利于产品质量的改进，技术开发以及将其成果转化为生产力，从而利于企业开拓新的市场。在为数繁多的行业领域，对市场结构的竞争政策分析应该置于日益发展的世界一体化的大范畴内。当依据竞争规则对企业间合作行为进行评价时，企业间合作创造的效率与它们所处的实际竞争环境之间的平衡是应该加以考虑的一个主要的因素。[2]

如在雷诺与沃尔沃并购案中，作为以制造汽车为主的法国雷诺公司与瑞典的沃尔沃公司为了能够在汽车、卡车及客车市场进行合作，达

[1] 参见王晓晔：《多元化目的——欧共体竞争法目的和任务评述》，载《国际贸易》2001 年第 9 期。

[2] See European Commission, *XXIIIrd Report on Competition Policy* 1993, Office for Official Publications of the European Communities, 1994, p. 22-23.

成了相互持股的协议。欧共体委员会明确指出，相互持有股份的行为即属于欧盟竞争政策所指的合并。尽管两个公司当时在共同体市场已经占有很高的市场份额，但欧共体委员会仍然批准了此并购案。尽管欧共体委员会在该案中没有直接论及国际竞争问题，但对照欧洲的汽车工业正面临美国和日本汽车工业激烈竞争的基本事实，不难发现该案的决定完全是出于提高欧洲汽车工业作为一个整体在国际汽车市场中的竞争实力这一产业政策考虑的。[1] 这是因为，雷诺公司与沃尔沃公司相互持股，不仅涉及共同体市场内部竞争的问题，还涉及共同体市场外部的竞争问题，该合并有助于改善共同体汽车的生产，推动共同体汽车生产技术的进步，因此欧共体委员会豁免了该项并购案。

三、增进消费者福利

欧盟竞争政策应以增进消费者福利为本位，是随着欧盟竞争政策的现代化而提出的，主要体现在《执行〈欧共体条约〉第 81 条和第 82 条竞争规则的第 1/2003 号条例》(以下简称第 1/2003 条例)之中，该条例将竞争政策的目标从为统一市场服务转移到对效率与消费者福利的关注。在 2004 年之前，欧盟竞争政策公布了两个目标：一是保护竞争过程不受限制，二是推进欧洲一体化。市场一体化的目标是欧盟竞争政策发展中的关键，许多权威案例都表明了竞争政策的这一特征，后来这一目标的重要性逐渐褪色。保护竞争的概念则随着时间而不断演化，从最初受正统思想和经验的影响，重点打击经济势力，因为经济势力扭曲了市场的运作。到 20 世纪 60 年代末期起，"有效竞争"的概念开始发挥影响力，重点关注经济自由。但随着第 1/2003 号条例于 2002 年 12 月 16 日公布并于 2004 年 5 月 1 日生效，欧盟竞争政策开始实行"现行化"，其标志之一就是竞争政策的目标被缩窄。以往欧盟判例法发展出的目标是，竞争政策既要保护竞争过程，又要促进欧洲经济一体化。新的竞争政策理念则确定了一个中心目标，即新古典经济学意义

---

[1] See European Commission, *Non-Opposition to a Notified Concentration* (*Case No IV/M004—Renault/Volvo*), [1990] OJ C281/2.

上的“消费者福利”。[1] 但这并不是说，在第1/2003号条例实施之前，增进消费者福利并不是欧盟竞争政策的目标之一，只是在此之前，欧盟委员会及欧洲法院将其重点放在前两个目标的实现。

增进消费者福利的目标，可以在欧共体条约中找到依据。在保护消费者权益方面，欧共体竞争政策中最重要的规定是《欧共体条约》第81条第3款。根据此一条款，一个限制竞争协议如果要得到豁免，除其他前提条件外，它不仅得能够改善产品的生产或销售，能够促进技术或者经济进步，而且应当能够使消费者从中得到一个公平的好处。消费者应当得到的公平好处虽然还没有通过欧共体立法或者司法实践发展成为消费者的某种具体权利，但是已经成为欧共体委员会决定是否对限制竞争协议给予豁免的一个重要考量。

时任欧盟竞争事务委员的Mario Monti在2000年所做的题为“21世纪的欧洲竞争政策”的演讲中是这样描述当时欧盟的竞争政策：欧盟，特别是欧盟委员会，已在竞争领域拥有如此广泛的权力，以确保条约所秉持的“自由、竞争、开放的市场经济”原则的适用。自此项原则被采纳40多年之后，条约认识到市场和竞争的最根本角色乃保障消费者福利，鼓励资源的优化配置，并适当激励经济主体去追求生产效率、产品质量和技术创新。我个人认为，这种开放的市场经济原则并不意味着对市场运作机制无条件地信仰与崇拜。相反，为了维护这些机制的运作，更需要公共权力郑重的承诺以及自我的约束。[2]

早在1966年关于Grundig一案的判决中，欧洲法院就指出，竞争政策的一个特别目的就是禁止分割市场，维护同一品牌产品的竞争。因为只有在市场统一的条件下，欧共体的消费者才能买到他们所需要的产品，而不管这些产品的原产地和销售场所。法院在判决中驳回了原告以知识产权为由而提出的禁止平行进口的请求，并且由此确立了许

---

[1] 参见[美]戴维·J.格伯尔：《全球竞争：法律、市场和全球化》，陈若鸿译，中国法制出版社2012年版，第207-208、219页。

[2] See Mario Monti, *European Competition Policy for the 21st Century*, European Commission(Oct. 20,2000), http://europa.eu/rapid/press-release_SPEECH-00-389_en.htm.

可证协议中的限制竞争条款得服从《欧共体条约》第 81 条第 1 款关于禁止卡特尔的规定,除非它们根据《欧共体条约》第 81 条第 3 款可以得到欧共体委员会的豁免。1988 年赫司特股份公司诉欧共体委员会一案的判决中也指出,欧共体竞争政策包括实体法和程序法,其目的都是出于公共利益、企业利益和消费者利益而保护竞争不受歪曲。竞争政策中的消费者利益主要是指消费者选择商品和自主交易的权利。因为限制竞争实际上就是限制了消费者选择商品的权利,所以可以说,竞争政策中的任何规定都是消费者权益保护法。例如,禁止卡特尔的规定有利于降低产品的价格,扩大消费者选择的可能性;控制企业合并可以保证市场上有多个竞争者,从而有利于维护消费者自主交易的权利。欧共体内防止经济过度集中的政策和保证中小企业有机会参与竞争的政策,其最终目的也都是给消费者更多选择的机会。此外,竞争政策中存在关于对占市场支配地位的企业或者垄断企业滥用市场支配地位进行监督的规定,其目的是防止这些企业滥用它们的经济优势剥削消费者。因此,这些规定更是直接的消费者权益保护法。因为消费者的利益与市场竞争有着极为密切的关系,欧共体委员会的裁决或者欧洲法院的判决中也常常涉及消费者的保护问题。[1]

1994 年欧洲法院关于 BEUC 诉欧盟委员会一案的判决也是一起引人注目的保护消费者的判决。BEUC 作为欧洲最大的消费者协会,1992 年曾要求欧盟委员会调查一起欧洲某些汽车销售商达成的共同抵制销售日本汽车的反竞争协议,因为这个协议虽然有利于欧洲汽车生产商,却不利于欧洲的消费者。然而,欧盟委员会对这个协议不仅不调查,而且还提出委员会不认为按照消费者的请求依据竞争政策对这个协议的调查会符合欧盟的利益。在这种情况下,BEUC 向欧洲法院提起诉讼。欧洲法院在其判决中明确指出,消费者组织请求欧盟委员会根据竞争政策对这种协议进行调查,这不仅有利于维护消费者的合

[1] 参见王晓晔:《多元化目的——欧共体竞争法目的和任务评述》,载《国际贸易》2001 年第 9 期。

法权益,而且也符合欧盟的利益。[1]

为进一步加强对消费者的保护,旨在应对大规模侵害案件的消费者集体救济制度在欧盟于1998年正式起步,已渐趋成熟。2018年欧盟发布“一揽子”“消费者新政”,其中包括保护消费者集体利益的代表人诉讼指令提案。[2] 该提案扩张了消费者集体救济诉讼的适用范围,明确了发起诉讼的主体资格,增加了确认之诉和损害赔偿之诉,扩张了集体救济诉讼的判决效力,赋予了集体救济诉讼中断时效期限的效力,增加了被告对其掌控证据的披露义务。

第二节 欧盟竞争政策的实体规则

欧盟成员国通过谈判达成的消除贸易壁垒的成果,在实施中可能会受到一定的阻碍。这种阻碍来自两大方面:一是作为市场主体的企业设置的各种私人性质的障碍,如占市场支配性地位的企业,或者不占支配性地位的企业通过相互间的联合协议达成一致,对国内和国外市场实行不同价格或者交易条件。其实际效果与进口关税或者进行配额限制并没有什么区别。二是成员国对特定行业领域或者特定企业给予的国家援助,这些援助或补贴具有消解优胜劣汰的市场机制的效果,并使其他成员国竞争对手实质上处于不平等的竞争地位。因此,为了设立、维护共同市场就需要对此类行为予以规制。欧盟竞争政策正是从以上两大方面着手,通过消除共同市场上成员国政府以及成员国企业的限制竞争行为,维护有效竞争和共同市场的统一。

一、对企业限制竞争行为的规制

《欧洲联盟运行条约》第101条、第102条对各类企业限制竞争的

---

[1] See Case T-37/92, BEUC and NCC v. Commission, [1994] ECR II-285.

[2] 参见苏号朋、姚敏:《欧盟消费者集体救济的最新发展及其对中国的借鉴意义》,载《西藏民族大学学报(哲学社会科学版)》2019年第1期。

行为作出了具体规定，其中，第 101 条规范企业间的限制竞争协议，第 102 条规范滥用支配地位。

（一）企业间限制竞争协议

企业间限制竞争协议，作为对市场竞争危害最严重和最普遍的限制竞争行为，形态隐秘，违法行为难以判断。如何合理认定协议中是否存在限制竞争的作用，已经成为当下创新合作中亟待解决的关键问题。[1] 欧盟对此问题历来非常重视，《欧洲联盟运行条约》第 101 条第 1 款规定，一切可能影响成员国间的贸易，且其目标或结果会阻碍、限制或扭曲共同市场竞争的企业间协议、企业联合组织的决议和一致行动，均被视为与共同市场不相容而被禁止，尤其是以下行为：(1) 直接或间接地固定购买价格或销售价格，或限定交易的其他条件；(2) 对生产、销售、技术开发和投资进行限制或控制；(3) 划分市场或供应来源；(4) 以不平等的条件适用于贸易伙伴所履行的同等义务，使贸易伙伴因此在竞争中处于不利地位；(5) 以其他缔约方接受附加义务为条件缔结合同，而这些条件本质上说或者根据商业惯例与此等合同的主题无关。该条采取了概括定义式与典型例举式相结合的立法设计手段，既便于以后在实践中实施机构能享有一定幅度的自由裁量权，又对企业行为进行合理引导，减少自由裁量造成的法律适用的不确定性。

根据《欧洲联盟运行条例》第 101 条第 1 款的规定，企业间限制竞争的协议可分为横向限制竞争协议和纵向限制竞争协议。横向限制竞争协议，又称水平限制竞争协议，是指在产品生产、销售过程中，同一层次的经营者之间的协议，如生产或销售同一类产品或提供同类服务的生产商之间的协议，或者销售商之间的协议。这种同行竞争者之间达成的明示或默示的协议，往往很容易形成市场垄断。这类典型的协议行为如固定价格、生产限额、划分市场，这种分割市场的行为与市场一体化的目标明显背道而驰。纵向限制竞争协议是指市场上不同的生产营销阶段的企业之间达成的协议，这些企业在产品的生产或者销售过

[1] 参见徐骁枫、孟晓非：《欧盟目的限制竞争协议认定的分析方法研究》，载《德国研究》2020 年第 3 期。

程中存在一定的上下游关系。与横向限制竞争协议不同,纵向限制竞争协议的特点是协议企业双方具有互补性,而在一国国内市场中,这种协议对竞争的破坏力也并不明显,因而这种限制竞争协议起初并不那么引人注意。但要建立欧洲统一大市场,对纵向限制竞争协议的规范就相当重要。因为这种纵向限制竞争协议极易导致新的贸易壁垒的产生。概括而言,纵向协议可能含有下列限制性规定:独家销售或独家购买协议,即处于上游生产阶段的企业在多个处于下游生产阶段的竞争性需求者之中,只能固定向其中的一个企业提供其产品;或者处于下游生产阶段的企业在多个处于上游的生产阶段的竞争性的供货者之中,只能固定从其中一个企业购买产品。选择性销售协议,即生产商对销售商的经营资格施加独特的限制。生产商对其产品的销售规定一般的条件,只对达到条件的销售商提供产品,而这些经批准的销售商只能直接向消费者销售,或向其他被选择范围内的销售商转售产品,而不得向这个范围以外的经营者转售。特许协议,即特许企业容许被许可企业使用自己所拥有的知识产权或是技术、企业形象,但同时对被许可企业的经营方式进行监控,从而使其与自己的经营方式相一致。转售价格限制,包括固定价格、限制最低或最高销售价格等。

概括而言,根据《欧洲联盟运行条约》第 101 条第 1 款的规定,违反该禁止性规定的行为应当满足以下三项构成要件:

第一,该行为涉及企业的某种形式的联合行动。该行为的主体是"企业"(undertaking),但对于"企业"的概念,欧盟相关条约并没有明确规定。从欧洲法院的判决中可以看出,企业的范围非常广泛。欧洲法院曾在判例中将"企业"界定为"由人员、有形和无形财产构成,具有独立的法律资格,并追求一个特定的长期经济目标的组织","每一个从事经济活动的实体,无论其法律地位以及筹资方式如何"。[1] 欧洲法院在界定该概念时,使用的是"追求……经济目标的组织",而不是"追求……目标的经济组织"。可见,立法是从行为的性质而不是行为

[1] See Case 19/61, Mannesman v. High Autority, [1962] ECR 357, 371; Case C-41/90, Höfner and Elser v. Macrotron GmbH, [1990] ECR I-01979.

主体的性质对企业予以界定的。国家行政机构的经济性目标行为，将不会因为机构本身的行政性质而改变其适用该条约的规定；而私人公司的非经济性目标行为也不会因为公司的经营性质而使其适用该条约的规定。在 Höfner and Elser 案中，欧洲法院在判决中指出，"关于竞争政策中企业概念，首先，要注意企业是包括所有的从事经济活动的实体，而不管它们的法律地位和筹资方式。其次，职业介绍是一种经济活动。这种活动通常委托给国家机构的事实不能否认这种活动的经济性质。现在从事职业介绍的不总是而且永不必然是国家机构。职业介绍的国家机构只是特别适合于行政部门的人员录用。因此，这里的结论是，从适用共同体竞争规则的目的出发，一个机关例如从事商业性职业介绍的国家机关可以被视为企业"。[1] 在 2002 年的一个判例中，法院就将从事运送急救和日常病人的德国 Glockner 公司视为"企业"，尽管该公司的财源一部分来自当地政府，一部分来自保险公司。[2]

第二，这种企业行为能够影响成员国之间的贸易。一般认为，只有当协议行为含有跨国因素时，如存在生产要素的跨国流动，涉及多个成员国企业时，才会影响成员国之间的贸易，对共同市场产生影响；而如果该行为和主体只限于一个国家，则不会产生对成员国之间贸易的影响。然而，经过长期的实践，欧盟委员会认为，必须根据该款条约规定的目的，或者说本质的意图，来理解"影响"的含义。条约本质的意图应该是促进与保护共同市场贸易的自由流动，使之不受限制竞争行为的阻碍。因此，一旦发生限制竞争的行为改变了产品流动强度和方向，人为将其从自然的、通常的轨道上转开，正常的竞争条件发生显著变化，则可认定为具有相应"影响"。欧洲法院在 Grundig 案中对此进行了补充，指出规定《欧共体条约》第 81 条第 1 款的目的，是要在共同体竞争政策与成员国竞争法之间确立一条界线，即确定共同体竞争政策的适用范围。判断协议是否存在限制竞争的效果，要看其是否足以对

---

[1] See Case C-41/90, Höfner and Elser v. Macrotron GmbH, [1990] ECR I-01979.

[2] See Case C-475/99, Firma Ambulanz Glöckner v. Landkreis Südwestpfalz, [2001] ECR 726.

成员国间的贸易自由构成威胁,直接或间接地、真实或潜在地危害成员国之间构建共同市场目标的实现。这种影响不必是已实际发生的,只要对比设想未受限制竞争的影响时的市场供求、市场结构等状况,考虑是否产生了相应影响的可能。[1] 在欧盟委员会看来,几乎任何行为,只要对市场条件和结构产生了可见的影响,并且所涉企业规模超过一定的水平,都会对成员国间贸易产生影响。当事人如果企图否认这一点,应负举证责任。因此,有时候即使一个具有明显国内性质的协议,仍可以影响成员国间贸易而适用该规定。共同体企业与域外企业,或域外企业之间的协议,可能其影响只及于一个成员国,但如果其结果是减少了第三国的服务或产品向共同体的进口,也可能受《欧洲联盟运行条约》管辖,如限制向共同市场进口的合同条款就是如此。这种宽泛的解释,使共同体竞争政策实施机构获得了较大的管辖权,增加了共同体竞争政策的适用范围和适用概率,为欧洲共同市场的统一发挥了重大作用。

第三,具有限制竞争的目的或效果。限制竞争的方式,欧盟竞争政策概括为"阻止、限制或扭曲"。阻止竞争,是指停止竞争或排除竞争;限制竞争,是指减弱竞争的锋芒或者在量上、地域上减少竞争;扭曲竞争,主要是指破坏正常的竞争条件,使市场竞争者处于不平等的竞争地位。不过总体而言,这些行为都具有共同的特点,就是限制了企业生产或者经营的自主权。限制竞争的"目的"与"效果"之间的差别主要在时间上:在许多方面,依目的审查协议类似于事先审查,即审查它的预期效果而不是实际后果;而依其效果或者说后果审查是事后审查。在理论上,理查德·威什(Richard Whish)教授等人提出以"目的分析框架"理论为基础,包括一系列目的是限制竞争的"特定有害"协议,认为如果某一协议落入"特定有害"协议的范围,就会被视为非常"显著"地落入《欧洲联盟运行条约》第 101 条第 1 款所指的具有"限制竞争目

[1] See Case 56/64, Consten SaRL and Grundig GmbH v. Commission, [1966] ECR 00299.

的"的协议。[1] 在一些案件中,尤其是企业间协议较早地通报给了欧盟委员会,欧盟委员会在考虑是批准豁免还是给予否定证明时,就要通过协议文本来考虑其协议目的或是可能出现的实际后果,若存在限制竞争的情况,则不会被批准。

《欧洲联盟运行条约》第 101 条第 2 款规定,"依照本条规定被禁止的协议或决定自动无效(automatically void)"。自动无效,是指所涉条款没有任何效力,自始无效,不需要国内法院或者委员会的任何决定查明它是否与《欧洲联盟运行条约》第 101 条第 1 款的规定相抵触。不过协议、决定是否无效总需要有一个机构确认。实践中,欧盟委员会由于负责执行《欧洲联盟运行条约》第 101 条而有权确认无效;欧洲法院和普通法院由于负责审理不服欧盟委员会处理而提起诉讼的竞争案件,以及对由成员国国内法院请求解释欧盟法律而行使先予裁决权,因此也有确认权。此外,由于《欧洲联盟运行条约》第 101 条具有直接适用效力,因此成员国国内法院也可以确认。

出于提高社会经济效率以及促进新兴行业和产业发展等考虑,《欧洲联盟运行条约》第 101 条第 3 款对一些特殊的限制竞争协议的行为作出了豁免规定。根据该条款规定,适用豁免应满足 4 个条件:(1)有利于改善产品的生产或销售,或者有利于促进技术和经济的进步。实践中的一些限制性竞争协议并不必然只有限制竞争的不利影响,也可以有积极的作用。如生产商对销售商的一些经营模式上要求,能够提升该产品的服务质量;同类产品企业关于产品适用同一标志或者统一型号的标准化卡特尔,可以有利于提高卡特尔成员的生产率,并推动竞争。(2)消费者能公平地分享由此产生的利益。消费者获得利益,不仅表现为企业通过限制竞争可以降低产品的价格,还可以表现为因保护环境等进行产品开发得到的好处。不一定要求消费者已经从限制竞争中得到了现实的利益,只要有足够大的可能性使其得到好处即可。(3)为实现上述目的的限制竞争是绝对必要的。限制竞争协议豁免的

---

[1] See Richard Whish & David Bailey, *Competition Law*, 8th edition, Oxford University Press, 2015, p. 124-126.

授予,要考虑限制竞争的适当性和必要性。如果上述有关改善生产或者销售,促进技术或者经济进步的目的可以通过非限制竞争的措施或者通过程度较小的限制竞争措施实现,则不会被授予豁免。(4)这种限制竞争不能使企业有可能在相关产品的重要部分消除竞争。换言之,如果因为一个限制竞争协议导致与该协议相关的整个市场,或者该市场的一个主要部分的竞争已经实质上不可能展开,则该协议不能得到豁免。因此,整体而言,对限制竞争协议的豁免是以必要为条件,以促进经济发展和消费者利益为目的,有条件地豁免部分市场竞争而不是允许消除市场竞争。

根据《欧洲联盟运行条约》第 103 条的授权,欧盟委员会有权根据上述条款的规定,对限制竞争的协议进行审查并予以豁免。然而,由于其人力物力有限,而随着欧洲一体化的深入和共同体市场的不断扩大,这类申请审批的"供需"矛盾日益扩大。为了给当事人的法律行为提供可预见性并减轻欧盟委员会的工作负担,欧盟委员会根据理事会的授权开始对特殊的限制竞争协议进行集体豁免。迄今为止,欧盟委员会已经发布了十多项集体豁免条例。

(二)滥用市场支配地位

市场自由竞争导致的优胜劣汰以及特定行业的自然属性,将使部分企业自然地获得市场支配性地位。欧盟竞争政策并不禁止企业支配地位的获得与存在,而只是禁止企业滥用该种优势地位,欧盟竞争政策旨在管制独占者的市场力量,而不是市场结构本身。

规制滥用市场支配地位的核心条款是《欧洲联盟运行条约》第 102 条。该条采取了与第 101 条相同的结构,即先给出一个概括式的定义,再列举典型行为。该条第 1 款规定,一个或多个企业滥用其在共同市场或在共同市场的一个重大部分占有的支配地位,如果可能损害成员国之间的贸易,则该行为将被视为与共同市场不相容而得被禁止;该条第 2 款列举了 4 种典型的滥用支配地位的行为:(1)以直接或间接方式强行规定收购或销售价格或其他不公平的贸易条件;(2)限制生产、销售或技术发展从而损害消费者利益;(3)对与其他商业伙伴的相同交易适用不同的条件,从而使其在竞争中处于不利地位;(4)以其他缔约方接受附加义务为条件缔结合同,这些条件从其本质上说或者根据商业惯例与此行合同的主题无关。

根据《欧洲联盟运行条约》第 102 条第 1 款的规定,构成滥用市场支配地位的行为应满足三个要件:

第一,行为主体是一个或多个在共同体市场上、或者在共同体市场的一个重大部分上取得了支配性优势地位的企业。这里关注的是行为主体的市场势力,而不是企业规模。《欧洲联盟运行条约》第 102 条并没有对"市场支配地位"做出进一步的阐述,但欧盟委员会和欧盟法院普遍认为,应该结合《欧洲联盟运行条约》规定的联盟的任务加以解释。《欧洲联盟运行条约》第 3 条 g 款规定,共同体的任务是要"建立一个旨在确保共同市场内不受扭曲的竞争制度"。从维护共同市场的有效竞争的目标看,占市场支配地位的企业若是能够规避市场竞争压力,为所欲为地采取各种自我经营策略,能够完全以符合自我利益的方式影响市场的竞争条件,则应被视为是拥有支配性地位的企业。欧共体委员会曾在 1972 年的大陆罐头(Continental Can)一案的裁决中指出,"如果企业有能力独立行为,即他们在行为时可以不考虑竞争者、买方和供货方的情况,他们就是处于市场支配地位的企业。如果企业凭借其市场份额,或者凭借其与技术秘密或者与取得原材料和自己的渠道以及与其他重大优势,例如商标权等相关的市场份额,能够决定相关产品一个重大部分的价格,或者控制其市场或者销售,这就存在市场支配地位。这并不是说这个势力必然剥夺市场上其他参与者的经营自由,而是说它强大到足以在总体上保证这个企业市场行为的基本独立性,即使这个势力在不同的市场部分有着不同强度的影响"。[1] 欧洲法院在 1976 年的联合商标(United Brands)一案中也指出,"市场支配地位是指一个企业拥有一定经济实力的地位,这种地位可以使这个企业有能力在相当程度上独立于它的竞争者、客户和最终消费者而行为,

---

[1] See Case 6-72 R, Europemballage Corporation and Continental Can Company Inc. v. Commission, [1972] ECR 00157.

从而妨碍相关市场的有效竞争”。[1] 因此,对于处于该地位的企业来说,不是竞争支配这些企业,而是这些企业支配市场竞争。

第二,企业存在滥用其市场支配地位的行为。《欧洲联盟运行条约》第102条第2款以列举的方式,指出4种滥用支配地位的行为,这些行为从性质上可以分为两类。一类是剥削性的滥用,又称剥夺性滥用。一方面,占市场支配地位的企业因为不受市场竞争的制约,从而可以对其交易的对手提出不公平的交易条件,如提出超高价格、不合理附加条件等;另一方面,由于独占者不存在技术革新等的外在竞争压力,可能导致经济运行效率降低。另一类滥用行为是妨碍性滥用,又称排斥性滥用,是指占市场支配地位的企业为了维护直接的市场支配地位,或者为了进一步加强这个地位,或者为了将其市场支配地位扩大到相邻市场上,而凭借已经取得的市场优势排挤竞争对手,阻碍竞争对手与其公平竞争,或者阻止潜在的竞争者进入市场。换言之,占支配地位企业不得利用其支配地位将现有的较弱的竞争者排挤出去,或者增加潜在竞争者进入的市场的难度。需要说明的是,这类排斥性行为如果不是由占支配地位的企业实施的,而是非支配企业实施的,就完全可能是合法行为,正是由于实施者的特殊地位,竞争政策才需要对其进行监管。

第三,这种滥用行为损害了欧盟成员国之间的贸易。这点的判断标准与《欧洲联盟运行条约》第101条一样。根据1962年《欧共体理事会关于实施条约第81条和第82条的第17号条例》第1条的规定,《欧共体条约》第82条(《欧洲联盟运行条约》第102条)在成员国有着直接适用的效力,对于第82条意义上的滥用行为,成员国的反垄断主管机关或者法院可以直接适用这个条款而不需要欧共体委员会事先作出裁决。然而,与第101条不同的是,第102条不存在豁免的特殊情况。因此,当一个占市场支配地位的企业订立了限制竞争协议时,第101条和第102条可以对其并行适用,但适用后者则要严厉得多。所以,

---

[1] See Case 27-76 R, United Brands Company and United Brands Continentaal BV v. Commission of the European Communities, [1976] ECR 00425.

《欧洲联盟运行条约》第 102 条被视为欧盟竞争政策武器库中的重型火炮。

违反第 102 条规定滥用市场地位的法律后果与违反第 101 条限制竞争协议是相同的，均为自动无效。

（三）企业集中

最早对企业集中进行规制的是《巴黎条约》第 66 条关于集中控制及滥用经济势力的规定。依第 66 条，无论是通过合并、取得企业股份或重要资产、贷款、合同还是借助于任何其他手段，只要直接或间接导致企业之间经济权力集中，且有关企业之一属于共同体成员企业，则属于应受管制范畴，应事先向委员会申报、取得授权方可完成并购。经济势力集中主要表现为，有关企业或个人能够决定价格，控制或限制生产或销售，在相当部分市场上阻碍有效集中，建立一种人为的特权地位，以获取产品供应或在有关市场上占重大优势。不过由于《巴黎条约》仅适用于煤钢产业，而且在其实施的最初 5 年该条款很少被援引，在这一时期委员会也未禁止过任何并购，因此《巴黎条约》的经验仅起到很少的借鉴作用。随着共同体市场贸易阻碍的逐渐破除，成员国之间跨国并购现象不断增多。20 世纪 70 年代，欧共体委员会和欧洲法院不得不通过变通适用《罗马条约》的第 86 条，将其扩充解释为包括合并和联营交易来填补空白，从而对企业集中的案件进行管制。1989 年，欧共体部长理事会通过了第 4064/89 号条例，授予委员会集中对具有“共同体规模”（Community dimension）的并购行使并购管制权，旨在为那些具有重大跨国效果的并购提供一站式的“同一竞争规则”的审查。第 4064/89 号条例的实施结束了欧共体委员会和欧洲法院继续援引《欧共体条约》第 85 条、第 86 条对企业集中进行规范的历史，从而确立了欧共体管制并购行为的唯一标准。此后，第 4064/89 号条例又历经了 1997 年的细节性修改和 2004 年的改革。第 4064/89 号条例在序言中指出，集中是永久性地改变有关企业结构的行为，其中第 3 条进行了具体解释，指出企业集中是指原先相互独立的两个或两个以上的企业合并，或者控制了至少一个企业的自然人，或者一个或者多个企业通过购买股份或财产,通过订立合同或通过其他直接、间接的方法,取得对另一个或多个其他企业的全部或部分的控制。此外,如果一个合营企业长期具备独立经济实体的所有功能,那么它的设立也构成一项集中。

根据上述规定,集中行为发生在两家或多家彼此独立的企业之间,如果本属于一个企业集团的两家公司发生的集中,则不属于竞争政策规范的范围。由个人或不从事经济活动的法律实体控制另一家或多家企业,才属于该规则意义上的“集中”。由此可见,集中行为包括合并和控制两种类型。1998 年欧盟委员会发布的关于集中概念的通告中指出,合并的形式有三种:两个或两个以上的企业通过协议而实行合并,旧企业被新创设的企业所取代;一个企业的股票或资产被其他企业全部收购,即一企业兼并其他企业,收购企业保留其法律实体,被兼并企业法律实体消灭;事实合并,即在缺乏合并形式,独立企业之间的联合活动导致一个单独经济单位实际上失去独立地位而称为有关企业的附属。这种情况特别表现在双方仍保持各自的法律人格,通过合同建立起共同的经济管理,事实上导致有关企业融合成一个真正的共同经济单位。

控制的情况则比较复杂。实践中通常根据有关个人和企业是否对目标企业拥有股权或所有权等财产上的权利,以及对目标企业是否具有决定性的影响予以判断。[1] 第 4064/89 号条例还对一些不具有集中性质的控制行为作出了规定,包括由金融机构对企业的暂时持股、企业破产清算时清算人对破产财产的控制以及由投资基金获得的控制。

由于企业的集中并不必然导致对有效竞争秩序的破坏,竞争政策并没有一概对其进行禁止,而是采取合理原则判断是否应干预。欧盟委员会认为,共同体法只需要对那些严重损害共同体市场或者该市场重大部分的有效竞争的企业集中进行干预。[2] 市场情况的复杂多样,不可能由立法机构制定简单标准划一的限制制度,因此在监控企业集

---

[1] 参见邵景春:《欧洲联盟的法律与制度》,人民法院出版社 1999 年版,第 466-468 页。

[2] 参见刘丽:《论欧盟控制企业集中立法改革对我国的启示》,载《岭南学刊》2013 年第 3 期。

中方面，欧盟制定了一套程序制度，要求达到一定共同体规模的集中，在达成协议、宣告概括招标或者获得控制股权后，必须进行事先申报，由欧盟委员会审批决定是否批准。根据第139/2004号条例，欧盟委员会在评价竞争行为时，应考虑：(1)所有相关市场的结构，来自位于共同体内或共同体外企业的实际或潜在的竞争以及其他因素，在共同市场内维持和发展有效竞争的需要；(2)所涉企业的市场地位以及经济和财源能力，供应商和消费者可用的替代物，企业获得关于或者进行销售的渠道，市场进入的任何法律的或者其他的障碍，所涉货物和服务的供求变化趋势，中间商和最终消费者的兴趣，以及技术与经济发展的进步等。欧盟委员会应当以维持欧盟有效竞争为原则，对上述两方面因素进行考察，检查其是否存在扭曲竞争的行为，尤其是是否存在产生或者加强市场支配地位而将显著损害共同市场或者共同市场的重要部分的有效竞争，否则就应当宣告其与共同市场不相容而予以否定。

对于不按条例规定进行申报的，第139/2004号条例第14条、第15条专门作出了罚款规定。如果符合申报条件的自然人及企业、企业协会故意或者过失地提供虚假、不完整或误导性信息，或未在规定期限内提供信息，或者拒不服从条例规定的实施检查决定，或者启封被委员会依法查封的物件，将被处以总销售额1%的罚款；如果符合申报条件的自然人及企业、企业协会故意或者过失地在执行集中之前未进行申报，或者违规执行集中，或者所执行的集中被委员会宣告为与共同市场不相容，或未依照委员会决定的要求采取措施，或者未遵守委员会做出决定中的附加条件和义务，则将应处以总销售额10%的罚款。委员会还可以通过决定对获得控制的集中行为给予日罚款，即从决定所确定的日期起，每迟延一个工作日，征收不超过起日评价总销售额5%的罚款，以强制其完整、正确地提供委员会决定中所要求的信息，或者服从委员会的检查，或者遵守委员会决定中施加的义务。

二、对国有企业与指定垄断的规制

从建立欧洲经济共同体开始，立法者就考虑到国有企业的问题。由于共同体成员国对待国有企业的态度有着很大的不同，在条约谈判过程中,如何在经济一体化的共同体大市场内正确地对待国有企业,便成为谈判的一个中心议题。法国和意大利作为混合经济的国家,国有企业在国民经济中所占的比重较大,它们非常希望国有企业能够在欧共体得到特殊的照顾;荷兰、比利时和卢森堡则出于自身利益的考虑,极不情愿将本国私人企业置于同这些国家的国有企业不相称的竞争之中。经过长时期的讨价还价,欧洲经济共同体国家在国有企业问题上达成妥协,其产物便是《罗马条约》第 86 条,即现行《欧洲联盟运行条约》第 106 条。值得注意的是,该条是从成员国的角度规范国有企业与指定垄断,而不是从企业的角度来规范国有企业与指定垄断,即该条是为成员国政府设定义务,而不是为国有企业与指定垄断本身设定义务;约束国有企业与指定垄断限制竞争行为的,是《欧洲联盟运行条约》第 101 条和第 102 条。

《欧洲联盟运行条约》第 106 条条文较为简单,共 3 款:第 1 款制定了规范国有企业与指定垄断的禁止性规则,第 2 款制定了豁免规则,第 3 款授权欧盟委员会在必要时通过发布指令或决定,完善该条的相关规定。

《欧洲联盟运行条约》第 106 条第 1 款规定,对于公共企业及成员国授予特别或专有权利的企业,成员国不得制定,也不得保留《欧洲联盟基础条约》和《欧洲联盟运行条约》中包含的规则,特别是与其第 18 条及第 101—109 条规定的规则相抵触的任何措施。依《欧洲联盟运行条约》第 106 条第 1 款的规定,该条规制三种企业:公共企业,享有特别权利的企业,享有专有权利的企业。2006 年 11 月 16 日公布的《欧委会第 2006/111/EC 号关于成员国与公共企业之间财务关系透明度以及特定企业内部财务透明度的指令》(以下简称《财务透明度指令》)对这三种企业的含义作了明确的界定。所谓"公共企业",《财务透明度指令》第 2 条第 2 款规定,是指由于所有权关系、财务参与或监管规则的原因,公共权力机构能够对其实施直接或间接支配性影响的任何企业。如果公共权力机构与企业之间存在以下关系,应当认定其能够实施支配性影响:(1)占据企业注册资本的大部分;(2)控制企业已发行股票的多数投票权;(3)有权任命企业行政、管理或监督机构中过半数成员。由上述定义可见,欧盟竞争政策所指“公用企业”,即自由贸易协定所指“国家企业”或“国有企业”。所谓“特别权利”,《财务透明度指令》第2条第7款规定,是指成员国通过任何立法、规章或行政文书赋予有限数量企业的权利,在特定地理区域内:(1)除根据客观、比例和非歧视的标准外,限制在两家或两家以上的此类企业中提供服务或从事一项活动;(2)除依上述标准外,指定若干相互竞争的企业,作为被授权提供服务或开展活动的企业;(3)除依上述标准外,授予任何企业以任何法律或管理上的优势,而此种优势实质上影响了其他企业在同一地理范围内以同等条件提供同样服务或从事同样经营活动的能力。所谓“专有权利”,《财务透明度指令》第2条第6款规定,是指成员国通过任何立法、规章或行政文书给予企业的一项权利,允许其在某一特定地理区域内提供服务或从事某一活动。由此可见,欧盟竞争政策所指授予特别权利和专有权利的企业,即自由贸易协定所指的“指定垄断”。因此,《欧洲联盟运行条约》第106条的地位,相当于自由贸易协定竞争政策规则中的国有企业与指定垄断条款。

一般而言,享有特权或者专有权的企业就是国有垄断企业。垄断权的客体和内容由授权或者由法律或者专门法规所决定。欧盟法律原则上不妨碍成员国向企业授予特权或者专有权,但这种授权不得违反欧盟法律。如果某种特权和专有权事实上或者潜在地限制或者妨碍共同体市场的国际经济贸易,它们就是违法的。如果成员国给予企业特权或者专有权是出于公共利益并且有着充分的理由,这种授权则是允许的。在实践中,这些理由是非经济性的,如维护健康、保护环境或者维护大众媒介的秩序等。

《欧洲联盟运行条约》第106条第1款的立法目的可从两方面理解。一方面,国有企业与私人企业作为工商业经营者,其法律地位平等,市场经济主体地位平等的原则在共同体早已成为定论;另一方面,该条款主要是为了阻止成员国对其国有企业采取某种措施,以规避条约中的竞争规则,妨碍条约目的的实现。在实践中,成员国妨碍共同市场最可能采取的方式就是以国有企业与国家的特殊关系为借口,干预这些企业所处市场上的竞争,《欧洲联盟运行条约》第106条第1款禁止成员国通过国有企业实现规避该条约的目的。欧洲法院的判决也指出,《欧洲联盟运行条约》第 106 条仅是“对成员国具有普遍约束力的基本原则”一个特别适用的情况,即它们不得对国有企业采取任何措施,使这些企业规避依该条约第 101 条至第 109 条所应承担的责任。[1]

《欧洲联盟运行条约》第 106 条第 1 款要求成员国不得出于规避该条约的目的,特别是出于规避该条约第 18 条以及该条约第 101 条至第 109 条的目的,对其国有企业以及其他享有特权或者专有权的企业采取特殊的措施,其目的是阻止成员国对国有企业施加特别的影响。欧盟学者对《欧洲联盟运行条约》第 106 条第 1 款中关于成员国被禁止采取的措施进行过广泛的讨论。原则上,成员国对这些企业采取的任何法律上的或者事实上的措施,如果由此可以使企业规避《欧洲联盟运行条约》,都属于第 106 条第 1 款的禁止之列。法律措施一般是指国家颁布法律或者与这些国有企业订立合同,事实上的措施一般是指向这些企业特别授权等。如果成员国本身进行某种行为属于违反欧盟法律的行为,它们就不得纵容其国有企业进行类似的行为,否则就构成违法。根据欧共体/欧盟委员会以及欧洲法院的司法实践,成员国因为国有企业而违反《罗马条约》第 86 条第 1 款或《欧洲联盟运行条约》第 106 条第 1 款的行为主要有以下几种:

第一,违反《欧洲联盟运行条约》第 18 条禁止歧视的规定。《欧洲联盟运行条约》第 18 条规定,在不违反《欧洲联盟运行条约》特别规定的前提下,禁止以国籍为由,在《欧洲联盟运行条约》的适用范围内采取任何歧视行为。根据这个规定,如果成员国通过特别授权方式,使其国有企业或者其他享有特权的企业有权对其他成员国的企业或者公民采取歧视行为,这个成员国就是违反了条约。欧共体委员会 1987 年曾根据这个规定对西班牙作出了一个决定,指出西班牙国王批准的航空以及航海价目表违反了《欧洲联盟运行条约》第 18 条。根据这些价目表,西班牙大陆和西班牙岛屿之间的机票或者船票价格与西班牙与其

[1] 参见王晓晔:《欧共体竞争法中的国有企业》,载《外国法译评》1999 年第 3 期。

他成员国之间的机票或者船票相比较便宜得多。欧共体委员会认为,西班牙大陆与加纳利群岛和巴利阿里群岛之间的优惠价格只能使西班牙公民受惠,而不能使其他成员国的公民受惠,从而认定西班牙在价格方面对其他成员国的公民存在歧视行为。欧共体委员会决定要求西班牙向外国旅行社返还多收取的费用,以平衡西班牙国内的交通费用和西班牙与成员国之间的交通费用。欧共体委员会对葡萄牙政府也作出过类似的决定,因葡萄牙政府曾就葡萄牙大陆与亚速尔群岛和马德拉群岛之间的旅行票价作出过优惠的规定。根据委员会的决定,葡萄牙政府宣布这种歧视性的票价为无效。[1]

第二,违反《欧洲联盟运行条约》第 101 条禁止卡特尔的规定。根据《欧洲联盟运行条约》第 106 条第 1 款,如果成员国纵容国有企业从事限制竞争的行为,或者通过法律使其有义务从事这种行为,欧盟委员会就要对成员国进行干预。这里的限制竞争行为特别是指《欧洲联盟运行条约》第 101 条和第 102 条所禁止的行为。

在实践中,成员国违反《欧洲联盟运行条约》第 106 条第 1 款并且同时违反第 101 条第 1 款的行为主要是指对国家垄断的服务性行业实行的价格审批制度,以及要求进出口企业建立或者加入进出口卡特尔。这方面的典型案例是欧共体委员会 1990 年对荷兰供电部门作出的决定。荷兰电力部门总体上是由荷兰地方政府所属的四个电力公司组成的,它们共同有一个销售公司 SEP。这些电力公司通过协议规定,在荷兰除 SEP 公司外,其他任何企业都不得经营电力进出口业务。因为 SEP 的电价大大高于荷兰邻国的电价,在荷兰不愿意使用 SEP 电力的某些大工业企业又无权从邻国购买电力,它们遂向欧盟委员会提出了申诉。欧共体委员会认为,荷兰电力企业违反了共同体条约第 101 条第 1 款。在案件审理过程中,SEP 公司曾依据《欧共体条约》第 106 条第 2 款的规定,以其履行被委托的特殊任务为由要求享受豁免待遇,但委员会没有批准该请求。委员会认为,在电力部门引入竞争机制不妨碍这个国有电力企业履行其特殊的任务,而且国家对 SEP 和电力公司

[1] 参见王晓晔:《欧共体竞争法中的国有企业》,载《外国法译评》1999 年第 3 期。

提出的安全供电要求也不能说明 SEP 垄断电力进出口的合理性。委员会明确指出,任何情况下的跨国限制贸易都是不能接受的,因为这种限制可能损害共同体的利益。[1]

第三,违反《欧洲联盟运行条约》第 102 条禁止滥用市场支配地位的规定。西班牙和葡萄牙的国有航空公司和航海运输公司对本国乘客和外国乘客实行不同的票价;意大利的航空地勤服务公司对不同国家的航空公司索取不同的服务费;希腊的国家电视台拒绝转播其他成员国的电视节目;等等。这些国有企业的行为不仅是歧视行为,成员国从而违反了《欧洲联盟运行条约》第 106 条第 1 款和第 18 条,而且因为这些行为也是滥用市场支配地位的行为,成员国从而也违反了《欧洲联盟运行条约》第 102 条。根据这些滥用市场支配地位行为产生的原因,成员国违反第 102 条的行为可分为以下几类:(1)因成员国授予的垄断权被滥用。企业凭借国家授予的特权或者专有权而形成的垄断,可以阻止其他企业进入市场。因此,享有特权的企业不仅没有现实的竞争,而且也不会受到潜在竞争的威胁。在这种情况下,这些有着特权的企业就非常可能会滥用它们的市场支配地位。希腊广播电视公司 ERT 根据希腊的法律,不仅享有制作和播映电视节目的专有权,而且还享有接收和转播外国电视节目的专有权。欧洲法院 1991 年在判决中指出,ERT 享有接收和转播成员国电视节目的专有权,这就容易使其滥用权利,拒绝转播成员国的节目,从而违反《欧洲联盟运行条约》第 102 条关于禁止歧视的规定。因为 ERT 所享有的专有权是根据希腊的法律取得的,希腊由此就违反了《欧洲联盟运行条约》第 106 条第 1 款。[2] (2)扩大垄断权。一个市场上的国有垄断企业同时在另一个市场上享有专有权,从而可以通过拒绝订立合同的方式阻碍竞争者进入市场,或者通过这种方式将竞争者排挤出市场,其结果就是将其垄断权扩大到

---

[1] See Ray Rees, *Competition Policy and Public Enterpriese in the European Community*, in Ada van Mourik ed. ,Development in European Competition Policy, Masstricht, 1996, p. 57-58.

[2] See Case C-260/89, Elliniki Radiophonia Tiléorassi AE and Panellinia Omospondia Syllogon Prossopikou v Dimotiki Etairia Pliroforissis and Sotirios Kouvelas and Nicolaos Avdellas and others, [1991] ECR I-2925.

另一个市场。根据欧共体/欧盟的司法实践,如果国有垄断企业将其垄断势力扩大到相邻市场,或在相邻市场上滥用其垄断势力,这种行为是滥用行为,违反了《欧洲联盟运行条约》第 102 条。在比利时电报电话公司 RTT 一案中,欧盟法院认为,RTT 与消费者订立合同时,强迫对方购买其指定的电信终端设备,这就是将其在电话服务市场的垄断权不合理地扩大到电信终端设备市场,从而违反了《欧洲联盟运行条约》第 102 条(d)。由于 RTT 扩大垄断权的做法是基于比利时的法律,比利时从而就违反了《欧洲联盟运行条约》第 106 条第 1 款。[1]　(3)不履行监督义务。根据欧盟法院的判决,成员国对国有垄断企业行使监督权的时候,应特别注意《欧洲联盟运行条约》第 102 条。如果成员国批准国有企业以及享有特权或者专有权的企业所订立的不合理高价,或者批准带歧视性条件的劳动合同,随着认定企业违反《欧洲联盟运行条约》第 102 条,同时就可以认定成员国违反《欧洲联盟运行条约》第 106 条第 1 款。在 1991 年 Merci 案中,根据意大利法律,海港服务得由专门的装卸公司承担,而且这种公司只能雇佣意大利人。欧洲法院认为,热那亚海港的装卸公司因受专有权的保护,在共同体市场上进行了各种各样的不合理的行为,包括索要过高的服务费用、拒绝使用现代技术、人为地提高服务成本、延长履行期限,此外对外国客户还存在价格歧视行为,从而违反了《欧洲联盟运行条约》第 102 条。因为热那亚海港服务公司的专有权是依据意大利的法律取得的,意大利从而违反了《欧洲联盟运行条约》第 106 条第 1 款。[2]　这个案例说明,成员国虽然享有主权,但却不能保证自己永远正当地行使主权。如果成员国对其特权企业不履行监督责任,将违反《欧洲联盟运行条约》第 106 条第 1 款。

三、对国家限制竞争行为的规制

欧盟竞争政策在规制私人企业与国有企业限制竞争行为的基础

---

[1]　See Case C-18/88, Régie des Télégraphes et des Téléphones v. GB-Inno-BM SA, [1991]ECR I-5941.

[2]　See Case C-179/90, Merci Convenzionali Porto di Genova SpA v. Siderurgica Gabrielli SpA, [1991]ECR I-5923.

上,对国家实施的限制竞争行为也进行了规制。欧盟的国家援助制度是为了保障欧盟单一共同市场内的公平竞争,规制成员国政府提供援助的法律制度。[1] 相关规则反映在《欧洲联盟运行条约》第一章“竞争规则”第二节“国家援助”中,具体为该条约第 107 条、第 108 条和第 109 条。

(一)违反欧盟条约的国家援助

欧盟国家援助制度首先是一种竞争政策,是为了规范政府的反竞争行为,维护内部统一市场的工具。欧盟国家援助制度表现为在原则禁止国家给予援助的基础上,对各种行业、地区、特殊情形的除外适用。其中,包括横向的产业政策目标,尤其是针对在技术研发、中小企业融资和环保投资等领域普遍存在的市场失灵而采取的救济;在其他情况下通常出于别的原因给予的国家援助,也要在竞争、竞争力和其他目标之间达成平衡。可以认为,欧盟国家援助从政治的角度看就是产业政策选择,在实质上是将产业政策纳入竞争政策框架进行规范的一种政策工具,其政策目标并非竞争政策所追求的单纯的经济效率或者消费者利益,而是社会总福利的最大化,为成员国的产业政策提供一个法律规制框架,以确保不扭曲成员国间的竞争或贸易。

欧盟要实现其建立和推动单一内部市场的目标,就必须尽量降低各成员国国家援助对欧洲共同大市场的影响,禁止妨碍共同大市场或与其不相容的国家援助的实施,建立统一的国家援助机制以推动区域内的国家融合与发展。竞争政策是欧盟实现该目标的重要手段。

《欧洲联盟运行条约》特别在“共同准则”编的“竞争规则”一章中,专门在第二节制定了“国家援助”规则。该条约第 107 条第 1 款规定,除非《欧洲联盟基础条约》和《欧洲联盟运行条约》另有规定,否则由一成员国提供的或通过无论何种形式的国家财源给予的任何援助,凡通过给予某些企业或某些商品的生产以优惠,从而扭曲或威胁扭曲竞争,只要影响到成员国之间的贸易,均与构建共同市场的理念不符。

---

[1] 参见许地恒:《解析欧盟国家援助法对跨国公司避税行为的规制效果》,载《国际税收》2017 年第 3 期。

因此,构成一项违反共同体竞争规制的国家援助须具备以下要件:

第一,国家援助的主体是成员国政府或者国家财源。成员国政府,不仅是指中央政府,还包括各级地方政府,甚至是政府机构;国家财源则涵盖了成员国所拥有控制权的任何经济实体,如国有企业或者某些基金会等。无论援助是否由成员国直接授权或由其执行,只要援助决定得到成员国认可就被认定为国家援助行为。如 1985 年,欧洲法院在法国农业信贷银行一案中,就将该银行对农业的援助视为了国家援助。这里除该行是国有银行这个因素外,还因为这个援助项目得到了国家的批准,被纳入国家对农业的"一揽子"援助内容中。有的成员国认为国有企业或其控股公司是以营利为目的的,其所进行的单纯的投资行为不能算为国家援助。[1] 针对这种情况,欧共体委员会提出了"市场经济投资者原则"(Market Economy Investor Principle, MEIP)用来审查政府的投资行为是否具有援助的意图。自 1984 年欧共体委员会公布其关于政府注资的条例以来,MEIP 一直是国家援助控制的基石。[2] MEIP,即参照一般私人投资者在类似条件下是否愿意提供投资为原则,来确定政府的投资行为是否构成国家援助。该原则的实质是,当公共当局以在正常市场经济条件下运作的私人投资者可以接受的条款和条件对企业进行投资时,投资不是国家援助。

第二,援助的对象是特定的企业、生产部门、地区。企业是指一定行业中的个别企业,不以私有企业为限,还包括国有企业、成员国的控股公司;生产部门则是指根据国家的援助规划,对一定部门、一定产品结构、一定地区或者依据其他标准划分的一个企业群体。也就是说,国家援助只是使一定企业或者一定的生产部门得到利益,并不具有普遍性。具有普遍性的措施应当是能适用于整个国民经济所有生产部门、地区和所有企业的措施。1997 年,比利时政府将原 Maribel bis/ter 方案替换成了 Maribel Quarter 方案,因为原 Maribel bis/ter 方案只规定与

---

[1] See Case 290/83, Commission of the European Communities v. French Republic, [1985]ECR 439.

[2] See Ben SLOCOCK, *The Market Economy Investor Principle*, Competition Policy Newsletter, Number 2, 2002, p. 23.

国际竞争有密切关系的企业可以享有该方案的优惠,而根据 Maribel Quarter 方案,任何有雇工的企业都可以按一定比例少缴社会保险费。这一做法得到委员会的认同,因为新方案没有针对特定经济部门的规定,因而属于具有普遍意义的措施。[1]

第三,援助将破坏共同市场的竞争,或对共同市场的竞争构成威胁。欧洲法院对"扭曲竞争或造成对竞争的威胁"采取宽松的标准。只要不同成员国的公司之间存在竞争关系,即使没有实际的彼此贸易关系,成员国对本国公司的援助仍然足以影响竞争。因为国家援助的实行强化了该受援助企业的市场地位,导致竞争具有不平等性,可以阻碍其他成员国的公司进入到本成员国的市场,因而破坏共同市场的竞争或者说对竞争构成了威胁。欧洲法院认为,只要国家援助措施增强了某成员国企业在欧盟范围内相对于其他企业的竞争能力,就可认定为影响了成员国之间的贸易,除非援助所可能产生扭曲竞争的效果微不足道以至于不会对成员国间的贸易产生可察觉的影响,或者援助的效果事实上仅仅限于该成员国内而不会影响成员国之间的贸易。在 Philip Morris 案中,欧洲法院认为,香烟制造商关闭其在荷兰的两个工厂中的一个来扩大现存工厂生产的措施会影响国家间的贸易。与共同体内的其他竞争者相比,当经济援助加强了一个企业的地位,应该被认为影响了共同体内国家间贸易。[2] 对于如何衡量是否扭曲内部市场的竞争或存在扭曲内部市场竞争之威胁和影响成员国间的贸易,委员会认为,应从 2005 年前形式化的分析转向注重效果的分析,将适用更为纯粹的经济方法来检测该条件,帮助成员国采取尽可能少的扭曲竞争的措施来解决市场的失灵问题。[3] 2016 年 1 月 11 日,欧盟委员会作出裁定,认定比利时的超额利润税豁免制度构成非法国家援助,使获

---

[1] See Case C-75/97, Kingdom of Belgium v. Commission of the European Communities, [1999] ECR I-3687.

[2] See Case 730/79, Philip Morris Holland BV v. Commission of the European Communities, [1980] ECR 2671.

[3] 参见杨永红:《欧共体国家援助制度的一体化及对我国的启示》,载《改革与战略》2007 年第 5 期。

得税收豁免的企业获得优惠,从而吸引更多的企业迁至比利时或增加在比利时的投资,影响了成员国之间的贸易,扭曲或威胁了欧盟单一共同市场的公平竞争。虽然该决定最终被欧盟法院 2019 年 2 月作出的判决所推翻,但也显示援助是否破坏共同市场的竞争此一条件的重要性。[1]

第四,援助将引起国家财政负担。根据《欧洲联盟运行条约》第 107 条第 1 款的规定,只有国家给予的或者利用国家财源给予的援助才被视为国家援助。国家援助引起的国家财政支出一般都很明显,如国家补贴、国家投资、低息贷款以及减免税收等。有些虽然不是直接以国家资金为手段,例如,国家要求某些国有企业对另一些国有企业提供价格低廉的产品,或者放弃它们应得的报酬,这些做法同样会间接地导致国有企业的经济损失,因而也属于国家援助的范畴。欧盟法院在判决中对这种国家财政的负担做了拓展,认为《欧洲联盟运行条约》中的国家援助不仅指"积极援助",也包括"消极援助",即国家通过差别待遇将某些企业或企业集团置于不利的竞争地位,如不同的税率标准等,因为这些"消极援助"的施加可以达到"积极援助"相同的效果。

第五,援助必须具有优惠性。这种援助使受援者得到了利益,而这种利益通常减少了受援者应承受的财政负担。欧盟委员会和欧盟法院不断发展并完善了如何评价一项由政府实施并给予某种优惠的干预措施是否构成《欧洲联盟运行条约》第 107 条所禁止的国家援助的标准,即"市场检验"或"正常市场条件检验"。根据这一标准,评价的关键在于受益人所获得的好处是否属于在正常的市场条件下所不能够获得的。换言之,判断一受援者是否获得了"额外的"(extra)优惠,需要判定该受援者在正常的市场条件下,是否会获得同样的好处。[2] 根据欧盟委员会的实践和欧盟法院的判决,作为国家援助的优惠措施不仅包括补贴、低息和无息贷款,有时还包括含优惠条件的出售,甚至对某些

[1] 参见王丽华、万雅芳:《比利时超额利润税案与欧盟国家援助制度适用分析》,载《税务研究》2021 年第 2 期。

[2] See Case 173/73, Italy v. Commission, [1974] ECR 709.

企业的歧视。[1] 2019年1月10日欧盟委员会宣布将对耐克在荷兰获得的税收待遇进行深入调查，欧盟委员会认为荷兰政府在2006年至2015年期间授予耐克公司的5项税收事先裁定所确认的特许权使用费计算方法使耐克获得了其竞争对手无法获得的选择性竞争优势，并宣称一旦确认，将构成“非法国家援助”。[2]

由于国家援助的特殊性，或者说国家援助的两面性，尽管欧盟竞争政策限制国家援助以阻止其妨害共同市场的构建，但当国家援助是作为实施欧盟共同利益的手段，为共同体带来的利益超过其对内部市场机制的消极影响时，《欧洲联盟运行条约》第107条第2款、第3款规定了豁免情形。

《欧洲联盟运行条约》第107条第2款规定了3种法定的豁免情形。一是给予个人消费者的具有社会性质的援助，但条件是此项援助的给予不得以产品的原产地为理由而区别对待；二是为了救济因自然灾害或因突发事变而造成的损害而提供的援助；三是对由于德国分裂而遭受影响的德意志联邦共和国的某些地区的经济提供的，为补偿因分裂而造成的经济损失所必需的援助。以上为法定的豁免类别，凡符合此类规定相应条件的即属于合法援助，无须再得到理事会的认可。

《欧洲联盟运行条约》第107条第3款规定了5种酌定豁免的情形。一是为促进生活水平异常低下或严重失业地区的经济发展所为的援助。委员会判断某一地区的生活水平或失业率，必须以整个欧盟作为比较对象，而不仅以受援助地区的国家为限。例如，在Philip Morris Holland案中，荷兰辩称其将要援助的地区所存在的失业率高于荷兰全国的平均值，居民收入也低于荷兰全国人均收入，因此有必要进行援助。然而，委员会认为应当以共同体水平作为比较的标准，而非荷兰全国人均收入。欧洲法院在同意委员会见解的基础上，指出实行援助的

[1] 参见王晓晔：《市场失灵时的国家干预——欧盟竞争法中的国家援助》，载《国际贸易》2000年第3期。

[2] 参见励贺林：《对欧盟国家援助调查的逻辑梳理和动向评析——以欧盟开启对耐克的国家援助调查为视角》，载《财政监督》2019年第8期。

成员国必须证明援助所要达到的目的是通过市场运作无法实现的，而国家援助是唯一能够达成此目的的方法。[1]

二是为促进具有欧洲共同利益的项目或者为补偿成员国受到的经济上的严重干扰所为的援助。委员会认为，只有援助计划是跨越国界且受到多数国家共同支持，或者是各国共同采取的一致行动，才能够认为该项援助计划是具有欧洲共同利益的，例如共同环境保护等。但是，实际上并不是所有多国研究开发计划都具有欧洲共同利益，例如将研究开发的产品又销售到欧盟某个已经饱和的市场，就与欧洲共同利益显然不符。至于“经济上的严重干扰”应当以某成员国为评价范围，若仅仅限于该成员国境内的局部地区，就很难得到豁免。

三是为促进地区和产业的发展所为的援助。《欧洲联盟运行条约》第 107 条第 3 款第 4 项规定，为促进特定经济活动或者特定经济地区的发展而提供的援助可能与共同市场相容，但是援助的提供不得使交易条件产生有悖于共同利益的后果。从条款的内容可以看出，本款相对于该条其他豁免规定而言，是最有可能让成员国向特定地区或特定企业提供援助的。因此，委员会在审查时，必须综合考虑成员国的现状与欧盟整体的发展，同时必须注意成员国的援助对象仅限于特定地区或产业，并不包含特定企业在内。成员国的援助计划不得对成员国之间的交易条件产生危害其共同利益的效果。如法国为了重振本国纺织业向该产业提供研究和开发的经费即可适用本款前段规定，然而法国由增加进口纺织品的关税来支付援助经费的方式，使其他成员国的纺织品处于不利的竞争地位，违反了本款后段的规定，因此被认定为与共同体不相容的援助。

四是为促进文化和文化遗产的保护所为的援助。此种援助也不得对成员国之间的贸易或者竞争产生违反其共同利益的后果。以上类别的援助具有得到豁免的条件，但事实上是否最终得到豁免仍要接受委员会的检查。

---

[1] See Case 730/79, Philip Morris Holland BV v. Commission of the European Communities, [1980] ECR 2671.

五是特许豁免。在国家援助问题上,理事会享有一定的特许豁免权。根据《欧洲联盟运行条约》第 107 条第 3 款第 5 项的规定,理事会根据委员会的提案可以特定多数同意决定除上述酌定豁免类型以外的、认为与共同市场相容的其他援助。在特殊情况下,理事会可根据一成员国的申请以全体一致同意做出决定,以确认该成员国指定的或将指定的援助计划虽然同《欧洲联盟运行条约》第 92 条、第 94 条的规定相抵触,但仍被认为同共同市场相一致。

除法定豁免与酌定豁免外,欧盟在《欧洲联盟运行条约》之外还形成了集体豁免。由于《欧洲联盟运行条约》第 107 条只是规定了国家援助的基本原则,因此委员会在相当长时间内,都是通过总结有关经验,发布一系列的指南来细化规则,给成员国国家援助以指导。20 世纪 90 年代中期,委员会提出建议,要求采取条例方式集体豁免少数援助,而无须遵循第 108 条第 3 款规定的通知义务,以简化程序提高效率。1998 年,理事会根据第 109 条规定发布了授权条例,授权委员会通过条例对特定援助类型进行集体豁免。由此,集体豁免条例成为委员会改革国家援助制度的重要手段。

在 Altmark Trans 案判决中,欧盟法院详细阐释了《欧洲联盟运行条约》第 106 条第 2 款在公共经济利益服务领域适用必须满足的前提条件。欧盟法院在判决中认为,如果满足 4 项前提条件,那么成员国对于提供公共经济利益服务的经营者给予的补偿就不构成应被禁止的国家补助,不应适用《欧洲联盟运行条约》第 107 条、第 108 条的相关规定。这 4 项条件包括:(1)受益企业必须是接受委托履行公共经济义务,而且该义务内容具有清晰的界定;(2)必须预先客观地、透明地设定据以计算补偿的参数,以防止该补偿给接受补偿的企业带来比竞争企业更优越的经济利益;(3)补偿应将企业从履行公共经济义务中获得的收入和适当利润计算在内,并且补偿额度不得超过企业全部或部分弥补该义务履行成本的必要范围;(4)在具体案件中,如果未按可以确保选出以最低成本为公众提供该等服务企业的公共采购发布程序选择受托履行公共经济义务的企业,必要补偿的额度应当在分析一个平均水平的、经营良好的企业在履行相应的义务时产生的成本基础上确定,此时还需要考虑企业在履行义务当中获得的收入和合理的利润。只有当一项欧盟成员国国家措施为企业带来其在正常市场条件下所无法获得的利益,那么这项措施才可构成应当禁止的国家补助。如果欧盟成员国对于提供公共经济利益服务的经营者给予的补偿不能满足上述 4 项条件,并且符合《欧洲联盟运行条约》第 107 条第 1 款所规定的事实要件,那么该补偿就构成应予禁止的国家补助。[1] 在欧盟法律实践中,关于一项国家援助符合上述第四项条件的举证证明通常极为困难。

(二)欧盟国家援助制度的现代化

欧盟国家援助制度的发展并非一蹴而就,其现代化方案的提出与确立经历了一个从 20 世纪 70—80 年代的消极宽松,到 90 年代限制性政策初见成效,再到 21 世纪初开始重新审视并开始着手进行实体和程序上的基础性改革,以及金融危机以来的再调整的过程。国家援助制度的现代化是为了顺应国家援助法自身发展所面临的变革需求:欧盟不断强化的经济和预算监督制度也给国家援助法的变革带来了压力;在执法实践中,复杂的规则体系和程序框架同样适用于越来越小的案件,由此带来的行政治理成本可能与审查较小案件的收益不成正比,这也给国家援助控制带来了不小的挑战。所以国家援助现代化改革的目标有三个:(1)在竞争激烈的内部市场促进经济可持续、智慧和包容地增长;(2)优先审查对内部市场影响最大的案件,同时加强欧盟与成员国在国家援助执行方面的合作;(3)精简规则并提供更高效的决定。[2]

2005 年欧盟委员会通过《国家援助行动计划》,启动了国家援助改革进程。该行动计划的指导性目标是使国家援助数量上减少并更具有针对性,目标之一就是提高国家援助领域的透明度,并通过一套能够持

[1] See Case C-280/00, Altmark Trans GmbH and Regierungspräsidium Magdeburg v. Nahverkehrsgesellschaft Altmark GmbH, and Oberbundesanwalt beim Bundesverwaltungsgericht, [2003] ECR I-7810.

[2] 参见刘伟:《欧盟国家援助法研究》,湖南大学 2019 年博士学位论文,第 153 页。

续适用于不同情形的连贯的基本原则简化国家援助规则。根据该行动计划,大量有关国家援助的法律被修改或通过,包括《环境保护援助指南》《研发创新框架和区域援助指南》,新的《普遍集体豁免规定》统一并简化了已有的关于豁免的法规。

2012年春季,欧盟委员会发布了一份通讯,开始进一步对欧盟国家援助制度进行现代化改革计划。根据《欧洲2020年战略》中的欧盟经济增长战略精神,该计划认为单一市场作为推动欧洲持续发展的最有利条件,需要包括国家援助控制法在内的相关法律来创造一个没有国界的统一大市场,促进竞争以确保单一市场的运行不被反竞争行为扭曲。与此相应,国家援助现代化的目标是促进具有竞争性的欧盟统一内部市场的稳定发展,把欧盟委员会的精力集中在对重要案件的事前审查,同时加强成员国在实施国家援助方面的合作,简化程序性规定,加快审批时间。

此次改革不仅涉及实体规定,如对国家援助定义的澄清,对相容性规定的审查和集体豁免措施的扩大,也涉及申诉的受理、市场信息收集和部门信息搜集等程序规定。欧盟委员会根据欧盟法院的判例,对国家援助的定义作出重述;修改国家援助的相关指南,指出应强化共同市场并提高公共支出方面的有效性,对需要纠正的市场失灵有更清楚的识别,并对积极效果保持更大的审核权;扩大集体豁免的范围,将创新、文化和文物保护、补偿自然灾害引起的损失、对渔业、林业和某些食品产品、海洋生物资源的保护、业余体育运动、边远地区居民出行交通、公共服务交通以及边远地区的宽带覆盖等领域纳入豁免范围;在程序方面,改进处理申诉的方式,确保市场信息的有效可靠地采集,特别是提高程序的透明度。

欧盟对国家援助的规制产生了较好的效果。2000年至2011年间,欧盟委员会通过了986项针对不合法的国家援助的决议,其中23%因为与共同市场相矛盾而要求做出援助的成员国对其带来的损失进行救济,3%的违法援助被附加条件。总体来看,欧盟干预的国家援助比率几乎是做出负面决定或限制条件案件率的9倍。干预的国家援助有一半以上是针对工业和服务业领域的,而涉及农业领域的则不足1/4。

就国家援助规制的结果来看，截至2012年上半年，尚需救济的国家援助案件有46起，约为全部违法援助案件的14.4%。[1]

但欧盟国家援助制度现代化计划在2020年遭受严重挫折。由于新冠病毒在全球的肆虐，对各国经济造成严重打击，为帮助成员国应对因新冠肺炎疫情带来的经济困难，欧盟委员会决定放宽对成员国政府援助本国企业的规则限制，赋予政府充分的灵活性来支持经济。欧盟委员会表示，成员国政府现在可以提供高达80万欧元资金帮助从事运输、旅游、酒店和零售等企业应对紧急流动性资金需求，国家还可提供银行担保以促使银行继续发放信贷，同时允许向公司提供贴息贷款，并为短期出口信用保险提供了更大灵活性。该放宽决定原定于2020年12月失效，但由于进入2021年后，新冠肺炎疫情并没有得到有效控制，欧盟委员会决定将该放宽决定延期至2021年12月底。为了加强对特定时期国家援助的监管，提高成员国国家援助的透明度，欧盟委员会在其官网上开设"国家援助规则与新冠病毒"专栏，公开了各成员国经批准后采取的有关国家援助计划。[2]

欧盟委员会竞争事务专员玛格丽特·韦斯特格表示，暂停常规的国家援助规定以挽救工业岗位与商业是完全合法的，对竞争的扭曲程度将减至最低水平，成员国将根据其财政水平来决定其支出，我们保留了单一市场，因为我们的确需要单一市场才能实现复苏。但放宽执行欧盟国家援助规则也引来了成员国的担忧。西班牙政府的一名高级官员表示，欧洲内部市场存在崩溃的可能性，并非所有欧盟内部市场的国家都能获得这种流动性，这并不是公平的做法，因为富裕或负债较少的国家会有更多的渠道来筹集资金。欧盟委员会公布的数据显示，尽管德国约占欧盟国内生产总值的1/4，但是德国迄今为止却占到了新冠病毒紧急国家援助总额的52%，法国和意大利并列第二，分别占到援助总额的17%。意大利航空工会的卡洛·阿马蒂表示，部分欧洲国家正

[1] 参见周海涛：《欧盟国家援助制度的现代化及其借鉴》，载《河北法学》2016年第8期。

[2] See European Commission, *State Aid Rules and Coronavirus*, European Commission (Dec. 17,2021), https://ec.europa.eu/competition-policy/state-aid/coronavirus_en.

在与航空公司讨论的国家援助,有可能会扭曲市场竞争,并在行业重启时为部分公司创造利益。[1]

第三节 欧盟竞争政策的实施机制

1962 年 2 月 6 日欧共体理事会通过的《关于执行第 85 条和第 86 条的第 17 号条例》(以下简称《第 17 号条例》)首次对欧共体竞争政策公共执行主体的权能进行了划分,集中规定了有关竞争政策执行问题,正式确立了欧共体竞争政策的执行机制。2002 年 12 月 16 日欧盟理事会颁布了第 1/2003 号条例,取代已生效 40 多年的《第 17 号条例》,规定了实施竞争政策的监督制度和执行程序。2004 年 4 月 7 日,又颁布了《关于委员会执行〈欧共体条约〉第 81、82 条的程序的第 773/2004 号条例》,细化第 1/2003 号条例中委员会的执法程序。2006 年 9 月 25 日,欧盟通过了第 1419/2006 号规则,对第 1/2003 号条例涉及航运业的竞争规则的部分进行了修改。

依照相关条例的规定,欧盟竞争政策的实施机制是一种以欧盟委员会的公共执行为主的模式,但近年来欧盟的一些法律文件逐步引入了私人执行制度,欧盟法院的判例也支持这种执行制度。除欧盟委员会专门的机构负责执法外,欧盟法院的司法机制也是欧盟竞争政策实施机制的重要组成部分,随着第 1/2003 号条例的实施,成员国的主管机构和法院在执行欧盟竞争政策中也发挥了很大的作用。

一、欧盟委员会实施程序

欧盟委员会是欧盟的行政机构,在欧盟理事会制定的法律框架内执行欧盟的各项政策。欧盟委员会是欧盟竞争政策的主要执行机构,其任务是实施和执行欧盟理事会的决定,并向理事会提出立法动议和

---

[1] 参见《国家援助加剧了对欧盟分裂的担忧》,载半岛电视台新闻网 2020 年 5 月 2 日,https://chinese.aljazeera.net/news/2020/5/2/state-aid-deepens-concerns-over-eu-divisions。

提案,理事会以此为依据制定条例或指令。

欧盟委员会拥有大量经验丰富的法律和经济专家,这使欧盟委员会更适合也更有资格来处理有关反竞争行为的案件。欧盟委员会的第四总司即竞争总司(Directorate General IV)具体负责竞争政策的实施,同时欧盟委员会有一名专门负责竞争事务的委员。竞争总司下设10个局:A局负责竞争政策、立法以及各局之间的协调工作;B、C、D、E局负责处理欧盟大部分的限制竞争案件包括企业合并控制案件;F局专门负责卡特尔案件;G、H和I局负责国家援助案件;R局负责竞争总局的战略计划以及人力、财力和技术方面的资源。随着时间发展,欧盟委员会处理案件中所涉及的技术性、专业性越来越强,竞争总司增加了总经济师的职位。其主要职能是向竞争总司报告有关案件的经济分析结果,以确定相关市场、市场地位和限制竞争行为的危害度等,从专家角度对案件提供独立的、专业性意见供总司长决策时参考。

第1/2003号条例第4条规定,为适用《欧洲联盟运行条约》第101条、第102条,欧盟委员会应具有该条例规定的权力。根据该条例,欧盟委员会在适用这两个条文的程序中,具有处理决定权、调查权、处罚权和撤销豁免的权力。

处理决定权。根据第1/2003号条例第7条的规定,欧盟委员会有权依当事人申请或依职权主动查明相关企业是否存在违反《欧洲联盟运行条约》第101条、第102条的行为。如果确有上述行为,欧盟委员会可以作出要求其终止违法行为的决定。如果存在严重地、不可弥补地损害竞争的紧迫危险,则欧盟委员会可基于对违法行为的初步调查结果,主动作出采取临时措施的决定。在欧盟委员会进行初步审查并认为企业的行为具有违法性但尚未作出一项决定的情况下,相关企业可以向委员会作出保证,保证其会符合委员会在初步审查中向其提出的要求,则委员会可以作出决定,要求企业遵守这些保证。欧盟委员会可以出于维护共同体公共利益的需要而作出决定,宣布对某一项协议、决议、一致行动等限制竞争行为,不适用《欧洲联盟运行条约》第101条或第102条。

调查权。根据第1/2003号条例第17—22条的规定,欧盟委员会有权根据当事人的申诉或依职权对某特定经济领域或跨区域的特定类型的协议进行调查。这种调查权是通过下列法定的调查权限展开的：第一，要求有关企业及成员国主管机关提供一切必要信息的权力；第二，进行行业调查权；第三，对企业、企业协会进行一切必要检查的权力。欧盟委员会的调查手段包括要求有关当事方提供相关材料、复制或摘录企业的商业账簿和其他商业记录、现场提问并要求口头回答、进入企业的场地和建筑物等。

罚款权。根据第 1/2003 号条例第 23 条、第 24 条的规定，欧盟委员会有权对企业采取处罚措施，包括罚款（fines）和迟延罚款（periodic penalty payments）。罚款是按被处罚企业上一年度的销售额一次性确定的罚款数额；迟延罚款是按被处罚企业拖延履行义务的时间确定，每拖延一天均要增加罚款数额的罚款。此权力的设置使欧盟的执法权不会流于形式，而具有了制裁的性质。

撤销豁免权。在《第 17 号条例》体制下，当事人须对其协议、决议和一致行动进行申报，能否得到豁免取决于欧盟委员会的决定，而成员国无权豁免。但随着欧洲企业对竞争规则的逐渐熟悉，这一核准要求已变成没有意义的过程。而且这一规定使欧盟委员会在适用豁免方面应接不暇。因此第 1/2003 号条例取消了豁免申请核准制度，免除了企业的申报义务，豁免的适用是自动的。按照这一规定，参与协议、决议和协同一致行为的企业当事人如果认为自己符合豁免条件，可直接进行交易，而无须向委员会申报。只有当其行为受到指控时，委员会才会对其进行个案审理，然后作出决定，认定其是否符合豁免条件。如果该行为产生了与《欧洲联盟运行条约》第 101 条不相容的结果，则委员会可以撤销对其适用豁免。

欧盟委员会负责《欧洲联盟运行条约》第 101 条、第 102 条的实施，它可以主动启动调查和审理程序，但由于违法行为往往具有隐蔽性，因此多数情况下，相关程序是基于当事人的申诉而开始的。第 1/2003 号条例第 7 条第 2 款规定，有权向委员会申诉的主体，是具有合法利益的自然人或法人及各成员国。申诉提出之后，欧盟委员会对申诉进行审查，并与申诉人进行非正式的意见交换，以澄清该申诉所涉及的事实和法律问题。之后委员会可对案件进行调查。如果根据掌握的信息,委员会认为没有足够的理由根据该申诉采取行动,则应以信函形式告知申诉人,申诉人可以在法定期限内书面提交补充信息和意见书。如果申诉人未能在法定期限内说明其观点,则该申诉视为已被撤回。如果委员会认为申诉成立,则应对案件进行审理,并作出裁决;如果认为申诉不成立,则可作出决定驳回申诉。如果申诉人不服,可以向欧盟法院起诉。

二、欧盟法院实施程序

根据《欧洲联盟运行条约》第 19 条的规定,欧盟将其司法机构正式命名为欧盟法院(the Court of Justice of the European Union),由欧洲法院(the Court of Justice)、普通法院(the General Court,原初审法院)和专门法院(specialised courts)三部分组成。欧盟法院通过审理不服欧盟委员会对反竞争案件的处理而提起的诉讼案件,解释和适用欧盟竞争政策,并通过判例弥补法律的不足,同时通过行使先予裁决权,指导欧盟各成员国法院执行欧盟各项竞争政策,因而对欧盟竞争政策的实施与发展发挥了重要作用。

欧盟法院虽不参与成文法的立法过程,但对条约的实施与执行来说却至关重要。任何一个成员国或欧盟机构都必须接受欧盟法院的司法监督和审查,以检验其行为措施是否符合《欧洲联盟条约》和《欧洲联盟运行条约》这两部条约的规定。欧盟法院对欧盟法律事务享有非常广泛的强制管辖权。欧盟法院所作的司法裁决和咨询意见具有普遍的强制效力,这保证了欧盟法在各成员国可得到统一的适用。因此,欧盟法院统一解释和适用欧盟竞争政策,为稳定内部秩序提供了强有力的保障,是最终消除共同体市场壁垒的必要条件。

欧盟法院通过判例弥补法律规定的不足,所以法院在案件审理中作出的判决和裁定,也是欧盟竞争政策的另一个重要渊源。因此应该说,正是欧盟委员会和欧盟法院共同组成了一套有效的实施机制,保障欧盟竞争政策得以高效公正地执行。

根据《欧洲联盟运行条约》第 261 条的规定,欧盟法院对欧盟委员会的裁决有着不受限制的审查权和修改权以及采取某些强制性措施的权力。因此,当事人对欧盟委员会的裁决不服时,可以向欧盟法院提起诉讼,请求认定委员会的裁决无效。欧盟法院的审查权是对欧盟委员会对相关企业或企业组织,以及成员国甚至个人作出的决定进行事实与法律上的审查,这可视为对企业、个人的法律救济以及对委员会决定的监督。

审查欧盟委员会决定的任务由普通法院承担。在竞争政策领域,普通法院的管辖范围是自然人和法人因《欧洲联盟运行条约》第 101—106 条而提起的无效诉讼和不作为诉讼。具体而言,普通法院受理以下诉讼:根据《欧洲联盟运行条约》第 101 条、第 102 条的竞争规则提起的诉讼;对一些有争议的行为或措施提起的诉讼,如根据第 1/2003 号条例指控委员会的决定不正确或者理由不充分;自然人和法人根据《欧洲联盟运行条例》第 107 条第 1 款、第 3 款对委员会就国家援助方面发出的指令或者作出的决定提起的诉讼。普通法院所审理的案件,其上诉审由欧洲法院管辖,但上诉审为法律审,即欧洲法院仅限于对原案在解释和适用法律方面进行审查。

在竞争政策领域,普通法院与欧洲法院有着相同的管辖权,即根据《欧洲联盟运行条约》第 263 条的规定审查欧盟机构包括欧洲议会、欧盟理事会行为的合法性,特别是审查欧盟委员会决定的合法性。成员国和欧盟机构作为原告的诉讼必须在欧洲法院提出。根据《欧洲联盟运行条约》第 267 条的规定,欧洲法院有权通过先予裁决的方式对条约进行解释。当成员国的法院遇到需要解释欧盟条约、欧盟机构的效力以及根据欧盟理事会的决定成立的各种机构的章程时,如果成员国法院认为有必要对这些解释作出判决,则可请求欧洲法院作出先予裁决。

欧盟委员会、成员国、欧盟其他机构、企业或企业集团可以出于辩护的目的陈述所有的意见,并且在证据方面,有义务提供所有的与案件有关的文件或证明材料。当事人的书面陈述非常重要,这是其表达自己观点和意见的重要机会。法院可能从中了解到案情的真相,从而作出驳回起诉、维持原状或发回重审或改判的裁决。

欧盟法院在审理过程中必须为当事人各方准备听证的机会。为准备听证，欧盟法院首先要确定时间、地点，然后邀请与案件有关的各方当事人在确定的时间与地点参加听证。由于可能涉及商业秘密，所以听证程序不公开。如果涉及商业秘密，欧盟法院对任何一方当事人的听证都不应允许另一方当事人参加，听证结束后，由欧盟法院转达听证结果，以充分保护当事人的合法利益。

欧盟法院作出的征收罚款或者征收延迟罚款的判决具有强制执行的效力，由各成员国法院依其民事诉讼程序予以执行，而针对成员国作出的判决，则由成员国自觉执行。

三、成员国和成员国法院实施

第 1/2003 号条例最重大的变化是重新调整了欧盟委员会与成员国执行机构等竞争政策公共执行主体的权力配置，赋予了成员国竞争主管机关和成员国法院执行欧盟竞争政策的权力，拓宽了私人推动竞争政策实施的救济途径，并且在企业合并控制规则方面加强了灵活性、可预见性和科学性。

欧盟理事会第 1/2003 号条例第 5 条规定，成员国竞争主管部门有权在个案中适用《欧共体条约》第 81 条和第 82 条。为此目的，在它们主动采取措施或应某项申诉采取行动时，它们可以作出以下决定：要求结束某项违法行为；授权采取临时措施；接受承诺；处以罚款、迟延罚款或各自国家法律规定的其他处罚措施。第 1/2003 号条例第 6 条则规定，成员国法院有权适用《欧共体条约》第 81 条和第 82 条。

据此，欧盟成员国及其法院也获得了实施欧盟竞争政策的权力，这是欧盟竞争政策实施方式的一次重大转变。根据《第 17 号条例》的规定，《欧共体条约》第 81 条第 1 款和第 82 条这两项禁止性规则在成员国具有直接适用力，成员国主管机关和法院可以直接适用其审理竞争政策案件，但只有委员会有权依照《欧共体条约》第 81 条第 3 款对限制竞争协议予以豁免。在新机制下，成员国主管机关和法院不仅可以依《欧共体条约》第 81 条第 1 款禁止限制竞争协议，还可依其第 81 条第 3 款授予豁免。委员会将主要致力于发展和制定共同体的竞争政策，即通过审查与欧盟利益相关的重大违法案件，确定适合欧盟的竞争政策，而实施欧盟竞争政策的任务则主要由各成员国来完成。这样,欧盟竞争政策的实施就实现了非集权化,成员国主管机关和法院将在竞争政策实施方面占据重要地位。欧盟竞争政策执法机关的增加将有助于加强对共同市场进行有效监管,从而保证共同市场的有效竞争。

但是,根据第 1/2003 号条例第 16 条的规定,为保证欧盟竞争政策的统一适用,欧盟成员国及其法院的实施权受到一定的限制。对成员国而言,当其竞争主管部门根据《欧共体条约》第 81 条或第 82 条对相关限制竞争行为作出决定时,如果委员会的决定已经涉及该问题,则它们不能做出与委员会相违背的决定。当成员国法院根据《欧共体条约》第 81 条或第 82 条对有关限制竞争行为作出判决时,它不能作出与委员会已作出的决定相违背的判决。如果委员会已经启动诉讼程序,它们也必须避免作出与之相冲突的判决。为此,成员国法院可以评估是否暂停其诉讼程序,待委员会作出相关决定后再作出判决。

在赋予成员国及其法院以竞争政策实施权后,第 1/2003 号条例重点规定了欧盟委员会与成员国及成员国法院相互间的合作问题,以确保竞争政策得到有效、一致的实施。首先,在竞争主管机关网络内进行广泛合作。根据第 1/2003 号条例的规定,委员会及各成员国主管机关将共同组成实施欧盟竞争政策的行政网络,各执行机关在网络内进行广泛合作,共同实施欧盟竞争政策。为此,各成员国必须指定本国主管竞争事务的机关,成员国既可以指定行政机关也可以指定司法机关作为主管机关,也可以同时指定行政机关和司法机关共同承担实施欧盟竞争政策的职能;在欧盟范围内实现信息畅通,委员会及成员国主管机关有权相互提供信息,包括机密信息;在调查取证方面进行合作,委员会及各成员国主管机关相互间提供相关信息,代为调查,相互通知;在案件审查方面,成员国主管机关在作出有关决定前应通知委员会。

其次,委员会与成员国法院之间进行合作。由于法院是国家司法机关,适用司法程序对竞争政策案件进行审理,因此在与委员会的合作中它享有很大的独立性,这与委员会同主管机关之间的合作有所差别。依第 1/2003 号条例第 15 条的规定,为了有效实施《欧共体条约》第 81 条和第 82 条,成员国法院在适用时,可以要求委员会向其提供必要的信息,或要求其对适用欧盟竞争政策的问题发表意见。成员国法院依《欧共体条约》第81条或第82条作出判决后,应将结果通知委员会;依第1/2003号条例第16条,为使欧盟竞争政策得到一致适用,成员国法院不得作出与委员会决定相抵触的判决,如果二者同时依《欧共体条约》第81条或第82条对案件进行审理,则前者应避免作出与委员会决定相冲突的判决,可以考虑中止其诉讼程序直到委员会作出结论,再根据这一结论继续自己的审理,或撤销案件。

委员会与成员国之间的协作,还体现在顾问委员会的设置上。依第1/2003号条例第14条的规定,委员会作出任何决定之前,应与"限制性行为及支配地位顾问委员会"(Advisory Committee on Restrictive Practices and Dominant Positions)磋商。该顾问委员会由各成员国委派的代表组成,成员国可以通过各自的代表表明其立场,从而实现与委员会的沟通。限制性行为及支配地位顾问委员会由委员会负责召集并主持,可采用书面程序和会议两种形式进行。但不论采取哪种形式,在对案件进行讨论之后,该顾问委员会都应向委员会递交其意见。对该意见,委员会没有义务采纳,但应尽量考虑,并将考虑的情况通知限制性行为及支配地位顾问委员会。

四、私人实施

私人实施是指由限制竞争行为的受害者向法院起诉,要求违反欧盟竞争政策的企业赔偿其损失的行为。在很长一段时间内,欧盟竞争政策的实施几乎完全依赖于执法机构的公共实施。2004年由欧盟委员会资助完成的《阿舒特报告》中的统计数据表明,从1962年至2004年8月,在所有的25个欧盟成员国中,总共只有50起私人实施案件,且只有28起案件胜诉。[1]

欧盟竞争政策的私人执行首先是由欧洲法院通过判例法逐步发展

---

[1] See Denis Waelbroeck, Donald Slater & Gil Even-Shoshan, *Study on the Conditions of Claims for Damages in Case of Infringement of EC Competition Rules-Comparative and Economics Report*, European Commission, 2004, p. 27-29.

的。早在1973年,欧洲法院在SABAM案中对《欧洲共同体条约》能否为私人创造受成员国法院保护的权利问题的判决中指出:“由于第85.1条和第86条的禁止规定在本质上倾向于在个人之间有直接效力,因此这些条款创设了涉及个人利益的直接权利,成员国法院必须保护这种权利。”[1]在2001年的Courage案中,欧洲法院进一步指出:“如果不对受限制或者扭曲竞争的合同或者行为影响而遭到损失的个人开放损害赔偿的权利,那么会将第81.1条禁止性规定的实际效果置于危险的境地……在成员国法院提起损害赔偿对共同体有效竞争的维持将是一个重大贡献。”[2]值得注意的是,该案是关于啤酒供应商和分销商的垂直分销协议的纠纷,欧洲法院进一步确认了合同一方可以向限制或者扭曲竞争的另一方主张损害赔偿的权利,这就使得“个人”扩展到了“任何人”,只要限制竞争行为与其所受损失存在因果关系。在2006年Manfredi案中,欧洲法院进一步明确,“任何人”都可以就其受到的损害主张损害赔偿,只要该损害与被竞争条款禁止的合同或者行为之间存在因果关系。[3] 这在2014年Kone案中得以进一步明确,欧洲法院认为:伞形定价的受害人可以就其由于价格卡特尔而受到的损害获得赔偿,即使其仅与非价格卡特尔方达成合同,条件是在价格卡特尔之下,其他独立第三方能够获得比普通竞争条件更高的价格。[4]

从制定法的角度看,依据《欧洲共同体条约》和欧共体1962年《第17号条例》的规定,欧盟委员会负责欧盟竞争政策的集中公共执行以及豁免审批,这阻碍了欧盟竞争政策的私人执行。1999年,欧盟委员会发起欧盟竞争规则现代化改革,将欧盟委员会事前审查制度和个人豁免修改为事后监督制度,并得到欧盟第1/2003号条例的确认。自

---

[1] Case 127/73, Belgische Radio en Televisie and société belge des auteurs, compositeurs et éditeurs v. SV SABAM and NV Fonior, [1974] ECR 314.

[2] Case C-453/99, Courage Ltd and Bernard Crehan v. Bernard Crehan and Courage Ltd and Other, [2001] ECR I-6314.

[3] See Case C-295/04, Vincenzo Manfredi v. Lloyd Adriatico Assicurazioni SpA, [2006] ECR I-6641.

[4] See Case C-557/12, Kone AG and Others v. ÖBB - Infrastruktur AG, [2014] ECR 1317.

此,作为平衡公共执行弱化重要手段的私人执行进入快车道。

2005 年,欧盟委员会发布《违反欧共体反托拉斯规则的损害赔偿诉讼绿皮书》(以下简称《损害赔偿绿皮书》)。该绿皮书明确,欧盟竞争规则既可以通过公共机构来执行,也可以通过私人来执行,这两种执行服务于同一个目标:威慑反托拉斯法禁止的反竞争行为和保护公司和消费者不受反竞争行为的损害。《损害赔偿绿皮书》还列明了私人执行所需要面对的获取证据、过错标准、损害赔偿标准、传递抗辩和间接购买者地位、消费者权益保护、诉讼成本、公共执行与私人执行的协调、管辖权与可适用的法律等主要障碍。[1] 在广泛征求意见和研讨之后,2008 年,欧盟委员会发布《违反欧共体反托拉斯规则的损害赔偿诉讼白皮书》(以下简称《损害赔偿白皮书》),确立了私人损害赔偿的首要原则——完全赔偿原则,任何违反竞争政策的受害者均可以通过有效的救济途径就他们所遭受的损害获得完全赔偿。《损害赔偿白皮书》对《损害赔偿绿皮书》中提出的障碍做出政策选择并设置了平衡措施,意图立足欧盟法律文化和传统,建立起一套欧盟竞争政策有效损害赔偿的法律框架。对于私人执行与公共执行的关系问题,《损害赔偿白皮书》依然保留了强大的公共执行规定,并声明其所规定的私人执行只能是补充,不能代替或者破坏公共执行。[2] 经过公共咨询和论证后,2013 年,欧盟委员会正式提交了《损害赔偿指令草案》(以下简称《指令》),经欧盟理事会投票表决,2014 年 11 月 26 日正式签署成为法律,并于 2016 年开始执行。

《指令》的生效促进了竞争政策的私人执行,这主要体现在以下几个方面:一是建立了证据的信息披露制度,解决了当事人之间的信息不对称。《指令》规定了具有优先地位的信息披露制度,赋予当事人从证据占有方(对方当事人或者第三方)获取证据的权利,并规定了不披露证据的惩罚措施,弥补了私人损害赔偿诉讼举证能力上的不足。二是

[1] See European Commission, *Green Paper-Damage Actions for Breach of the EC Antitrust Rules*, COM(2005)672 final, December 19, 2005.

[2] See European Commission, *White Paper-Damage Actions for Breach of the EC Antitrust Rules*, COM(2008)165 final, April 2, 2008.

协调了公共执行与私人执行的关系,为私人借助公共执行提供了便利。尽管《指令》对公共执行信息的披露设定了一系列限制,但是超出这些限制的证据法院原则上可以随时要求披露,而竞争执法机构的执法决定也可作为损害产生的证据。三是赋予了间接购买者损害赔偿权,全面保护了供应链不同环节的购买者的权利。间接购买者的诉讼资格问题始终是竞争政策私人执行的焦点问题,不同国家采取不同的立法政策选择。《指令》选择了肯定间接购买者的损害赔偿权,坚持以全面有效赔偿为指导原则,从而建立起一个根植于欧盟法律文化和传统的私人反托拉斯损害赔偿体系。

尽管《指令》确立了欧盟竞争政策下私人权益保护的基本框架和制度体系,但是要完全实现《指令》所期望的立法目的和执行效果,还需要不断细化和进一步调整。[1]

第四节　对自由贸易协定的借鉴意义

毫无疑问,无论是规则本身还是规则的实施,欧盟的竞争政策是区域贸易协定中迄今为止最为成功的范例。欧盟的竞争政策为推动欧盟的贸易投资自由化、经济一体化和单一市场的建立发挥了非常重要的作用。目前竞争政策的国际协调方式众多,但概括起来主要有两种类型:第一种类型是较低层次的协调,主要内容包括竞争执法的相互合作,如信息交流,协助调查取证,基于消极礼让与积极礼让原则对管辖权行使的自我限制,技术援助,等等;第二种类型是较高层次的协调,主要方式是建立一套统一的竞争制度。毫无疑问,欧盟的竞争政策属于第二种类型,而自由贸易协定的竞争政策则属于第一种类型。欧盟竞争政策的成功,可以为竞争政策的国际协调,特别是对同为区域贸易协定的自由贸易协定提供一些经验,为自由贸易协定更好地协调成员国

[1] 参见吴兆丰:《欧盟竞争法私人执行制度的新发展——基于欧盟竞争违法损害赔偿新指令》,载《广西社会科学》2016 年第 11 期。

竞争政策提供参考。

一、制定统一的竞争政策实体规则

自 1992 年美、加、墨签订《北美自由贸易协定》,并在其中就竞争执法合作与国有企业制定较为具体的规则以来,时间已过去了 30 年。在这段时间里,虽然竞争政策议题在自由贸易协定中的地位不断提升,但从总体上看,自由贸易协定的竞争政策规则发展缓慢,基本还维持在《北美自由贸易协定》的规制水平。由于自由贸易协定竞争政策规则主要涉及成员国之间竞争执法的合作与协调、国有企业与指定垄断两方面问题,且前者在许多自由贸易协定中还不受协定争端解决机制的约束,相关规则对成员国约束力不强,因而自由贸易协定竞争政策规则对推动自由贸易协定的有效实施、加强成员国之间的贸易自由化所发挥的作用非常有限。

欧盟竞争政策的成功,对自由贸易协定的启示之一,就是需要制定统一的竞争政策实体规则。《欧洲联盟运行条约》第 101 条、第 102 条和第 107 条作为欧盟竞争政策的核心条款,明确了欧盟竞争政策的规制对象及相关限制竞争行为构成违法的基本要件,对欧盟制约、打击各类限制竞争行为,推动成员国之间贸易、投资自由化发挥了重大作用。当代自由贸易协定没有制定统一适用的实体竞争政策规则,部分协定只是要求成员国内竞争法对特定的限制竞争行为进行规制,但没有规定行为违法的构成要件,大部分协定仅仅是强调成员国竞争执法机构间的执法合作,难以统一成员国国内竞争法规制的对象,导致由于国内法规定的不同而难以对限制竞争行为进行有效的规制。因此,要有效推进成员国之间贸易投资的自由化、有效扩展市场准入范围,自由贸易协定需要在竞争政策条款中,制定竞争政策实体规则,统一成员国国内竞争法的规制对象及违法构成要件。

经济全球化是催生制定统一竞争政策规则的经济动因。在经济全球化的浪潮中,跨国公司得到空前发展,某些私人企业的社会影响与日俱增,这可能会导致私人垄断,此种垄断甚至超越国界。也有一些限制竞争行为不会对本国产生影响而只会对外国产生危害后果,如出口卡特尔,很多国家国内竞争法并不规范这些行为。但从长远来看,这些限制竞争行为对各国经济甚至世界经济会产生消极影响,经济全球化中一国进出口角色并不固定,也许在某一特定的商业活动中,该国并没有遭受利益损害,但它的做法极易招致其他国家的报复。贸易自由化与全球市场竞争是经济全球化的两大产物,对贸易自由化的倡导和要求与对公平竞争的倡导和要求是一致的,在维持国际经济秩序过程中,贸易自由化和公平竞争相辅相成。当公平竞争滞后甚至阻碍贸易自由化进程时,就需要对竞争政策实行国际协调,自由贸易协定在此方面即可发挥一定的作用。如果说当代自由贸易协定推进的贸易自由化主要是破除了边境上的贸易壁垒,但若要进一步推进贸易自由化,还必须破除边境内的贸易壁垒——各种限制竞争行为,否则贸易自由化实现资源最优配置的目标难以实现。

国内竞争法的域外管辖是催生制定统一竞争政策规则的"法律动因"。在自由贸易协定中制定统一的竞争政策实体规则,统一成员国竞争法规制的对象及适用条件,可以避免当前各国竞争法行使域外管辖权而造成的管辖权冲突。从限制竞争行为的角度来看,随着经济全球化的不断深化,国际经济交往日趋频繁,跨国公司既可能在一国实施限制竞争行为而影响另一国的有效竞争,也可能同时在几个国家实施限制竞争行为而影响有关国家的有效竞争,导致几个甚至多个国家一同被卷入国际限制竞争行为的案件调查之中;从竞争政策角度来看,一国竞争法总是与本国的产业政策、贸易政策紧密联系在一起,带有强烈的保护本国利益、促进国内经济发展的目的,这必然会造成各国竞争法的冲突,而域外管辖权的使用更会激化矛盾、加剧冲突。各国竞争法的差异性会导致竞争标准与调查、执行程序的重复或冲突,这既影响了竞争执法机构调查结果的权威性,也使被调查者疲于应付,增加其费用与负担。为了避免域外管辖权造成的多重管辖或平行管辖所带来的资源浪费和效率低下,在自由贸易区内实施统一的竞争政策,协调成员国的域外管辖权是非常必要的。

从目前来看,部分自由贸易协定在制定统一的竞争政策实体规则方面迈出了一步,即对成员国竞争法规制的对象作出限制性规定,要求其必须对特定的限制竞争行为进行规制。欧盟在其签订的自由贸易协定中,通常直接要求成员国应将特定的限制竞争行为纳入竞争法规制范围,但不同的协定所包含的具体限制竞争行为则存在差别。如《欧盟—埃及自由贸易协定》第34条即规定,以下三种行为将损害欧盟与埃及之间的贸易:(1)企业之间的所有协议、企业协会的决定以及以防止、限制或扭曲竞争为目标或影响的企业之间的协调做法;(2)一个或多个企业滥用其在共同体或整个埃及领土或其大部分领土上具有的支配地位;(3)任何通过给特定企业或特定货物的生产以优惠而扭曲或威胁扭曲竞争的公共援助。前两种行为为私人实施的限制竞争行为,后一种行为则为成员国实施的限制竞争行为。在《欧盟—韩国自由贸易协定》中,第11.1条第3款也列举了三种限制竞争行为:(1)企业之间的协定、企业协会的决定和协调一致的做法,它们的目的或效果是防止、限制或扭曲任何一方作为一个整体或其大部分领土内的竞争;(2)一家或多家企业在任何一方的领土上或在其相当大的一部分内滥用支配地位的任何行为;(3)企业之间的集中,这严重阻碍了有效竞争,特别是由于在任何一方的整个领土或相当大的部分建立或加强了支配地位。这三种行为均为私人实施的限制竞争行为,前两种与欧盟与埃及签订的《欧盟—埃及自由贸易协定》相同,最后一种经营者集中则不在《欧盟—埃及自由贸易协定》规制的范围之列,其没有将成员国实施的限制竞争行为,即公共援助问题纳入协定规范之列。新加坡也采取类似做法,在其与哥斯达黎加签订的《哥斯达黎加与新加坡自由贸易协定》第9.1条中要求成员国竞争法至少应对企业间协议、滥用支配地位和经营者集中三种限制竞争行为进行管制。

还有一些国家则倾向于在定义条款中,通过对限制竞争行为的解释,间接要求自由贸易协定成员国将特定的行为纳入其竞争法规制的范围。如《澳大利亚—韩国自由贸易协定》在第14.10条"定义"中规定,所谓反竞争行为是指对竞争产生不利影响的商业行为或交易,例如企业之间的反竞争协定或安排、滥用支配地位、反竞争的兼并和收购或其他反竞争的企业结构组合。该定义既对反竞争行为给出了一个概括性的定义,也列举了三种典型的、常见的反竞争行为,其规制的对象较

《欧盟—埃及自由贸易协定》《欧盟—韩国自由贸易协定》要广。韩自贸也采取了类似做法,该协定第14.13条"定义"规定,反竞争商业行为指对一缔约方境内市场竞争产生负面影响的商业行为或交易,例如:(1)在缔约一方全境或大部分地区,试图造成或者实际具有排除、限制、扭曲竞争效果的企业协议、联合决定或协同行为;(2)在一缔约方全境或大部分地区,一家或数家具有支配地位企业滥用支配地位的行为;(3)在一缔约方全境或大部分地区,显著妨碍有效竞争,特别是形成或加强市场支配地位的经营者集中。

从明确成员国竞争法规制的对象来看,部分自由贸易协定已经达到了欧盟竞争政策的水平,但与欧盟竞争政策存在的巨大差异。如《欧洲联盟运行条约》除在第101条、第102条和第106条规定了欧盟竞争政策规制的对象外,还明确规定了判断相关行为是否违法的认定标准,使成员国主管机关及法院在适用上述条款时有着统一的实施标准,防止法律适用中的差异化,保证了竞争政策适用的统一性与一致性,而自由贸易协定尚无此类规定。为提高竞争执法的效率,强化成员国间竞争执法合作,自由贸易协定竞争政策需借鉴欧盟的做法,明确规定有关限制竞争行为的具体认定标准。

二、将政府限制竞争行为纳入竞争政策规制范围

欧盟的国家援助控制政策是欧盟竞争政策不可或缺的一部分,创建了单一的欧盟市场,促进了欧盟的融合,有助于提高欧盟的竞争力。对自由贸易协定而言,要保证成员国贸易、投资自由化的顺利实现,防止贸易、投资自由化的成果被各种限制竞争行为所抵消或损害,也同样需要将政府限制竞争行为,主要是国家援助行为纳入自由贸易协定竞争政策规制的范围。

国家援助本质上属于一国产业政策的范畴,自由贸易协定之所以需要在竞争政策框架下对成员国的国家援助进行控制,个中蕴含着深刻的理论根源,即产业政策与竞争政策的关系问题。由于单纯的市场调节总会出现失灵的现象,因而国家干预经济是必要的。国家干预经济的具体方式很多,但主要是财政货币手段和国民经济计划手段。竞

争政策主要针对国民经济计划中的国家援助形式，通过对国家扶持特定地区或企业的规范，达到维护市场有效竞争的目的。根据产业经济学的理论，经济的增长并不等于经济的发展。如果经济增长的结构并没有使广大人民受益而是造成了长期的两极分化趋势严重，产出快速增长而产出中相当大一部分无补于国计民生，只是国民经济的虚耗，这就说明经济的增长存在结构性失调，国家必须对其进行适度的调整。国家援助就是这样一种进行产业调整的重要手段。它通过对国内特定地区或特定产业给予的补助，如承担部分运作成本、给予优惠政策刺激投资等，来对特定援助对象予以扶持。

然而，国家援助却同时有着重构贸易壁垒、消融市场机制作用发挥、降低竞争力等负面效应。首先，成员国给予本国企业或特定地区的援助、优惠的做法，会使其他成员国相关竞争者处于不公平的竞争地位。国家援助措施可以成为诱发成员国之间贸易争端的主要原因。一国的国家援助政策十分容易引发另一个国家采取更极端的补贴措施与之进行对抗，以便提高该国企业在国外市场的竞争力。这种竞相提高补贴的做法，实质上导致的是国家间贸易壁垒的升级。其次，国家援助也将影响资源的合理配置。一国国家援助所创造的就业机会，很可能会造成另一国相关行业的失业率上升。为了吸引投资，国家之间可能相互较量谁能提供更优惠的援助，而不去寻求真正补偿地区或产业不足的有益方式，使得资源无法真正在需要的地方发挥作用。最后，国家援助会阻止该成员国国内企业进行必要的重组和革新，长此以往，会严重削弱相关产业的竞争力。

英国学者约翰·亚格纽曾说，自由、公平竞争有助于促进经济发展，垄断却可以扭曲、限制竞争，尤其是形成垄断地位的市场主体可以凭借控制市场力量来获取垄断利润，最终将极大地损害作为弱势群体的消费者利益。[1] 与其他市场主体相比，国家处于一个能创设垄断或给予垄断权力和其他竞争优势的地位。因此，作为致力于实现贸易、投

---

[1] 参见[英]约翰·亚格纽：《竞争法》，徐海等译，南京大学出版社 1992 年版，第 188 页。

资自由化的自由贸易协定,对成员国所采取的国家援助措施自然不能放任不理。为了确保成员国只有在有利于自由贸易协定实施的前提下才给予援助,有必要对各成员所采取的国家援助措施进行控制,通过禁止与贸易、投资自由化目标不相容的国家援助的实施,来推动区域内经济的融合与发展。

目前较少自由贸易协定规制国家援助问题,即便是欧盟签订的自由贸易协定,也只有部分协定将国家援助(也称为公共援助)纳入竞争政策一章,从竞争政策的角度规范国家援助问题。因此,对自由贸易协定而言,为保障签订自由贸易协定目标的达成,首先需要将国家援助问题纳入竞争政策一章,除规范私人实施的限制竞争行为外,还规范由成员国实施的限制竞争行为。

欧盟规制国家援助的经验表明,对自由贸易协定而言,在规制国家援助时,需要对国家援助的含义及其构成要件作出清晰、明确的规定。在构成要件层面,国家补助应当具备以下 4 项基本要件:(1)施行主体为国家公权力主体;(2)接受补助主体为特定企业、特定行业或特定产品的生产者与服务的提供者;(3)补助客体涵盖各种形式的经济利益;(4)补助行为具有扭曲市场竞争机制的实际效果或潜在可能性。在外延范围层面,国家补助应当涵盖税收优惠、国家倾向性投资、国家低息贷款、国家担保、国家补贴等形式。但鉴于国家援助同时也服务于公共政策目的,对成员国在经济、社会及地域等方面和谐发展有着促进作用,因此并不宜禁止所有的国家援助,而应将特定的国家援助排除在规制范围之外对其实行豁免,并且豁免范围应随着成员国贸易、投资自由化的深化而不断修改,使协定成员在国家援助上保有一定的灵活性。正如欧盟为应对新冠肺炎疫情而豁免成员国在规定范围内对特定产业给予豁免一样。

欧盟国家援助控制作为欧盟竞争政策的一部分,其总体目标包括四个方面:维系竞争利益,促进效率、创新及竞争力的激励与惩罚体系;避免成员国间的补贴竞赛;为欧盟内部市场上的所有企业提供并维护公平竞争的环境;避免企业在欧盟内部市场制造障碍。[1] 欧盟认为,作为产业政策的国家援助同样不得有悖于竞争政策的要求。如果成员国所提供的支持是向特定地区或特定产业部门的投资进行鼓励甚至提供奖励,或者帮助特定产业适应新的技术以及环保要求,通常这样的援助被认为对整个经济和社会有利。但是在某些情况下,成员国会对一些无法抵御市场竞争的公司提供援助,或者从根本上通过援助以增强这些公司的竞争力。这类援助则阻碍了市场力量的自由流动,损害了资源的有效配置,进而扭曲了一国经济的正常发展。所以国家援助需要得到有效控制以符合欧洲一体化的目标。欧盟竞争政策中的国家援助控制制度对该目标的实现起着至关重要的作用。一方面,该制度对共同市场的形成十分关键。成员国出于狭隘的保护主义而对本国产业进行的援助势必危及欧洲市场一体化和自由化的进程。国家援助控制制度的目的在于阻止特定企业通过政府支持获得不公平的竞争优势。另一方面,如果没有这一控制制度,那么区域间的贫富差距将不断扩大。富裕地区将给予本地区企业更多的援助,进而危及相对贫困的地区。欧盟的上述情况同样适用于自由贸易协定。

三、完善竞争政策的实施机制

制定统一的竞争政策实体规则只是实现自由贸易协定有效规制反竞争行为的第一步。欧盟的经验告诉我们,如果没有建立有效的竞争政策实施机制,再完善的实体制度也发挥不了竞争政策应有的作用。从欧盟实施竞争政策的过程来看,其成功经验主要表现在三大方面:第一,设立负责实施欧盟竞争政策的专门机构,并赋予其统一实施的权力,欧盟委员会在实施竞争政策方面所发挥的作用有目共睹;第二,建立有效的争端解决机制,从宏观角度看,欧盟法院为欧洲一体化的形成与发展发挥了无可替代的作用,从微观角度看,通过行使先予裁决权和审判权,欧盟法院为维护欧盟竞争政策的一致性与权威性发挥了巨大

---

[1] 参见[比]托本·托夫特:《欧盟国家援助控制》,“中欧国家援助控制研讨会”论文,2014年10月于北京。

的作用;第三,私人执行制度逐步完善,2004 年后允许私人向欧盟法院提起竞争政策诉讼,提升了私人维护竞争秩序的兴趣,也促进了竞争政策的有效实施。

欧盟委员会承担着适用和发展欧盟竞争政策的首要职责。竞争官员的能力、判断力和效率等方面的出色表现,使得欧盟竞争政策变得有力,内容充实,成为欧盟统一进程中的核心力量。在最初,欧盟委员会竞争总署就发展了一套程序,该程序是建立在法律而非行政裁量权基础之上,这使得人们对欧盟委员会有了信心,整个欧洲也因此接受了竞争总署的目标。在决定欧盟竞争政策的发展及实施的重点、竞争政策的形式等方面,欧盟委员会发挥着核心作用。[1] 正是在欧盟委员会的大力推动下,欧盟竞争政策才实现了实体规则与程序规则的现代化。1997 年,欧盟委员会建议就纵向协议问题出台新指南,该指南引入的建议是,判定纵向协议的合法性时,将不再主要以协议的具体形式为依据,而是应根据此类协议在具体情形下使用时所产生的效果来判定,判断效果的因素包括市场特征、合同各方的关系、合同当事人的市场支配权力等。2000 年该指南发布后,即被作为欧盟竞争政策中的一项重大变革。[2] 2001 年,欧盟委员会就横向协议发布了类似的指南,反映了欧盟委员会的新立场,即新古典经济学意义上的"消费者福利"应该成为适用《欧洲联盟运行条约》第 101 条时的首要标准。[3] 在程序规则的现代化方面,欧盟委员会首先在 1999 年 4 月发布了白皮书,就竞争政策实施程序的现代化发表了看法,并以该白皮书为基础,于 2000 年 9 月发布了条例提案。其后,欧盟委员会花了将近两年的时间,说服成员国接受该提案,于 2002 年 12 月发布了 1/2003 号条例,摒弃了《罗马条约》第 81 条关于协议通报的要求,也打破了欧盟委员会根据《罗马条约》第 83 条享有的独家豁免权,确立了这样的理念:成员国应主要承担

---

[1] 参见[美]戴维·J. 格伯尔:《全球竞争:法律、市场和全球化》,陈若鸿译,中国法制出版社 2012 年版,第 209 页。

[2] See European Commission, *Guidelines on Vertical Restraints*, [2000] OJ C 291/01.

[3] See European Commission, *Guidelines on the Application of Article* 81 *of the EC Treaty to Horizontal Cooperation Agreements*, [2001] OJ C 3/2.

起适用欧盟竞争政策的责任，欧盟委员会只在有限的情况下才采取执法行动；成员国之间通过各国竞争官员之间的网络架构进行协调，欧盟委员会在其中发挥主要的声音，成为控制机关。[1]

自由贸易协定不重视实施机构的设置与现今自由贸易协定竞争政策协调水平低下有着直接关系，由于主要强调竞争执法的协调与合作，绝大多数自由贸易协定未就竞争政策的实施设立专门的机构。从统计数据来看，主要是美国、墨西哥及一些南美国家在其签订的协定中设立有专门机构，其他国家或地区，包括欧盟在内，都没有设立专门机构。从已设立的专门机构的职权角度来看，这些机构其实只有监督权与建议权，没有实施权，更没有欧盟委员会享有的调查权、处理决定权、罚款权等。依《北美自由贸易协定》第1504条的规定，设立由各成员代表组成的"贸易与竞争工作组"，其职权是向自由贸易委员会就自由贸易区内竞争政策和法律与贸易之间的关系提交报告和提出进一步工作的建议。CPTPP第17.12条规定设立"国有企业与指定垄断委员会"，赋予该委员会以四项职能：审议和考虑该章的实施和运用；应一缔约方请求，对该章下产生的任何事项进行磋商；视情形推动合作的努力，在自由贸易区内促进该章的纪律所体现的原则，并为在两个或更多缔约方参与的其他区域和多边机构中制定类似纪律作出贡献；开展该委员会可能同意的其他活动。CPTPP的上述规定是自由贸易协定最先进的规定，与其他协定，包括与《北美自由贸易协定》的最大不同，是直接赋予了国有企业指定垄断委员会以实施协定竞争政策的权力。这与欧盟委员会的职权最为接近，但该委员会不享有欧盟委员会享有的其他重要权力。随着竞争政策议题在自由贸易协定中的地位不断提升，自由贸易协定竞争政策规则不断实体化，自由贸易协定应考虑设立专门机构，负责竞争政策条款的实施，并授予其具体职权，以提高竞争政策规则对成员国的约束力。

欧盟法院无疑是实施欧盟竞争政策的另一重要机构。虽然欧盟委

---

[1] See Conucil Regulation(EC), *No 1/2003 of 16 December 2002 on the Implementation of the Rules on Competition Laid Down in Articles 81 and 82 of the Treaty*, [2003] OJ L 1/10-13.

员会承担着发展和适用欧盟竞争政策的首要职责,但欧盟委员会的成功却要依赖于欧盟法院的支持。通常,欧盟法院会肯定欧盟委员会在竞争政策方面的基本方法,即便法院的结论与欧盟委员会的结论有异,法院的推理方法也通常被视为是与欧盟委员会使用的方法一致的。在这种机构的互动中,欧盟委员会做决定时,寻求的是一种能够通过法院审查的逻辑方式,而法院审案时则使用欧盟委员会发展出的基本语言。在 2004 年之前,欧盟法院清楚地阐明竞争政策对于支持欧洲一体化进程的作用,支持欧盟委员会落实该图景方面发挥着核心作用。[1]

欧盟法院作为一个常设争端解决机构,主要透过两种路径实施欧盟竞争政策:一是行使审判权,通过适用法律,解释、澄清欧盟竞争政策,就具体案件的是非曲直作出裁决;二是行使先予裁决权,维护欧盟竞争政策在成员国的统一适用。如欧洲法院在 Grundig 案中的判决对《欧共体条约》第 81 条的适用起到了重要作用,是欧共体/欧盟竞争政策早期发展史上的经典判例,该判决的许多内容已经成为竞争法领域的常识。本案在欧共体/欧盟竞争政策发展史上具有里程碑式的意义,澄清了欧共体/欧盟竞争政策适用的模糊问题,推动了欧共体/欧盟竞争政策的发展。在该案中,法院认为,纯粹的排他性销售协议并不被禁止,Grundig 与 Consten 之间的排他性销售协议之所以被认定违法,是由于其在授予排他权之外,又加上了旨在依靠成员国法来为唯一的被授权人提供绝对的地域保护,来阻碍 Grundig 产品向法国平行进口的条款。法院的此一判决作出不久,欧共体委员会即于 1967 年 3 月 22 日颁布第 67/67 号条例,该条例采纳了该判决的观点,宣布排他销售并非本身自动地受《欧共体条约》第 81 条第 1 款的调整,只有在其具有反竞争的目的或产生反竞争的效果时,才为《欧共体条约》第 81 条第 1 款所禁止。另外,关于《欧共体条约》第 81 条第 1 款是否只适用于横向协议,当时存在较大的争议。在本案中,原告也提出了此一问题并且得到了德国政府的支持,其认为《欧共体条约》第 81 条第 1 款只应适用于横

---

[1] 参见[美]戴维·J.格伯尔:《全球竞争:法律、市场和全球化》,陈若鸿译,中国法制出版社 2012 年版,第 209-210 页。

向限制竞争协议,而 Consten 与 Grundig 之间的协议是纵向协议。在该案判决中,欧共体法院明确,无论是从《欧共体条约》第 81 条的措辞还是从第 82 条的措辞,都看不出有什么理由认为,要根据当事人所处的经济环节来为这两个条文划定不同的适用范围。其中第 81 条一般性地指向所有的"扭曲共同市场竞争的"协议。原则上,如果条约自身未作区分,则不能进行这种区分。那些阻碍或限制了合同一方当事人与第三人之间竞争的合同,也能产生《欧共体条约》第 81 条意义上的扭曲效果。因此,不同环节的经济主体之间订立的协议,即便不成立滥用支配地位的行为,也有可能影响成员国间的贸易,同时又以阻碍、限制、扭曲竞争为目标或有此效果,因而应为《欧共体条约》第 81 条第 1 款禁止。[1]

Grundig 案鲜明体现了作为争端解决机构的欧共体/欧盟法院对欧共体/欧盟竞争政策准确、有效实施的重要意义。作为关税同盟,欧盟设立了常设的争端解决机构,负责欧盟法律的解释与适用,为欧盟法律的统一适用发挥了无可替代的作用;而自由贸易协定由于一体化程度较低而没有设立常设的争端解决机构,通常采用混合模式,即磋商与仲裁庭相结合的方式解决成员国之间的贸易投资争端。对自由贸易协定而言,问题在于相当部分的自由贸易协定规定关于竞争执法协调与合作部分发生的争议,不得适用协定的一般争端解决机制而只能透过磋商解决,许多协定甚至故意将争端解决程序空白,这意味着在成员国执行相关条款过程中发生分歧时,无法通过有约束性的争端解决方法解决其间的争议。这将涣散自由贸易协定竞争政策条款的约束力,使协定义务成为自愿性条款,十分不利于竞争政策条款的实施与执行。因此,对自由贸易协定而言,如欲提高竞争政策条款对成员国的约束力,有效保障协定贸易投资自由化目标的实现,就必须借鉴欧盟的做法,强化争端解决机制。具体而言,自由贸易协定须规定,因适用竞争政策条款而发生的争议,应如货物贸易、服务贸易、投资、知识产权保护等议题

[1] See Case 56/64, Consten SaRL and Grundig GmbH v. Commission, [1966] ECR 00299.

一样,统一适用设立的一般争端解决机制,采用混合解决模式解决竞争政策争端。

私人执行制度在欧盟竞争政策实施中的发展历程表明了该制度对竞争政策的有效实施可以发挥的重要作用。相对于公共执行,私人执行有三大好处:第一,实现矫正正义。这是指因限制竞争行为而遭受损害的人,可以通过私人执行获得赔偿。第二,具有威慑效果。当民事诉讼导致行为人承担较高的损害赔偿责任时,会促使其他公司遵守法律规定,而不是共谋损害消费者和社会的利益。第三,填补执行缺口。竞争政策的公共执行不可能处理所有的案件,由于资源有限以及受到特定政策目标的限制,竞争主管当局问题会有选择地处理案件,而将其他案件交给私人执行来解决。另外,私人执行在宏观上将会进一步发展包括消费者在内的市场参与者之间的竞争文化,并且会提高人们对竞争规则的关注,而这会有助于扩大支持竞争规则的民众基础,使竞争规则与公民的关系更加直接。[1] 正是基于上述考量,欧盟在第 1/2003 号条例中大力推进私人执行,以弥补竞争政策公共执行的不足。

对自由贸易协定而言,为加强对跨国反竞争行为的规制,可增设一个条款,要求协定成员国内竞争法须设立并维持私人执行制度,至于私人执行制度的具体规则,则交由成员国内竞争法自行确定。CPTPP 第 16.3 条第一次在自由贸易协定中规定私人诉权,引入私人执行制度,对未来自由贸易协定竞争政策私人执行制度的发展具有重要意义。

---

[1] 参见王健:《浅议欧盟竞争法的私人执行》,载《欧洲研究》2006 年第 5 期。

第五章 中国自由贸易协定的因应之道

中国是签订自由贸易协定的大国之一,迄今为止已与26个国家或地区签订了19项自由贸易协定,成为位居欧盟、英国、瑞士、冰岛、挪威、智利、列支敦士登、新加坡、墨西哥和土耳其之后全球签订区域贸易协定最多的第十一个国家。[1] 随着我国综合国力不断增强、对外贸易与投资日益增长,对公平、高效的贸易投资环境的需求也日趋提高。加快实施自由贸易区战略,逐步构筑起立足周边、辐射"一带一路"、面向全球的自由贸易区网络,无疑是满足此种需求的重要路径。在自由贸易协定谈判中如何处理竞争政策议题、如何规范竞争政策,是我国需解决的问题。

第一节 竞争政策议题在我国自由贸易协定中的发展

从无到有,从简单到复杂,中国签订的自由贸易协定的竞争政策条款自2009年以来得到了迅速发展。2009年4月与秘鲁签订的《中国—秘鲁自由贸易协定》第一次纳入竞争政策议题,2013年4月与冰岛签订的《中国—冰岛自由贸易协定》第一次以成章的形式规范竞争政策议题,2020年11月签订的RCEP制定了迄今为止内容最为丰富的竞争

[1] 根据世贸组织的统计数据得出。资料来源:WTO, *Regional Trade Agreements Database*, WTO(Oct,22,2021),http://rtais.wto.org/UI/PublicMaintainRTAHome.aspx。

政策规则。自《中国—秘鲁自由贸易协定》以来新签订的11项自由贸易协定，除2017年12月签订的《中国—马尔代夫自由贸易协定》、2020年10月签订的《中国—柬埔寨自由贸易协定》外，我国签订的其他自由贸易协定均纳入了竞争政策议题。

一、忽略竞争政策议题阶段

对在自由贸易协定中纳入竞争政策议题，我国经历了从否定到接受的转化过程。2001年12月我国加入世贸组织后，开始积极与相关贸易伙伴商签自由贸易协定，至2009年4月与秘鲁签订自由贸易协定时，在其间的七年多时间内，我国分别与东盟、智利、新西兰等签订了自由贸易协定。此外，我国香港特别行政区和澳门特别行政区也是缔约方。在这6项自由贸易协定中，货物贸易、服务贸易与投资是三大最重要的议题，上述协定要么在首次谈判时即已纳入此三大议题，要么通过后续谈判就相关议题达成了补充协议，但均未纳入竞争政策议题。

我国在这一时期签订的自由贸易协定未纳入竞争政策议题的主要原因，是我国尚未颁布、实施反垄断法。我国没有颁布、实施反垄断法的根本原因是我国的社会主义市场经济体制建设尚处于摸索之中。社会主义市场经济体制是一种史无前例的体制，也是中外经济学经典中从来没有的一个概念。1982年，党的十二大正式提出计划经济为主、市场经济为辅的观点；1987年，党的十三大正式提出社会主义有计划商品经济的体制应该是计划与市场内在统一的体制的观点；1992年，党的十四大报告中正式指出，我国经济体制改革的目标是建立社会主义市场经济体制，并在十四届三中全会上作出了《关于建立社会主义市场经济体制若干问题的决定》。在开始市场经济体制建设的同时，我国亦着手制定反垄断法。反垄断法是现代市场经济的守护神，是高级的市场经济之法。[1] 市场经济很重要的一个方面就是竞争制度，反垄断法就是保护公平竞争的制度，充分发挥市场配置资源的作用，保护消费者和社会公众的利益，促进社会主义市场经济的健康发展。一个国家

[1] 参见史际春：《〈反垄断法〉与社会主义市场经济》，载《法学家》2008年第1期。

的反垄断法律制度,不仅要和产业政策相匹配,还要与一个国家的经济发展水平相匹配。国务院1987年成立反垄断法规起草小组,草拟《禁止垄断和不正当竞争暂行条例草案》。1994年第八届全国人大常委会将反垄断法列入立法规划,但由于当时市场经济体制的不成熟与经济发展水平的制约,我国反垄断法一直未能出台。直到2007年8月30日,第十届全国人大常委会第二十九次会议才通过《中华人民共和国反垄断法》,从而为这部酝酿达13年之久的法律出台画上了圆满的句号。

如前所述,自由贸易协定竞争政策条款对成员提出的第一项义务,即是设立并维持竞争法,因此多数国家都是在颁布、实施竞争法的基础上,才在自由贸易协定中制定相关竞争政策规则。美国之所以在《北美自由贸易协定》中设立竞争政策条款,将竞争政策议题纳入自由贸易协定之中,其中一个重要的条件是,美国很早就颁布了竞争法,并获得了丰富的实施经验。美国反托拉斯法一直居于竞争法舞台的中心,它常常被称为是反托拉斯法之"父",被其他国家视为仿效或至少是研究的模板。[1] 美国早在1890年即颁布了《谢尔曼法》,并随后在1914年颁布《克莱顿法》和《联邦贸易委员会法》,形成了规制限制竞争行为的完善的法律体系。另一方面,竞争政策议题之所以最终被排除在多哈回合贸易谈判范围之外,除发展中国家与发达国家成员之间经济利益、发展战略存在冲突,价值目标存在差异,对成员国经济主权造成太大冲击等原因之外,其中还有一个重要因素,是许多发展中国家成员尚未颁布、实施竞争法,因此在竞争政策领域承担多边义务超出了这些成员的承受能力。只有少数国家在将竞争政策议题纳入自由贸易协定时,其国内尚未颁布、实施竞争法。如新加坡于2003年与美国签订《美国—新加坡自由贸易协定》时,在其国内尚未制定、颁布竞争法的情况下将竞争政策议题纳入其中,但该协定要求新加坡承担条约义务,承诺在2005年1月之前完成其国内竞争法的立法工作。[2] 2004年新加坡颁

---

[1] 参见[美]戴维·J.格伯尔:《全球竞争:法律、市场和全球化》,陈若鸿译,中国法制出版社2012年版,第128页。

[2] See US-Singapore FTA, Article 12.2.

布了首部《竞争法》,并于 2005 年 1 月 1 日正式成立了竞争主管机构——新加坡竞争委员会,开始实施其竞争法律,履行了《美国—新加坡自由贸易协定》中承担的设立并维持竞争法的义务。

由于缺乏国内反垄断法的支撑,更没有反垄断执法经验,为了使国际义务有着国内法的良好支撑,保证自由贸易协定义务得到履行,我国在国内制定、实施竞争法之前,没有在其签订的自由贸易协定中规范竞争政策议题。

二、初步接纳竞争政策议题阶段

随着我国社会主义市场经济体制的不断成熟与完善,2007 年 8 月 30 日,我国颁布了《反垄断法》,并于 2008 年 8 月 1 日起正式实施。该法的颁布与实施,有利于规制我国经济生活中存在的各种垄断与限制竞争的行为,维护公平竞争,维护竞争者、消费者合法权益及公共利益;有利于促进我国行业和地区间的协调发展,并由此引导有效益的规模经济;更有利于我国进一步提升改革开放的水平,充分利用外资,减少其不利影响。从国际层面来看,也为我国与其他国家就竞争政策开展国际合作打下了基础。

随着《中华人民共和国反垄断法》的颁布与实施,我国随即在签订的自由贸易协定中,开始规范竞争政策议题。但由于尚缺乏反垄断执法经验,我国采取了较谨慎的做法,最初在签订自由贸易协定时没有像其他国家一样采用专章的形式规范竞争政策议题,而是在协定“合作”一章中,就竞争政策领域的合作问题制定了相关规则。

《中国—秘鲁自由贸易协定》是我国签订的第一项涉及竞争政策问题的自由贸易协定。2009 年 4 月 28 日,中国与秘鲁两国政府在北京正式签署《中国—秘鲁自由贸易协定》,该协定是我国与拉美国家签署的第一个“一揽子”自由贸易协定,是两国关系发展史上新的里程碑。《中国—秘鲁自由贸易协定》共 17 章 201 条,包括序言、初始条款、货物的国民待遇和市场准入、原产地规则及与原产地相关的操作程序、海关程序及贸易便利化、贸易救济、卫生与植物卫生措施、技术性贸易壁垒、服务贸易、商务人员临时入境、投资、知识产权、合作、透明度、协定的管理、争端解决、例外和最终条款。该协定内容涵盖了货物贸易自由化、服务贸易自由化、投资保护与自由化及知识产权保护等重要议题,是我国已签订的自由贸易协定中涵盖议题最为广泛的综合性自由贸易协定之一。

《中国—秘鲁自由贸易协定》关于竞争政策的规定体现在该协定第十二章“合作”一章之中。该章规定中国与秘鲁应在经济、科研与技术、信息技术、教育、中小企业、文化、矿业和工业、旅游等众多领域在本协定框架下展开密切合作,以促进协定贸易自由化目标的实现。该章与竞争政策议题相关的条款有 3 条,对涉及该议题的相关问题作了初步、简略的规定。

《中国—秘鲁自由贸易协定》首先在第 149 条“目标”条款中规定了协定双方进行合作的目标。该条指出,协定双方开展各种合作的重要性,制定“合作”一章的目标在于方便双方建立紧密的合作关系,包括鼓励创新协作,为贸易和投资创造新机会,促进竞争与创新。作为一种宣示性条款,虽然内容较为抽象,不过还是以文本形式确定了《中国—秘鲁自由贸易协定》中竞争政策的目标。该协定在第 159 条“竞争政策”中,对协定双方如何在竞争政策领域进行合作作了具体规定。作为该协定规范竞争政策最核心的条款,该条规定,缔约双方认识到各自国家竞争主管部门之间的合作和技术援助的重要性,特别是包括信息和经验交流以及提高制定竞争政策的能力。因而在此意义上,双方愿意在遵循各自国内法律的基础上开展合作。上述规定透露出三方面的信息:第一,协定双方应制定并执行各自的竞争法;第二,通过交换信息与交流经验进行合作,并提供技术援助;第三,由协定双方的国家竞争主管部门实施合作与提供技术援助。上述三个方面的内容相当于其他自由贸易协定中的设立和维持竞争法、竞争执法的合作与协调及技术援助等方面的规定,但规则不够具体。《中国—秘鲁自由贸易协定》还在第 166 条“争端的解决”中规定,协定双方均不得就因该章而产生或与本章有关的任何事项援用本协定第十五章“争端解决”规定,从而排除了对本协定一般争端解决机制的适用。

2010 年 4 月中国与哥斯达黎加签订的《中国—哥斯达黎加自由贸

易协定》采用了《中国—秘鲁自由贸易协定》的模式，在“合作、贸易关系促进与提升”一章中就竞争政策的合作问题作出了规定，在合作的目标、合作的具体内容、机构设置、争端解决方面制定了相关规则，但内容更为丰富。《中国—哥斯达黎加自由贸易协定》第118条第2款第9项规定，缔约双方通过合作机制和技术援助促进竞争实践，以促进防止和/或消除反竞争实践，此规定既明确了合作的具体目标，又明确了合作的具体路径。在第126条中，该协定具体规定了缔约双方在竞争政策领域进行合作的主要领域：促进强制机制的执行，包括在负责竞争机构间的通报、咨询和信息交流，特别是为防止或禁止反竞争实践或限制竞争的经济集中；促进竞争领域的能力建设；促进经验交流、技术援助和人力资源培训，以便在反垄断、合并和补贴、竞争诉讼、知识产权、市场准入、法学理论等加强和有效执行竞争法。该条还强调，竞争合作应主要包括但不限于上述三大方面的活动，这意味着随着情势的变化，缔约双方还可以进一步拓展竞争政策合作的领域，深化合作措施。《中国—哥斯达黎加自由贸易协定》第128条规定设立合作分委员会，并就其组成、议事方式及职能作了具体规定，这使得前述竞争执法的协调与合作方面的规定更具可操作性。关于竞争政策条款项下的争端解决，该协定与《中国—秘鲁自由贸易协定》一样，只是规定有关争端均不得援引《中国—哥斯达黎加自由贸易协定》第十四章关于争端解决的规定，但在排除适用协定争端解决机制后没有设立其他的争端解决方法，因此争端解决程序均为空白。

从上述相关规定来看，《中国—秘鲁自由贸易协定》《中国—哥斯达黎加自由贸易协定》与其他自由贸易协定的竞争政策规则相比，条款少、内容简单，规定也较为概括，但也具备了规范竞争政策议题的一些核心内容，如国内竞争法的设立与维持、竞争执法的协调与合作及技术援助等，不过没有涉及国有企业与指定垄断，更没有规范消费者保护。在争端解决方面上述两协定与大多数自由贸易协定一样，将竞争政策项下发生的争端排除在自由贸易协定一般争端解决机制的适用范围之外，但在排除适用协定争端解决机制后，没有设立磋商程序，争端解决程序空白。《中国—秘鲁自由贸易协定》是我国在签订自由贸易协定时纳入竞争政策议题的第一次尝试,实现了在对外签订的自由贸易协定中规范竞争政策议题零的突破。

三、完全接纳竞争政策议题阶段

随着国内竞争执法经验的日益丰富,以及对竞争政策议题重要性认识的深化,我国开始以更积极的心态处理竞争政策议题,其重要标志是,不再采用之前在自由贸易协定“合作”一章中规范竞争政策问题,而是采用专章的形式专门规范竞争政策议题,从而将竞争政策上升为自由贸易协定中的一个独立议题。

2013 年 4 月签订的《中国—冰岛自由贸易协定》是中国与欧洲发达国家签订的第一项自由贸易协定。该协定共 12 章,即序言、一般条款、货物贸易(包括关税减让、贸易救济、卫生与植物卫生措施、技术性贸易壁垒等内容)、原产地规则、海关手续与贸易便利化、竞争、知识产权、服务贸易、投资、合作、机制条款、争端解决、最终条款以及包含提供服务的自然人移动等在内的 9 个附件。与《中国—秘鲁自由贸易协定》《中国—哥斯达黎加自由贸易协定》不同,该协定将竞争政策条款从“合作”一章中抽出,独立成章,位列货物贸易之后,排在知识产权、服务贸易和投资之前,足可见竞争政策议题在该协定中的重要地位。

该协定第五章名为“竞争”,包括第 62 条“竞争规则”。该条共 6 款,文字较简单、概括,但内涵较丰富,包含有竞争政策的目标、国内竞争法的协调、竞争执法的合作与协调、指定垄断和争端解决等方面的内容。与其他国家签订的自由贸易协定竞争政策条款从目标条款着手一样,该条第 1 款即为目标条款,指出反竞争行为会妨碍该协定的有效实施,可能损害该协定所产生的利益,对缔约双方间的贸易产生不利影响。该条第 4 款规定,各缔约方承诺适用各自的竞争法消除反竞争行为,这相当于其他自由贸易协定竞争政策条款中的设立与维持竞争法的规定;该条第 4 款、第 5 款规定,缔约双方在符合各自法律及保密规定的前提下,就信息交流等进行合作,双方的竞争执法机构就与竞争一章相关的事宜开展合作与协商;该条第 3 款规定,竞争一章不对缔约方的经营者创设任何具有法律约束力的义务,也不影响各自竞争执法机构的执法独立性,这涉及国内竞争执法的合作与协调问题。该条第 2 款规定,竞争一章同样适用于缔约方根据法律享有特殊或排他性权利的经营者,但不应妨碍此类经营者履行其法定职能,这涉及指定垄断问题。该条第 6 款规定,竞争一章项下的任何争议,应通过缔约方之间协商解决,任何一方均不得诉诸自由贸易协定项下的争端解决机制。

与之前签订的《中国—秘鲁自由贸易协定》《中国—哥斯达黎加自由贸易协定》相比,《中国—冰岛自由贸易协定》对竞争政策议题的规范,不仅从形式上作了重大突破,用专章规范竞争政策议题,其内容也更为丰富,不仅规范了国内竞争法的设立与维持、国内竞争执法的合作与协调问题,还涉及指定垄断此一对我国而言较为敏感、在自由贸易协定中极少涉及的问题。这表明我国对在自由贸易协定中规范竞争政策议题的态度有了较大的改变,愿意在协定中较全面地规范竞争政策议题。不足的是,该章只有一个条款,内容较为概括、简单。

2013 年 7 月签订的《中国—瑞士自由贸易协定》竞争政策条款从形式到内容与《中国—冰岛自由贸易协定》极为一致,均单独成章,且只有一个条款,涉及的问题也基本一致。二者不同之处在于:从形式上看,在《中国—冰岛自由贸易协定》中,规范竞争政策的第五章位于货物贸易之后,表明该章内容只适用于货物贸易领域;在《中国—瑞士自由贸易协定》中,规范竞争政策的第十章"竞争"位列货物贸易、服务贸易、投资三大议题之后,且该章使用"经营者"此类中性术语,表明该章应适用于货物贸易、服务贸易和投资等领域,适用范围远大于前者。从内容上看,《中国—冰岛自由贸易协定》只是在第 62 条第 4 款概括规定,各缔约方承诺适用各自竞争法以消除反竞争行为,但没有对缔约方国内竞争法应规制哪些反竞争行为作出具体规定。这意味着在《中国—冰岛自由贸易协定》框架下,反竞争行为包含的种类完全由缔约方国内竞争法自行确定;而《中国—瑞士自由贸易协定》在第 10 条第 1 款中明确规定,"经营者之间排除、限制竞争的协议,滥用市场支配地位,以及具有排除、限制竞争效果的经营者集中等反竞争行为可能会对双边贸易产生不利影响",明确指出反竞争行为至少包括排除、限制竞争的协议、滥用支配地位和经营者集中这三种典型的反竞争行为,这表明在《中国—瑞士自由贸易协定》框架下，缔约方国内竞争法至少应对上述三种反竞争行为进行规范，从而对缔约方国内竞争法规范的对象作出了硬性规定。另外，关于竞争政策争端的解决，虽然两项协定均排除适用协定争端解决机制，但《中国—冰岛自由贸易协定》规定竞争政策一章下的任何争议均应通过协商解决，而《中国—瑞士自由贸易协定》则没有进一步的规定，因此其争端解决程序空白，表明该章项下义务的约束力弱于前者。

2015 年 6 月签订的《中韩自贸协定》是我国在签订 RCEP 之前规范竞争政策议题条款数最多、内容最丰富、规则最为具体的自由贸易协定。该协定在承继与冰岛、瑞士签订的自由贸易协定采用专章形式规范竞争政策议题的基础上，对相关问题作了更具体、详细的规定，共用 13 个条文就国内竞争法的协调、国内竞争执法的合作与协调、国有企业与指定垄断及争端解决等问题作了较具体的规定，极大地提高了相关规则的可操作性，表明我国在自由贸易协定中规范竞争政策议题从仅强调规范竞争政策议题进入到强调竞争政策规则可操作性的新阶段。

同样于 2015 年 6 月签订的《中国—澳在利亚自由贸易协定》未采用专章的形式规范竞争政策议题，而是在第十六章“一般条款与例外”第 7 条用一个条款规定了竞争合作问题，该条在指出了竞争合作和协调对于促进竞争、提高经济效率、增加消费者福利和限制反竞争行为重要性的基础上，对双方竞争执法机构的合作问题作出了规定，内容较为简单。

2017 年 5 月签订的《中国—格鲁吉亚自由贸易协定》是我国与欧亚地区国家签署的第一个自贸协定，也是“一带一路”倡议提出后我国启动并达成的第一个自贸协定，对推进自由贸易区战略和实施“一带一路”倡议具有重要意义。《中国—格鲁吉亚自由贸易协定》关于竞争政策的规定与《中国—韩国自由贸易协定》的相关规定几乎完全一致，都就目标、竞争法和竞争竞争机构、执法原则、透明度、执法合作、信息保密、竞争机构的独立性及争端解决问题作出了规定。但两协定也存在一些差别，《中国—格鲁吉亚自由贸易协定》没有规范公用企业与指定垄断问题及消费者保护问题,对执法磋商缺乏程序性规定。《中国—格鲁吉亚自由贸易协定》也有部分规定较《中韩自贸协定》合理。一是在竞争政策争端解决方面,《中韩自贸协定》对竞争政策争端仅规定排除适用协定的争端解决机制,对相关争端如何解决未再作具体规定;而《中国—格鲁吉亚自由贸易协定》第 10 条"争端解决"则在排除适用协定争端解决机制的同时明确规定,缔约双方之间的任何分歧和争端,包括"竞争"一章条款的解释和实施方面,均应通过缔约双方之间的友好磋商解决,从而明确了磋商是解决"竞争"一章争议的方法,且是唯一的方法。这摆脱了《中韩自贸协定》竞争政策争端无方法可解决的窘境,有利于提高竞争政策一章相关规则的约束力。二是关于竞争执法合作中信息交换的规定。《中韩自贸协定》第 14. 9 条第 2 款只对信息交换中的保密义务作了原则性规定,要求一缔约方对另一缔约方提供的秘密信息应当予以保密,而《中国—格鲁吉亚自由贸易协定》第 7 条标题即为"信息保密",该条要求缔约双方对另一方提供的保密信息应当承担保密义务,要求信息接受方应履行如下义务:(1)仅用于提出信息请求时披露的使用目的,获得信息提供方明确授权的除外;(2)不得将相关信息泄露给任何未经信息提供方竞争机构授权的机构、实体或个人;(3)符合信息提供方竞争机构提出的其他条件。上述三方面的规定,细化了缔约双方的具体义务,提高了该项规定的可操作性,有利于明确判断信息接受方是否履行了信息保密义务。

2019 年 10 月签订的《中国—毛里求斯自由贸易协定》是我国与非洲国家的第一个自贸协定,其不仅将为深化两国经贸关系提供更加有力的制度保障,更为中非全面战略合作伙伴关系赋予了全新的内涵,将中非经贸合作提升到了新的高度,开创了新的局面。该协定在第九章"竞争"中,用专章形式共 9 个条文规范竞争政策问题,除第 9 条为定义条款外,其他 8 个条款分别就竞争政策的目标、竞争法和竞争机构、法律执行原则、透明度、法律执行中的合作、技术合作、竞争执法的独立性及争端解决作了较具体、细致的规定。

2020 年 11 月签订的 RCEP 是目前全球成员数量最多、经济体量最大的自由贸易协定。该协定在第十三章"竞争"中用专章 9 个条款分别就竞争政策的目标、基本原则、针对反竞争行为的适当措施、合作、信息保密、技术合作和能力建设、消费者保护、磋商、不适用协定争端解决等问题作了规定。RCEP 是我国迄今为止签订的规范竞争政策内容最为全面的自由贸易协定。

2013 年之后我国签订的自由贸易协定，只有 2017 年 12 月签订的《中国—马尔代夫自由贸易协定》、2020 年 10 月签订的《中国—柬埔寨自由贸易协定》因马尔代夫和柬埔寨尚未制定竞争法而未纳入竞争政策议题。

第二节　《中韩自贸协定》竞争政策规则

自 2012 年 5 月 2 日起至 2015 年 6 月 1 日止，在经历了 14 轮谈判后，《中韩自贸协定》正式签署。这是迄今为止除 RCEP 外我国签订的竞争政策条款内容最为丰富的自由贸易协定，也是规范竞争政策议题最完善的自由贸易协定之一，下文对《中韩自贸协定》竞争政策规则展开具体分析。

一、《中韩自贸协定》竞争政策条款在中国自贸协定中的地位

2015 年 6 月签订的《中韩自贸协定》在采用专章形式规范竞争政策议题的前提下，极大地扩展了我国之前签订的自由贸易协定竞争政策的内容。《中韩自贸协定》第十四章“竞争政策”共 13 条，除第 13 条属定义条款外，其他 12 个条款就竞争政策的目标、竞争法的国内实施、成员间的执法合作、消费者保护、国有企业与指定垄断和争端解决等问题作了具体规定。《中韩自贸协定》是当时我国签订的自由贸易协定中竞争政策条款最多、内容最为丰富、规则最具可操作性的一项协定。该协定为此后我国在自由贸易协定中规范竞争政策议题建立了良好的模板。从自由贸易协定规范竞争政策议题的角度看，对中国而言，《中韩自贸协定》具有里程碑式的意义。

《中韩自贸协定》之所以将竞争政策议题纳入规范的范围并用较

大篇幅予以规范,主要可归为两方面的原因。

从竞争政策产生的历史来看,竞争政策与竞争法是一国国内的基本经济政策与法律规则。但随着全球贸易与投资自由化程度的不断加深,经济全球化趋势不断强化,竞争政策不再被认为是纯粹的国内政策,对私人反竞争商业行为规制的国际合作无可避免。[1] 经合组织贸易与竞争联合工作小组指出,“贸易及投资的扩大使许多反托拉斯案件有了重要的国际成分,关税的降低使境内扭曲贸易的政策及非政府的反竞争行为的贸易障碍的影响力提高,贸易与投资障碍的降低使公司更容易从事反竞争行为以保护市场,从而使贸易自由化的成果越来越多地受到竞争法所管辖的限制性商业惯例的侵蚀”。[2] 因此亟须各国开展竞争政策的合作与协调。《中韩自贸协定》竞争政策规则即两国政府加强此方面合作的表现之一。

20 世纪 90 年代之后,竞争政策议题已成为自由贸易协定规范的重要议题之一。为保持与世贸组织多边贸易纪律一致性与兼容性,各国纷纷签订“WTO-Plus”型的自由贸易协定,越来越多的自由贸易协定将竞争政策议题纳入其规范的范围。《中韩自贸协定》是一项贸易投资自由化水平较高的自由贸易协定。从总体开放水平来看,除属高度敏感产品,中国 91%的产品将对韩国实现零关税,覆盖中国自韩国进口总额的 91%;而韩国 92%的产品将对中国实现零关税,覆盖韩国自中国进口总额的 95%。[3] 双方还在服务贸易、知识产权保护方面作出了较世贸组织多边贸易协定更高的承诺,同时将投资纳入《中韩自贸协定》规范范围。《中韩自贸协定》如果不对私人反竞争商业行为进行规制,上述贸易投资自由化成果极易受到侵蚀,因此需要有良好的竞争政

---

[1] See Sung-joon Cho, *GATT Non-Violation Issues in the WTO Framework: Are They the Achilles' Heel of the Dispute Settlement Process*, Harvard International Law Journal, Vol. 39:2, p. 327(1998).

[2] See Ignacio De Leon, *The Dilemma of Regulating International Competition Under the WTO System*, European Competition Law Review, Vol. 18:3, p. 162-177(1997).

[3] 参见商务部国际司:《中华人民共和国政府和大韩民国政府自由贸易协定 50 问》,载中国自由贸易区服务网 2015 年 6 月 2 日, http://fta.mofcom.gov.cn/channel/consultation.shtml.

策规则作为保证。

二、《中韩自贸协定》竞争政策的目标

尽管措辞各有不同，但几乎所有纳入竞争政策议题的自由贸易协定都明确规定了竞争政策的宗旨，即制定竞争政策规则所欲达成的目的。《中韩自贸协定》在第十四章开篇第1条即对此作出了明确规定。

自由贸易协定竞争政策的根本目的，在于防止私人反竞争商业行为减损签订自由贸易协定所产生的贸易、投资自由化利益。[1] 实证研究表明，自由化的贸易政策并不能取代竞争法，在贸易、市场准入、提升全球经济的效率及消费者福利方面，两者起着相互补充的作用，而自由化的投资政策与竞争政策之间也存在重要联系。[2] 近十年来，随着自由贸易协定贸易投资自由化水平不断提升，使贸易与竞争政策、消费者保护之间的关系表现得越来越明显，提高市场的有效竞争与强化对消费者的保护，成为维护市场经济健康的必要措施，增进消费者福利也成为自由贸易协定竞争政策的目标之一。

《中韩自贸协定》关于竞争政策目标的规定反映了自由贸易协定竞争政策目标的上述发展。该协定第十四章“竞争政策”第1条规定，各缔约方认识到，禁止经营者的反竞争商业行为，实施竞争政策，针对竞争问题开展合作，有利于防止贸易自由化利益受损，有利于提高经济效率和增进消费者福利。该协定“竞争政策”一章赋予中韩两国三项义务，即实施竞争政策、禁止私人实施反竞争商业行为、针对竞争问题进行合作。两国通过履行此三项义务，达到防止贸易自由化利益因私人反竞争商业行为而受损、提高经济效率和增进消费者福利等目的。

《中韩自贸协定》竞争政策的目标包括确保签订自由贸易协定所产生的贸易利益不被私人反竞争商业行为所损害、提高经济效率、增进

[1] 参见钟立国：《从 NAFTA 到 TPP：自由贸易协定竞争政策议题的晚近发展及其对中国的启示》，载《武大国际法评论》2017 年第 6 期。

[2] See Trudi Hartzenberg, *Competition Policy in SADC*, TIPS (Oct. 15, 2021), https://www.tips.org.za/research-archive/annual-forum-papers/2002/item/244-competition-policy-in-sadc.

消费者福利等三项,这与包括《澳大利亚—韩国自由贸易协定》在内的其他自由贸易协定的规定高度一致。不同之处在于,《中韩自贸协定》没有将限制投资的反竞争商业行为明确纳入竞争政策的合作领域,虽然投资也是《中韩自贸协定》规范的重要议题之一。

三、《中韩自贸协定》竞争政策具体规则

《中韩自贸协定》"竞争政策"一章共 13 条,除第 1 条规定"目标"、第 13 条规定"定义"外,其他 11 个条款对中韩两国为实施《中韩自贸协定》在竞争政策方面进行合作与协调作了规定,具体包括竞争法的国内实施、成员间的竞争执法合作、消费者保护、公用企业与指定垄断、争端解决等方面的内容。

在竞争法的国内实施方面,《中韩自贸协定》要求缔约一方具体履行四个方面的义务:(1)各缔约方应维持或实施国内竞争法,保持设立一个或多个竞争机构负责其本国竞争法的执法工作,以促进和保护市场竞争;(2)缔约各方的竞争机构执法时应遵循透明、非歧视和程序正义三大原则;(3)缔约各方应中立适用竞争法,即缔约一方竞争法应一视同仁地适用于其境内的所有企业,特别强调应适用于被赋予特殊权利或排他性权利的企业;[1](4)各缔约方应遵守透明度原则,以网络公开等方式公开其包括调查的程序规则在内的有关竞争政策的法律法规,确保所有认定违反竞争法的最终行政决定以书面形式作出并提供作出该决定的事实和法律依据。

在成员间竞争执法合作方面,该协定首先在第 14.6 条对中韩竞争执法合作作了原则性规定,并在其后的条款中对有关合作事项作了具体规定。缔约双方认识到双方在竞争领域的合作与协调对促进有效竞争执法具有重要意义,为此中韩双方将在竞争执法领域开展如下合作:(1)通报。一缔约方如果认为其执法活动可能对另一缔约方重要利益

---

[1] 《中韩自贸协定》在第 14.5 条的注释中说明,特殊权利是指缔约一方指定或限定两个或更多企业享有提供商品或服务的权利,而此指定并非按照客观、成比例和非歧视标准确定的;或者,一缔约方授予某些企业法律上或法规上的优势,而此优势将影响其他企业提供相同商品或者服务的能力。

产生实质性影响,应通过其竞争机构向另一缔约方竞争机构通报其执法活动;在不违反缔约方竞争法,且不影响任何正在进行的调查的情况下,开展调查的缔约方应尽量在调查的早期阶段向另一方履行其通报义务。通报的内容应足够详细,以使缔约另一方能据此进行利益评估。(2)执法磋商。磋商是竞争执法合作的基本手段,为促进缔约双方相互理解,或为处理"竞争政策"一章在执行过程中出现的特定事项,一缔约方可请求与另一缔约方进行磋商,另一缔约方对提出磋商请求的一缔约方的关注应当给予充分谅解和考虑。(3)信息交换。一缔约方应另一缔约方请求,应尽力提供相关信息,只要不影响正在进行的调查且符合有关法律法规;如果一缔约方请求另一缔约方提供有关特定商品、服务、市场的竞争法豁免和免责的公开信息,并提出证据表明,该豁免或免责可能会妨碍缔约双方间的贸易自由化,另一缔约方应当向其公开相关信息。(4)技术合作。为了提高缔约双方执行竞争政策与竞争法的能力,双方可以通过经验交流、以培训项目实现的能力建设、举办研讨会、科研合作等方式开展技术合作。

《中韩自贸协定》借鉴了欧盟签订的自由贸易协定的手法,如《欧盟—韩国自由贸易协定》《欧盟—哥伦比亚自由贸易协定》那样,并不直接协调缔约方的实体竞争法,而是通过定义条款对"反竞争商业行为"作出解释,间接协调成员国国内竞争法规制的对象。在《中韩自贸协定》框架下,中国、韩国各自独立地制定、颁布自己的竞争法,但在定义条款中,将"反竞争商业行为"解释为对一缔约方境内市场竞争产生负面影响的商业行为或交易,如在缔约一方全境或大部分地区具有排除、限制、扭曲竞争效果的企业间协议、联合决定或协同行为,滥用支配地位和妨碍有效竞争的经营者集中,要求缔约方国内竞争法应对上述行为进行有效规制,从而间接协调了缔约双方的国内竞争法。在此基础上,缔约双方在竞争法的实施阶段进行合作,并为此制定了较具体的实体与程序规则。此种规制方式,在保证不削弱缔约方立法主权的前提下,能较好地对私人限制性商业行为进行规制,保证协定目标不受损害。

《中韩自贸协定》第14.6条第2款规定了消费者保护问题。该款规定,缔约双方认识到开展消费者保护法相关事务合作的重要性。为此缔约双方可以交换和共享消费者保护方面的信息,以更好地保护消费者权益。这一规定与《澳大利亚—日本自由贸易协定》的相关规定一样,都强调缔约双方通过信息的交换与共享,在消费者保护法的执法方面开展合作;但与美国和澳大利亚、韩国签订的自由贸易协定的规定相比,《中韩自贸协定》消费者保护条款的内容还较薄弱。

《中韩自贸协定》第 14.5 条规定了国有企业与指定垄断问题,但该协定没有使用"国有企业"此一概念,而是以"公用企业"替代之。该条首先如《中国—冰岛自由贸易协定》《中国—瑞士自由贸易协定》那样,强调竞争政策一章适用于各缔约方的所有经营者,包括公用企业和指定垄断,然后规定对公用企业与指定垄断,缔约任一方均不应采取或维持与"竞争政策"一章第 2 条所列原则不一致的措施,并保证其受本国竞争法的约束。但上述原则与竞争法的实施不应在法律上或事实上阻碍公用企业与指定垄断执行缔约双方指派给该企业的特殊任务。

《中韩自贸协定》第 14.12 条规定了竞争政策的争端解决问题。缔约双方均意识到,在竞争政策的合作与协调过程中不可避免地会产生争议,因此需要对争议如何解决作出规定。但相较于竞争法的国内实施与成员间的执法合作,该协定关于争端解决方面的规定显得较为简单,只用了 1 个条款规范争端解决问题。

从目前已生效的自由贸易协定相关规定来看,"竞争政策"一章框架下发生的争端,大多排除适用协定的一般争端解决机制,因此《中韩自贸协定》的此一规定符合大多数自由贸易协定的做法,只是一些自由贸易协定在规定不适用协定一般争端解决机制的同时还规定通过磋商解决此类争端,如美国、欧盟在其签订的自由贸易协定中通常如此规定。《中韩自贸协定》虽然也规定了磋商,但磋商的事项并不包括此方面的争端。

四、《中韩自贸协定》竞争政策的特点

《中韩自贸协定》第十四章"竞争政策"共 13 条,分别就竞争政策的目标、竞争法的国内实施、缔约双方竞争执法的合作及争端解决等方

面的问题作了具体规定。与其他国家自由贸易协定竞争政策规则相比，该协定表现出自身的特点。

（一）强调竞争法的国内实施

竞争法的国内实施是《中韩自贸协定》“竞争政策”一章的重要内容，该协定对此作了较具体的规定。该协定第14.2条首先要求缔约各方应维持或实施国内竞争法，保持设立一个或多个竞争机构负责其本国竞争法的执法工作，以促进和保护市场竞争。这是自由贸易协定对缔约国实施竞争法最基本的要求，无论是北美模式还是欧洲模式自由贸易协定。[1] 其次，该协定第14.3条规定了竞争执法应遵循的透明、非歧视和程序正义三大原则，这是我国签订的自由贸易协定第一次规定竞争执法应遵循的原则。此三大原则对一国竞争法的良好实施具有重大意义，但在自由贸易协定中就此作出规定的并不多，因此《中韩自贸协定》此方面的规定较为先进。再次，该协定第14.4条规定了透明度原则，要求各缔约方应以网络公开等方式公开其包括调查程序规则在内的有关竞争政策的法律法规，应确保所有认定违反竞争法的最终行政决定以书面形式作出并提供作出该决定的事实和法律依据。透明度的提升，也有利于竞争法的良好实施。最后，该协定第14.5条还要求该章的规定应适用于各缔约方的所有经营者，使国内各类企业都受到竞争法的约束，无论是国有企业还是私营企业，无论是内国企业还是外资企业。

在协调成员国国内竞争法方面，《中韩自贸协定》既没有像《北美自由贸易协定》对反竞争商业行为不作为任何解释，也没有如《欧盟—韩国自由贸易协定》直接协调成员国竞争法应规制的对象，而是通过定义“反竞争商业行为”的概念明确了缔约双方竞争法规制的对象。《中韩自贸协定》第14.13条指出，反竞争商业行为是指对一缔约方境内市场竞争产生负面影响的商业行为或交易，并列举了垄断协议、滥用市场支配地位、经营者集中三种典型的反竞争商业行为。[2] 通过定义的方

---

[1] See US-Korea FTA, Article 16.1; EU-Korea FAT, Article 11.1, 11.3.

[2] 此一定义与《中华人民共和国反垄断法》第3条的规定高度一致。

式对缔约双方国内竞争法进行协调，既防止了两国竞争法规制对象出现较大差异，又避免了对成员国立法主权的直接限制，此种方式为其后我国与格鲁吉亚、毛里求斯签订的自由贸易协定所承继。

(二)重点规范国内竞争执法的合作

成员间竞争执法合作历来是自由贸易协定竞争政策的重要内容。较早将竞争政策议题纳入其规范范围的《北美自由贸易协定》就明确规定，各成员竞争执法机构相互间的合作与协调对竞争法在自由贸易区内的有效实施具有重要意义，各成员应在竞争法的实施政策方面进行合作。[1] 此一规定为其后有关自由贸易协定所承继，如 CPTPP 即用两个条款就成员间竞争执法合作问题作了较详细的规定。[2]

成员间的竞争执法合作是《中韩自贸协定》“竞争政策”一章的核心内容，共用了 6 个条款即该章一半的条款制定竞争执法合作的具体规则。与其他自由贸易协定相比，《中韩自贸协定》关于竞争执法合作的规定，更细致、具体，更具可操作性。《中韩自贸协定》首先在第 14.6 条“执法合作”第 1 款就竞争执法合作问题作了概括规定，要求缔约双方通过通报、磋商、信息交换、技术合作等方式开展合作，然后在第 14.7 条“通报”、第 14.8 条“磋商”、第 14.9 条“信息交换”和第 14.10 条“技术合作”就相关问题作了具体、细致的规定，从而大大提高了相关规则的可操作性。

(三)第一次规范国有企业与消费者保护问题

国有企业问题一直是北美模式和欧洲模式自由贸易协定竞争政策规范的重点问题。[3] 《北美自由贸易协定》即用竞争政策 4 个实质条款中的 2 个条款，分别规范指定垄断与国有企业；CPTPP 进一步提升了国有企业的地位，用单独一章共 15 个条款专门规范国有企业与指定垄

[1] See North America Free Trade Agreement, Article 1501.2.

[2] See Comprehensive and Progressive Agreement for Trans-Pacific Partnership, Article 16.4, 16.5.

[3] 根据有关国家签订的自由贸易协定，竞争政策所指的国有企业其实包括两类企业，即“国有企业”与“指定垄断”。

断问题。

由于国有企业在我国经济、社会中所具有的特殊地位,我国在签订自由贸易协定时对国有企业问题一直采取避而不谈的态度。[1] 在我国签订的涵盖竞争政策议题的所有自由贸易协定中,包括 RCEP,都只涉及竞争法的国内实施与竞争执法的合作等问题,只有《中韩自贸协定》规范国有企业问题。

与其他国家签订的自由贸易协定不同,《中韩自贸协定》并未使用"国有企业"与"指定垄断"的概念,而是使用了"公用企业"与"享有特殊权利或排他性权利企业"的概念。该协定没有界定何谓"公用企业",没有解释"公用企业"与"国有企业"之间的关系。根据我国原国家工商行政管理局(现为国家市场监督管理总局)于 1993 年 12 月 24 日颁布的《关于禁止公用企业限制竞争行为的若干规定》(已失效)第 2 条规定,"公用企业"是指涉及公用事业的经营者,包括供水、供电、供热、供气、邮政、电讯、交通运输等行业的经营者。由此可见,"公用企业"是"国有企业"的一部分,只是与一般国有企业相比,公用企业具有一定的公益性和社会福利性质,且在某一经营领域具有法律赋予的独占经营地位。根据《中韩自贸协定》第 14.5 条第 3 款的注释,"享有特殊权利的企业"的"特殊权利",是指缔约一方指定或限定两个或更多企业享有提供商品或服务的权利,而此指定并非按照客观、成比例和非歧视标准确定的;或者,一缔约方授予某些企业法律上或法规上的优势,而此优势将影响其他企业提供相同商品或者服务的能力。由此可见,享有特殊权利或排他性权利的企业,其实就是其他国家签订的自由贸易协定中所指的"指定垄断"。

我国国内法非常重视消费者保护,早在 1993 年 10 月 31 日第八届全国人大常委会第 4 次会议即通过了《中华人民共和国消费者权益保护法》,为适应情势的变化,还于 2009 年 8 月 27 日和 2013 年 10 月 25 日对其进行了修改。除颁布实施消费者保护专门立法外,我国还制定

[1] 参见漆彤、窦云蔚:《论〈跨太平洋伙伴关系协定〉国有企业透明度规则》,载《武大国际法评论》2016 年第 2 期。

了《中华人民共和国反不正当竞争法》《中华人民共和国产品质量法》《中华人民共和国广告法》《中华人民共和国农产品质量安全法》等法律强化对消费者的保护。但在国际法层面,我国则较少参与此类立法活动。从自由贸易协定的角度来看,《中韩自贸协定》之前我国签订的其他自由贸易协定,均未涉及消费者保护问题。因此,《中韩自贸协定》第 14.6 条的规定对我国自由贸易协定实践具有重要的意义,为我国今后在自由贸易协定中加强跨境消费者保护合作打下了良好的基础。

(四)未规定竞争政策争端的解决办法

在竞争政策争端解决方面,《中韩自贸协定》采取了类似于《北美自由贸易协定》的做法,即明确规定排除自由贸易协定一般争端解决机制的适用,但有关争端如何解决,协定未作出具体规定。

《中韩自贸协定》第 14.12 条名称即为"争端解决",该条共 2 款。该条第 1 款是关于缔约双方就在缔约一方境内发生的反竞争商业行为如何处理发生争议时的规定。如果一缔约方认为,某一行为持续影响本章所指双边贸易,该方可以要求在联合委员会进行磋商,以促进该问题的解决。如果在缔约一方境内发生的反竞争商业行为持续影响到双边贸易,另一缔约方可以要求在联合委员会框架下进行磋商,即对该反竞争商业行为如何处置进行协商,这其实是在其他区域贸易协定中规定的"积极礼让原则"。[1] 只是《中韩自贸协定》采取了更为委婉的方式,不允许缔约一方直接请求缔约另一方采取必要的措施,而是要求在联合委员会框架下通过磋商来解决问题。

该条第 2 款是关于"竞争政策"一章在执行过程中发生争议时处理方法的规定。该款规定,对于该章项下产生的任何事项,任何一缔约方不得诉诸该协定第二十章"争端解决"。此规定排除了在"竞争政策"一章框架下发生的争议适用《中韩自贸协定》第二十章规定的一般争端解决程序的可能性,但对具体采用何种方法解决相关争议则未作

---

[1] 参见王晓晔、吴倩兰:《国际卡特尔与我国反垄断法的域外适用》,载《比较法研究》2017 年第 3 期。

规定，此类争端的解决办法实为空白。争端解决方法的空缺，削弱了“竞争政策”一章赋予缔约双方义务的约束力，表明双方尚不愿意在此领域承担硬性义务，不利于该章的有效实施。

第三节　RCEP竞争政策规则

2020年11月15日，中国与东盟十国及日本、韩国、澳大利亚、新西兰签署了RCEP。这是一项前所未有的、由域内发达国家、发展中国家和最不发达国家参与的大型区域贸易安排。该协定涵盖了拥有22亿人口（占全球将近30%）的市场、26.2万亿美元GDP（占全球约30%）和将近28%的全球贸易（基于2019年数据）。RCEP的签署，标志着目前规模最大的自贸区即将走向实施阶段，东亚区域经济一体化进程取得重大突破和进展；[1]标志着全球最大的自由贸易区成功启航，是东亚区域经济一体化新的里程碑。这将有力支持贸易自由化和多边贸易体制，稳定区域产业链供应链，助推区域和世界经济恢复发展。

一、RCEP关于竞争政策的主要规定

RCEP是一个现代、全面、高质量、互惠的大型区域自贸协定。RCEP由序言、20个章节（包括：初始条款和一般定义，货物贸易，原产地规则，海关程序和贸易便利化，卫生与植物卫生措施，标准、技术法规和合格评定程序，贸易救济，服务贸易，自然人临时移动，投资，知识产权，电子商务，竞争，中小企业，经济技术合作，政府采购，一般条款和例外、机构条款，争端解决，最终条款）、4个市场准入承诺表附件（包括关税承诺表、服务具体承诺表、服务投资保留及不符措施承诺表、自然人临时移动具体承诺表）组成。

RCEP关于竞争政策的规定位于第十三章，该章位列货物贸易、服

[1]　参见周美玉：《东亚区域合作新动向及中国的策略选择——以RCEP为例》，载《时代经贸》2021年第9期。

务贸易、投资、知识产权和电子商务议题之后,表明上述领域企业的活动,都应当受到该章确立的竞争规则的约束。该章共计 9 个条款,分别为第 1 条"目标"、第 2 条"基本原则"、第 3 条"针对反竞争行为的适当措施"、第 4 条"合作"、第 5 条"信息保密"、第 6 条"技术合作和能力建设"、第 7 条"消费者保护"、第 8 条"磋商"和第 9 条"不适用争端解决",另包括 4 个附件,分别对文莱、柬埔寨、老挝和缅甸适用该章规章作了特殊安排。

该章第 1 条确立了 RCEP 规范竞争政策欲达到的目标。该条规定,通过采取和维持禁止反竞争行为的法律和法规,以及通过缔约方在制定和实施竞争法律和法规方面的区域合作,促进市场竞争,提高经济效率和消费者福利。该条指出,追求此类目标将有助于缔约方从 RCEP 中获益,包括便利缔约方之间的贸易和投资。从上述规定不难看出,RCEP 规范竞争政策的目标包括促进市场竞争、提高经济效率、提高消费者福利等三项。这是缔约方国内法的角度而不是从 RCEP 的角度,指出了采取和维持竞争法律、加强竞争立法与执法区域合作给缔约方带来的利益。与其他自由贸易协定相关规定不同的是,RCEP 并没有将防止自由贸易协定贸易投资自由化利益受损作为其规制竞争政策的目标,而是将其作为实现上述三大目标之后产生的效果或者意义予以阐述。

该章第 2 条确立了缔约方在履行该章赋予其义务时应遵守的两大基本原则,此一规定是其他自由贸易协定中没有的,有利于在尊重各缔约方特殊利益的前提下保证该章规定得到有效执行。第一项基本原则是,每一缔约方应当以与该章目标一致的方式实施该章,这是一项总的、基本的要求。由于第十三章为各缔约方设定的义务并没有涉及竞争法实施的各个方面,有许多空白之处由各缔约方国内法自行规定,规定此一基本原则后,即可保证无论各缔约方国内法作如何规定都可达到 RCEP 的基本要求。第二项基本原则是,在尊重各缔约方主权及差异的前提下履行该章赋予缔约方的义务。该条第 2 款规定,在承认每一缔约方在本章项下的权利和义务的情况下,缔约方认识到每一缔约方拥有制定、规定、管理和执行其竞争法律、法规和政策的主权权利以及缔约双方在竞争法和竞争政策领域的能力和发展水平存在重大差异。

该章第3条是全章幅度最长的条文，共包括11款，在“针对反竞争行为的适当措施”名义之下，分别规定了缔约方应承担的采取和维持竞争法及执法机构的义务、竞争执法应遵守的原则和透明度三大义务，这和其他自由贸易协定分别以不同条款规范三个问题有着很大的不同。该条第1款、第2款规定，每一缔约方应当采取或维持禁止反竞争活动的竞争法律和法规，并且应当相应地执行此类法律和法规，并且应当建立或维持一个或多个有效实施其竞争法律和法规的主管机关。该条第6款、第7款规定了透明度义务，要求每一缔约方应当使其竞争法律和法规，以及实施此类法律和法规的任何指南可公开获得，但内部操作程序除外，并使在其竞争法律和法规项下作出的处罚或者救济的最终决定或命令的理由，以及由此提出的任何上诉可公开获得。该条第3款、第4款、第5款、第8款、第9款、第10款规定了竞争执法应遵循的4项原则。一是独立执法原则，每一缔约方应当保证其一个或多个主管机关在执行其竞争法律和法规方面的决策独立性。二是非歧视原则，每一缔约方应当以不基于国籍进行歧视的方式适用和实施其竞争法律和法规，且应当对所有从事商业活动的实体适用其竞争法律和法规而不考虑其所有权。三是程序公正原则，每一缔约方应当保证在对违反其竞争法律或法规的任何人或者实体进行处罚或者救济之前，向此类人或者实体提供关于违反竞争法律或法规而受到指控的原因，在可能的情况下，该原因应当以书面形式提供并向此类人或实体提供公平的机会以听取其意见以及使其提交证据。每一缔约方应当在遵循保护机密信息所需的任何修订的情况下，使受到处罚或救济的人或者实体获得其竞争法律和法规项下作出处罚或救济的任何最终决定或命令的理由，以及由此提出的任何上诉，并应当保证在其竞争法律和法规项下受到处罚或救济的任何人或者实体可以获得对该处罚或该救济的独立审查或上诉。四是及时原则，每一缔约方应当及时处理竞争案件。

该章第4条、第5条设定了缔约方在竞争执法合作中应承担的义务，但从其中的措辞来看，此方面义务的约束力似不及之前的其他义务,因为第 4 条使用“可”“可以”而不是之前条文使用的“应当”。第 4 条规定,缔约方可通过各自的竞争主管机关,以符合各自法律、法规和重大利益的方式,并且在各自可获得的资源范围内,通过通报、磋商、交换信息、协调等形式就竞争执法相关问题进行合作。第 5 条专门就缔约方在执法合作的信息交换中信息保密问题从信息请求方角度作了具体规定。依该条规定,信息请求方需承担以下义务:(1)不得要求缔约方共享与其法律、法规和重大利益相抵触的信息。(2)请求提供保密信息时,应在通报中说明请求的目的;被请求信息的预期用途;提出请求的缔约方可能影响信息保密性的任何法律或法规,或者可能要求将信息用于被请求的缔约方未同意的目的的任何法律或法规。(3)应当基于有关缔约方同意的条款和条件共享保密信息以及对此类信息的使用。(4)对保密信息的使用,除遵守其法律和法规外,还应当对收到的信息保密,收到的信息仅用于请求时披露的目的,不得在法院或法官进行的刑事诉讼中使用收到的信息作为证据,不向未经提供信息的缔约方授权的任何其他机关,实体或者人披露收到的信息,并遵守提供信息的缔约方要求的任何其他条件。

该章第 6 条就缔约方之间的技术合作和能力建设作出规定,不过该条设定义务的性质与第 4 条、第 5 条相同。该条规定,缔约方同意在考虑缔约方资源可获得性的情况下,就技术合作活动方面开展多边或者双边合作,以建设必要的能力用以增强竞争政策制定和竞争执法工作符合其共同利益。这些技术合作活动可以包括共享制定和实施竞争法律和政策相关的经验和非保密信息,竞争法律和政策方面的顾问和专家之间的交流,为培训目的而进行的竞争主管机关官员之间的交流,竞争主管机关官员参与倡议项目以及缔约方同意的其他行动。

该章第 7 条规范消费者保护问题。该条规定,缔约方认识到消费者保护法律和此类法律执法的重要性及缔约方就消费者保护相关事项开展合作以实现本章目标的重要性,每一缔约方应当采取或维持禁止在贸易中使用误导性做法、虚假或误导性描述的法律或法规,提高对消费者投诉机制的认识和利用的重要性,并在具有共同利益的与消费者保护相关的事项上进行合作。但 RCEP 对如何开展合作未如竞争执法一样作具体规定,而只是规定此类合作应当以符合缔约方各自法律和法规的方式,在其各自可获得的资源范围内进行。

最后,该章第 8 条、第 9 条就竞争政策的争端解决作了规定。第 9 条排除了利用协定争端解决机制的可能性,明确规定任何缔约方不得将该章项下产生的任何事项诉诸本协定第十九章“争端解决”项下的争端解决机制。第 8 条则规定缔约方可通过磋商解决相关争端。为促进缔约方之间的谅解,或解决该章项下出现的具体事项,应一缔约方的请求,被请求的缔约方应当与提出请求的缔约方进行磋商。提出请求的缔约方应在请求中表明,如果相关,该事项如何影响其重大利益,包括所涉缔约方之间的贸易或投资。被请求的缔约方应当对提出请求的缔约方的关注给予充分和积极的考虑。

二、RCEP 竞争政策规则的主要特点

从总体上看,与其他自由贸易协定相比,除未规范国有企业与指定垄断外,RCEP 制定的竞争政策规则具有很高的水准,并且根据协定成员发展程度的不同给予特殊及差别待遇。

(一)高水平的国内竞争法和竞争执法的合作与协调规则

国内竞争法的协调是自由贸易协定竞争政策条款规范的核心问题,是自由贸易协定竞争政策条款的基础性规则。在设有竞争政策条款的 241 项自由贸易协定中,就国内竞争法的协调作出明确规定的有 200 项,占比 83%,可见自由贸易协定非常重视对成员国内竞争法的协调。RCEP 也将该部分内容作为竞争政策条款规范的核心问题,在 RCEP 的 9 个条款中,有 4 条专门规范此方面的问题。

该部分内容的高水平性首先表现在协调国内竞争法的方法方面。自由贸易协定通常采用三种方法协调成员国内竞争立法:一是软协调方法,即只在协定中作出原则性规定,概括要求成员设立或维持竞争立法,对成员竞争法规范哪些反竞争行为则不作具体要求,由各成员国内立法自行规定。由于对成员国内竞争法规制的具体反竞争行为不作任何限定,此方法协调水平最低,共计有 44 项协定采用此方法。二是硬

协调方法,即在协定中明确要求协定成员国内竞争立法对特定的反竞争行为进行规制。此方法对成员国内竞争法提出了明确要求,因此协调水平较高,共计有 101 项协定采用此方法。三是软硬兼施的协调方法,在协定中既作出原则性规定,又明确要求成员国内竞争立法对特定的反竞争行为进行规制。此方法要求成员国内竞争立法规制所有的反竞争行为,所列举的行为只是典型的反竞争行为,因此协调水平最高,共计有 55 项自由贸易协定采用此方法。RCEP 即采用此方法协调缔约方国内竞争立法。该协定第十三章“竞争”第 3 条第 1 款规定,每一缔约方应当采取或维持禁止反竞争活动的竞争法律和法规,并且应当相应地执行此类法律和法规。该条概括规定成员有义务通过立法禁止反竞争行为,然后在注释中又规定,上述反竞争行为可包括反竞争协议、滥用支配地位以及反竞争的兼并与收购,这意味着对缔约方而言,其竞争法至少应规制此三种反竞争行为。

该部分内容的高水平性还表现在为竞争执法设定了非歧视、程序公正和执法透明义务。根据世贸组织的统计数据,只有少数自由贸易协定有此方面的规定。非歧视义务要求成员在相同情形下应以不基于国籍进行歧视的方式适用和实施其竞争法律和法规,共计 69 项协定有此规定;程序公正义务要求成员在处理反竞争行为时,应依其竞争法律和法规以公正的方式实施行政或司法程序,共计 73 项协定有此规定;执法透明义务要求竞争执法所依据的法律法规、竞争执法的程序公开透明,相关处罚或救济决定的理由可公开获得,共计 62 项协定有此规定。除 CPTPP、USMCA 之外,其他自由贸易协定通常只对上述义务作简单、概括的规定,鲜有对上述义务再作具体描述。如《日本—澳大利亚自由贸易协定》第 15.3 条即规定,成员在处理反竞争行为时,应遵守透明、非歧视和程序公正原则。RCEP 不仅为成员竞争执法设定了上述三大义务,而且对这些义务还作了较详细的规定。在非歧视义务方面,RCEP 第十三章第 3 条第 4 款、第 5 款规定,每一缔约方应当以不基于国籍进行歧视的方式适用和实施其竞争法律和法规,且应当对所有从事商业活动的实体适用其竞争法律和法规,而不考虑其所有权,即竞争法也应同等适用于国有企业。在程序公正方面,该章第 3 条第 8—11

款规定，每一缔约方应当保证在对违法者进行处罚或救济之前，向其提供受指控的原因，并提供抗辩和提交证据的公平机会，对该处罚或救济可获得独立审查或上诉的机会，并要求每一缔约方应及时处理竞争案件。在执法透明方面，该章第 3 条第 6 款、第 7 款规定，除内部操作程序外，每一缔约方应当使其竞争法律和法规，以及实施此类法律和法规的任何指南可公开获得，每一缔约方应当使在其竞争法律和法规项下作出的处罚或救济的最终决定或命令的理由，以及由此提出的任何上诉均可公开获得。这些规定大大提高了非歧视、程序公正和执法透明三原则的可操作性。

与 CPTPP 的相关规则相比，RCEP 的规定还存在一定差距。CPTPP 还包括保护私人诉权义务、维护政策透明度义务等内容，且对竞争执法中的程序公正规定的更加具体细致，可操作性更强。[1]

（二）将消费者保护纳入竞争政策议题规范范围

作为市场经济条件下政府干预市场、调节经济的工具，竞争政策最主要的目标，是通过禁止限制竞争或者禁止对市场新进入者施加限制，保护和维持国内的竞争性市场结构以及资源的有效配置，强调市场绩效、成本和规模经济性，从而提高生产效率和资源配置效率。但随着经济社会的不断发展，竞争政策与消费者保护之间的联系逐步显现出来，一些国家竞争法开始将消费者保护作为其政策目标之一而予以规范。[2] 经合组织认为，竞争政策与消费者保护政策是颇为相互依赖的经济政策工具，它们具有共同的政策目标。[3] 有学者甚至认为，反托拉斯法的主要目标就是通过提高资源配置效率从而促进消费者福利，资源配置效率是中间性目标，而消费者福利则是最高目标。[4]

---

[1] 参见于鹏、廖向临、杜国臣：《RCEP 和 CPTPP 的比较研究与政策建议》，载《国际贸易》2021 年第 8 期。

[2] 参见钟立国：《从 NAFTA 到 TPP：自由贸易协定竞争政策议题的晚近发展及其对中国的启示》，载《武大国际法评论》2017 年第 6 期。

[3] See OECD, *The Interface between Competition and Consumer Policies*, DAF/COMP/GF(2008)10, 2008, p. 8.

[4] 参见［美］欧内斯特·盖尔霍恩、［美］威廉姆·科瓦契奇、［美］斯蒂芬·卡尔金斯：《反垄断法与经济学》（第 5 版），任勇等译，法律出版社 2009 年版，第 36 页。

对自由贸易协定而言,贸易自由的深层化使得贸易与竞争政策、消费者保护之间的关系表现得越来越明显,提高市场的有效竞争水平与强化对消费者的保护,成为维护市场健康的必要措施。[1] 维护市场的健康运行一方面,需要通过适当的机制来补充竞争规则,以确保消费者能够在全球市场上做出适当而有效的反应;另一方面,需要加强政府间合作协议的要求,以应对目前全球市场中存在的跨境欺诈行为。[2] 为此,一些自由贸易协定开始将消费者保护问题纳入其中,成为其竞争政策目标之一。但从总体上看,将增进消费者福利作为竞争政策目标的自由贸易协定并不太多。在设有竞争政策条款的 241 项自由贸易协定中,只有 29 项协定规范消费者保护问题。在竞争政策条款规范的国内竞争法的协调、竞争执法的协调与合作、国有企业与指定垄断、公共援助、消费者保护等五大实体规则中排名最后。这表明对自由贸易协定而言,消费者保护还不是一个热点问题。RCEP 在第十三章第 7 条设立了消费者保护规则,表明该协定在消费者保护方面走在大多数自由贸易协定之前。

在具体内容上,大多数协定通常只就消费者保护的合作问题作了概括规定,如《澳大利亚—韩国自由贸易协定》即只规定,“双方应在与消费者保护有关的事项上,包括在执行其消费者保护法方面,加强合作与协调”。[3] 只有《美国—澳大利亚自由贸易协定》用专条 5 款的篇幅就消费者保护问题作了较具体的规定,在强调消费者保护合作与协调的重要性的基础上,对机构合作与协调的具体事项作了明确规定,要求双方查明在执行消费者保护法方面有效开展跨界合作存在的障碍,并考虑改变其国内框架,包括酌情通过或修订国家立法以提高彼此合

---

[1] See L. Sylvan, *Activating Competition: the Consumer-Competition Interface*, Competition & Consumer Law Journal, Vol. 12:2, p. 191-206(2004).

[2] See Kamala Dawar & James Mathis, *Consumer Protection, Competition and RTAs: Some Lessons for Developing Countries*, in Philppe Brusick, Ana Maria Alvarez & Lucian Cernat eds., *Competition Provisions in Regional Trade Agreements: How to Assure Development Gains*, United Nations Publication, 2005, p. 214.

[3] See Australia-Korea FTA, Article 14.8.

作、分享信息和协助消费者保护执法的能力，以克服这些障碍。[1] 该项义务不仅涉及双边合作问题，还要求缔约方在必要时修改国内法，要求较高。RCEP首先在"竞争"一章第1条"目标"中指出，制定该章的目标，是通过采取和维持禁止反竞争行为的法律和法规，以及通过缔约方在制定和实施竞争法律和法规方面的区域合作，促进市场竞争，提高经济效率和消费者福利。RCEP其次在该章第7条"消费者保护"中用4款的篇幅较详细地规定了消费者保护问题。与其他协定不同的是，该协定不仅要求各缔约方就消费者保护开展合作，还在相关法律和执法方面为缔约方设定了具体义务。该条第1款强调了消费者保护法律和此类法律执法以及缔约方就消费者保护相关事项开展合作以实现本章目标的重要性，第4款明确要求各缔约方以符合各自法律和法规的方式，在其可获得的资源范围内，在具有共同利益的与消费者保护相关的事项上进行合作，这是其他21项自由贸易协定都有的规定。该条第2款、第3款在相关法律和执法方面对缔约方的具体义务作了明确规定，要求每一缔约方应当采取或维持禁止在贸易中使用误导性做法、虚假或误导性描述的法律或法规，并要求缔约方设立消费者投诉机制并为其利用此类投诉机制提供便利，这些规则是其他自由贸易协定所没有的。这表明RCEP在消费者保护方面的规定远远走在其他自由贸易协定之前。

（三）给予发展中国家以特殊与差别待遇

特殊和差别待遇（Special and Differential Treatment）是在关贸总协定/世贸组织框架下为发展中成员提供的一种优惠待遇。它允许发展中成员在一定的范围和条件下背离协定所规定的一般性承诺，从而使其承担相对发达成员较轻的义务水平的义务。[2] 这对发展中成员来说是非常必要的，因为经济实力和发展水平都远低于发达国家的发展中国家无法以互惠减让的方式与发达国家进行对等谈判，同时要求它

[1] See United States-Australia FTA, Article 14.6.

[2] 参见柯静：《新一轮世贸组织特殊和差别待遇之争及其前景》，载《现代国际关系》2019年第8期。

们遵循与发达国家一样的规则和标准是不公平的。作为一项前所未有的,由域内发达国家、发展中国家和最不发达国家参与的大型区域贸易安排,RCEP 承继了多边贸易体制的特殊与差别待遇原则,给缔约方中的发展中国家和最不发达国家提供了特殊与差别待遇。

之所以需要在竞争政策领域给予发展中国家和最不发达国家以特殊与差别待遇,主要原因在于:第一,一些缔约方尚没有制定本国的竞争法,因此这些缔约方可能需要过渡期和豁免才能制定、实施竞争法,之后其竞争法才能在自由贸易协定设想的体制内开始有效运作。第二,竞争规定对国内产业有直接影响。许多国家认为竞争政策侵犯了受保护的国内产业的增长潜力,因此规定豁免和例外是希望在该伙伴经济体为其提供最低程度的保护以免受外部竞争,从而促进某些产业的发展。第三,国际卡特尔的增长与国际贸易的增长显示出不同国家竞争管理机构之间合作的必要性,以便确保成功起诉跨境反竞争做法。对于某些发展中国家而言,合作是一个敏感领域,因为其竞争主管部门的技术能力可能需要一段时间才能达到发达伙伴的标准。据统计,自由贸易协定竞争政策条款中的特殊与差别待遇主要体现在四个方面:(1)维护欠发达伙伴利益的规定;(2)例外与豁免;(3)过渡时期;(4)技术援助。[1] 从 RCEP 有关规定来看,该协定主要采取给予过渡期、提供技术援助和豁免特定义务三种方式为协定缔约方提供特殊与差别待遇。

在竞争政策方面,RECP 特别考虑了域内发展中国家和最不发达国家国内竞争法的制定与实施状况。由于发达国家与发展中国家在经济发达程度、市场经济的成熟度等方面存在巨大的差异,竞争法在这两类国家出现的时间也有着巨大的差别。世界上最早颁布的竞争法于 1890 年在民众的政治压力下制定。由于发现几个大的"托拉斯"滥用其经济优势排挤竞争对手,强迫其供货商采取不合理的交易条件并提

---

[1] See Philippe Brusick & Julian Clarke, *Operationalizing Special and Differential Treatment in Cooperation Agreements on Competition Law and Policy*, in Philppe Brusick, Ana Maria Alvarez & Lucian Cernat eds., *Competition Provisions in Regional Trade Agreements: How to Assure Development Gains*, United Nations Publication, 2005, p. 167.

高产品的价格,从而引起民众的愤慨,民众要求制止这些大企业的限制竞争行为。为回应这种要求,美国国会制定了《谢尔曼法》。[1] 直到今天,仍有许多发展中国家因为市场成熟度不够而仍然没有制定、颁布竞争法。在 RCEP 的 15 个缔约方中,就有文莱、柬埔寨、老挝和缅甸还没有制定国内竞争法。因此对这些国家而言,要制定、实施竞争政策规则,无疑面临着极大的困难。

为达成一个较高水平的竞争政策条款,RCEP 为域内发展中国家和最不发达国家提供了特殊和差别待遇。首先在第十三章“竞争”第 2 条“基本原则”中规定,每一缔约方拥有制定、规定、管理和执行其竞争法律、法规和政策的主权权利,并承认缔约方在竞争法和竞争政策领域的能力和发展水平存在重大差异。作为基本原则,该条规定为整个第十三章“竞争”定下了基调:一方面,国内竞争法的立法与实施属于缔约方主权权利,何时制定、如何制定竞争法及如何实施竞争法,应由缔约方独立决定;另一方面,由于缔约方在竞争法和竞争政策领域的能力与发展水平存在重大差异,RCEP 并不要求缔约方制定统一的竞争法律,也不要求缔约方按一致的方式实施竞争法律。

其次,针对特定义务为特定缔约方设定过渡期。根据 RCEP 第十三章附件 1—4 条规定,由于文莱、柬埔寨、老挝和缅甸尚未制定国内竞争法,给上述缔约方在采取或维护竞争法律和法规、建立或维持竞争执法机构方面的义务以过渡期,要求上述缔约方可在 RCEP 生效之日起三年(文莱、老挝、缅甸)或五年(柬埔寨)时间内完成竞争法的制定与实施工作,并在过渡期内暂不承担第十三章第 3 条“针对反竞争行为的适当措施”和第十三章第 3—11 款和第 4 条“合作”的相关义务,在一定期限内豁免其上述义务。当然,为了促使上述缔约方尽快完成国内竞争法律的制定与实施工作,附件同时规定,应任一缔约方的请求,文莱、柬埔寨、老挝和缅甸应当向缔约方通报自 RCEP 生效之日起,其竞争法律和法规的制定和实施进展,以及其在建立一个或多个有效实施

[1] 参见[美]戴维·J. 格伯尔、聂孝红:《中国竞争法的制定:欧洲和美国的经验》,载《环球法律评论》2003 年第 1 期。

其竞争法律和法规的机关方面的进展。

最后,在缔约方之间加强技术合作和能力建设。规定成员国在竞争政策方面提供技术援助的自由贸易协定并不多,在规范竞争政策的241项自由贸易协定中,只有45项协定有此方面的规定,仅占18.7%,且主要是发达国家与发展中国家之间签订的协定,RCEP即属此种情形。考虑到发展中国家和最不发达国家在竞争立法与执法方面能力不足、缺乏经验,其第十三章第6条规定,缔约方在技术合作与能力建设两方面为发展中国家和最不发达国家提供援助。鉴于建设必要的能力用以增强竞争政策制定和竞争执法工作符合所有缔约方的共同利益,缔约方同意在考虑资源可获得性的情况下,就技术合作活动方面开展多边或者双边合作。根据该条的规定,技术合作活动主要包括:(1)共享制定和实施竞争法律和政策相关的经验和非保密信息;(2)竞争法律和政策方面的顾问和专家之间的交流;(3)为培训目的而进行的竞争主管机关官员之间的交流;(4)竞争主管机关官员参与倡议项目;(5)缔约方同意的其他行动。

(四)采用磋商解决竞争政策争端

在当今国际社会,争端解决正受到前所未有的关注。[1] 争端解决机制对自由贸易协定具有非常重要的意义。一项协定义务是否受争端解决机制的约束,采用何种方法解决协定成员之间因履行义务发生的贸易争端决定了相关贸易规则法律约束力的强弱。[2] 争端解决机制的强弱决定了自由贸易协定相关贸易纪律对成员约束力的大小。自由贸易协定规定所有竞争政策争端直接适用协定争端解决机制,表明这些协定非常重视竞争政策议题,将其放在与贸易、投资、知识产权等议题相当的地位;自由贸易协定规定排除适用协定的争端解决机制,甚至没有设立任何争端解决方法,一方面表明协定成员不愿在此方面承担

---

[1] 参见漆彤、张生、黄丽萍:《调解在国际争端解决中的发展与应用》,载《武大国际法评论》2020年第2期。

[2] 参见钟立国:《从NAFTA到TPP:自由贸易协定竞争政策议题的晚近发展及其对中国的启示》,载《武大国际法评论》2017年第6期。

强制性义务,另一方面也表明竞争政策议题在协定中的地位不及诸如贸易、投资、知识产权等受协定争端解决机制约束的议题重要。

争端解决是自由贸易协定竞争政策条款的较薄弱环节。一些协定非常重视竞争政策议题,规定所有竞争政策争端直接适用自由贸易协定争端解决程序一章所设计的争端解决机制,允许通过仲裁或专家组程序解决有关争端,此类协定共计 104 项;另有 78 项自由贸易协定在排除适用协定争端解决机制后,特别规定可通过磋商解决竞争政策争端;还有 59 项自由贸易协定未设立任何争端解决机制,这意味着有关实体规则其实不具有任何法律上的约束力,表明这些成员虽愿意将竞争政策议题纳入自由贸易协定规制范围,但却不愿为此承担约束性义务。由于大部分自由贸易协定成员都不愿在竞争政策领域承担约束性的义务,因此有学者认为,尽管存在将竞争政策议题纳入自由贸易协定这种谈判活力,但在此类竞争政策条款的实施方面却几乎没有采取任何行动,区域贸易协定合作伙伴似乎更倾向于在区域贸易协定中留下竞争政策条款的烙印,而不是将其付诸实践。[1]

RCEP 在竞争政策争端解决方面采取了走中间路线的策略,即竞争政策争端既不适用协定的一般争端解决机制,有关争端不得诉诸专家组程序,但又不像一些自由贸易协定未为竞争政策争端设立任何争端解决机制,争端解决程序完全空白。RCEP 第十三章第 9 条规定,任何缔约方不得将该章项下产生的任何事项诉诸 RCEP 第十九章“争端解决”项下的争端解决程序,从而排除了适用第十九章专家组程序此种法律性方法解决竞争政策争端的可能性;第十三章第 8 条规定,为促进缔约方之间的谅解,或解决本章项下出现的具体事项,应一缔约方的请求,被请求的缔约方应当与提出请求的缔约方进行磋商,从而规定采用磋商此种政治性方法解决竞争政策争端。为了促进争端的有效解决和磋商程序的顺利进行,该条还进一步规定:对提出请求的缔约方而言,

---

[1] See Lucian Cernat, *Eager to Ink, but Ready to Act? RTA Proliferation and International Cooperation on Competition Policy*, in Philppe Brusick, Ana Maria Alvarez & Lucian Cernat eds., *Competition Provisions in Regional Trade Agreements: How to Assure Development Gains*, United Nations Publication, 2005, p. 31.

其应当在请求中表明，如果相关，该事项如何影响其包括所涉缔约方之间的贸易或投资等重大利益；对被请求方而言，应当对提出请求的缔约方的关注给予充分和积极的考虑。

RCEP 的上述规定与 CPTPP 第 16.8 条的规定完全一致，甚至连措辞都几乎相同。这似乎表明对一个多成员（前者 15 个，后者 11 个）的自由贸易协定而言，考虑到成员的多样性或经济发达程度的复杂性，采用磋商解决竞争政策争端是一个较稳妥的办法。不过，RCEP 和 CPTPP 的上述规定虽然从程序角度为磋商的展开设定了一定的义务，但仍不足以保证磋商的顺利进行。为了避免因磋商缺乏程序上的保证而使争端解决结果缺乏可预见性，提高争端解决的效率，自由贸易协定可要求缔约一方在收到磋商请求后一定期限内与对方进行真诚的磋商，同时要求磋商程序应在规定的时限内结束，防止争端久拖不决。如可借鉴世贸组织的争端解决程序，要求缔约方在收到请求之日起 30 天内进行磋商，60 天之内结束磋商。[1]

（五）国有企业与指定垄断规则阙如

国有企业与指定垄断是竞争政策条款规范的一个重要问题。对当代自由贸易协定带来重大影响的《北美自由贸易协定》第十五章“竞争政策”一章即用五个条款中的两个条款规范国有企业与指定垄断问题；该协议的承继者 USMCA 更加重视对国有企业与指定垄断的规制，将《北美自由贸易协定》第十五章“竞争政策”一分为二，第二十一章规制“竞争政策”，第二十二章规制“国有企业与指定垄断”，且后者多达 15 个条款，为国有企业与指定垄断设定了具体、详细的规则。从全球范围来看，在规范竞争政策的 241 项自由贸易协定中，有 149 项协定就国有企业与指定垄断问题作出了明确的规定，占设有竞争政策条款协定总数的 61.8%，其重要性仅次于国内竞争法的协调和竞争执法的协调与合作。RCEP 只规范了国内竞争法的协调、竞争执法的协调与合作和消费者保护问题，但没有规范国有企业与指定垄断。

[1] See WTO, DSU, Article 4, para. 3, 7.

将国有企业与指定垄断排除在规范范围之外,与 RCEP 的成员分布有着密切的关系。RCEP 是由东盟推出和主导的一项自由贸易协定。2009 年,美国高调推出 TPP 和“重返亚太”政策,意在重掌亚太区域一体化主导权。由于美国只让新加坡、文莱、越南和马来西亚四个东盟国家加入 TPP,其他六国均被排除在外,东盟对此表达了强烈不满,认为 TPP 分裂了东盟,威胁了东盟在区域一体化中的“中心地位”,为此东盟推出 RCEP 以抗衡 TPP。[1] 作为协定谈判的主导者,由于国有企业在其经济发展中扮演着重要的角色,因而不希望在竞争政策中规范国有企业与指定垄断。

在 RCEP 所有 15 个缔约方中经济体量最大的中国,对在竞争政策议题中规范国有企业与指定垄断也持保守态度。由于国有企业在我国经济、社会发展中所具有的特殊地位,我国一直回避在自由贸易协定中规制国有企业与指定垄断,只在《中韩自贸协定》第 14.5 条涉及国有企业与指定垄断问题,且回避使用“国有企业”与“指定垄断”的概念,而使用了“公用企业”与“享有特殊权利或排他性权利的企业”作为替代。

RCEP 未规范国有企业与指定垄断问题,是该协定竞争政策规则存在的不足之处,相信随着各缔约方经济的发展,对该问题的态度将会发生转变。我国商务部早前声明,中国将积极寻求加入 CPTPP,[2] 日前又正式提交了加入 CPTTP 的申请,[3] 表明我国现已愿接受该协定第十七章“国有企业与指定垄断”所确立的规则。这为 RCEP 未来制定国有企业与指定垄断规则创造了良好的条件。

---

[1] 参见陆建人:《东盟 50 年:发展中国家一体化的成功典范》,载《当代世界》2017 年第 6 期。

[2] 参见于佳欣、王雨萧:《商务部:对加入 CPTPP 持积极开放态度》,载新华网 2020 年 11 月 19 日,http://www.xinhuanet.com/politics/2020-11/19/c_1126761835.htm。

[3] 参见商务部:《中方正式提出申请加入〈全面与进步跨太平洋伙伴关系协定〉(CPTPP)》,载商务部网 2021 年 9 月 16 日,http://www.mofcom.gov.cn/article/news/202109/20210903199707.shtml。

第四节　中国自贸协定竞争政策规则的未来发展

随着我国社会主义市场经济体制日趋完善、国内反垄断执法经验日益丰富及签订的自由贸易协定贸易投资自由化水平不断提升，竞争政策议题在我国签订的自由贸易协定中的地位将越来越重要，相关规则需更进一步健全与完善。

一、提升竞争政策议题在自由贸易协定中的地位

在我国签订的自由贸易协定中，货物贸易、服务贸易、投资是三大最重要的议题，已签订的自由贸易协定，要么在自由贸易协定的首次谈判时即已纳入此三大议题，要么通过后续谈判就相关议题达成了补充协议。而对竞争政策议题，我国则经历了从否定到接受的转变过程。

虽然我国早在2002年11月便与东盟签订了自由贸易协定，但直到2009年4月与秘鲁签订自由贸易协定时才纳入竞争政策议题，起步非常晚。《中国—秘鲁自由贸易协定》《中国—哥斯达黎加自由贸易协定》虽然纳入了竞争政策议题，但只是将其作为“合作”事项中的一部分，用一个条款加以规定，议题地位较低；2013年签订的《中国—冰岛自由贸易协定》《中国—瑞士自由贸易协定》提升了竞争政策议题在自由贸易协定中的地位，开始以专章的形式规范竞争政策议题，使竞争政策成为协定中一项独立的议题，但由于仍然只有一个条款，内容较为简单，相关规则缺乏可操作性，大大影响了该章的可执行性；只有2015年签订的《中韩自贸协定》、2017年签订的《中国—格鲁吉亚自由贸易协定》和2020年签订的RCEP以专章多条的形式规范竞争政策议题，条款内容较为丰富；2015年签订的《中国—澳大利亚自由贸易协定》没有设专章规范竞争政策议题，只是在第十六章“一般条款与例外”中就竞争政策合作作了简单规定，而2017年签订的《中国—马尔代夫自由贸易协定》、2020年签订的《中国—柬埔寨自由贸易协定》则没有纳入竞争政策议题。这表明竞争政策议题在我国签订的自由贸易协定中的地

位尚不确定,该议题在自由贸易协定中的地位还有进一步提升的空间。

从总体上看,我国已签订的19项自由贸易协定,只有与秘鲁、哥斯达黎加、冰岛、瑞士、韩国、澳大利亚和格鲁吉亚签订的协定和2020年11月15日签订RCEP规范竞争政策议题,只占我国签订的自由贸易协定的42.1%,这与全球79.8%的自由贸易协定纳入竞争政策议题相比,存在较大差距。

随着我国经济实力不断增强,我国对外贸易与投资日益增长,对公平、高效的贸易投资环境的需求也日益提高。特别是在美国前总统特朗普宣布对我国近600亿美元商品加征关税、我国商务部准备对30亿美元美国商品加征关税之后,两国间贸易摩擦逐步升级。[1] 自拜登就任美国总统以来,也没有显示出纠正两国经贸关系的迹象,两国经贸关系走向不确定,我国更需要通过签订自由贸易协定建立稳定的国际经贸环境。加快实施自由贸易区战略是我国积极参与国际经贸规则制定,争取全球经济治理制度性权力的重要平台,我国要善于通过自由贸易区增强我国国际竞争力,在国际规则制定中发出更多中国声音、注入更多中国元素,维护和拓展我国发展利益。[2] 逐步构筑起立足周边、辐射"一带一路"、面向全球的自由贸易区网络,积极同"一带一路"沿线国家和地区商建自由贸易区,无疑是我国满足此种需求的重要路径。在这些高水平自由贸易协定的谈判中,加快新议题谈判,在自由贸易协定中制定合理的竞争政策规则对提高我国对外贸易与投资的保护水平,促进我国对外贸易与投资的进一步发展,无疑大有裨益。

近年来,我国反垄断法不断完善,竞争执法经验日趋丰富,为我国在自由贸易协定中设立高标准的竞争政策规则打下了良好的基础。《中华人民共和国反垄断法》已实施多年,且于2022年修正,且商务部、国家发改委和原工商总局等发布一系列行政法规与指南,如《经营者集

---

[1] 参见商务部新闻办公室:《商务部新闻发言人就中方发布针对美国进口钢铁和铝产品232措施的中止减让产品清单发表谈话》,载商务部网2018年3月23日,http://www.mofcom.gov.cn/article/ae/ag/201803/20180302722664.shtml。

[2] 参见《习近平:加快实施自由贸易区战略 加快构建开放型经济新体制》,载新华网2014年12月6日,http://www.xinhuanet.com/politics/2014-12/06/c_1113546075.htm。

中申报办法》《经营者集中审查办法》《关于相关市场界定的指南》，我国反垄断法制建设持续深入、细化，可操作性不断加强。反垄断调查执法机关的执法活动越发频繁，反垄断执法机关查处了包括360诉腾讯案、高通案、美敦力案在内的一批大案要案，积累了较丰富的反垄断调查执法经验，这为我国在自由贸易协定制定高标准的竞争政策条款提供了坚实的基础。此外，从2009年4月签订的《中国—秘鲁自由贸易协定》起算，我国也已有多年规范竞争政策的经验，从作为"合作"一章中的一个条文到专章调整，特别是《中韩自贸协定》、《中国—格鲁吉亚自由贸易协定》和RCEP的签订，为未来在自由贸易协定中有效规范竞争政策积累了良好的经验。

我国目前正与日本、韩国谈判的"中日韩自由贸易协定"，由于在RCEP框架下作为主要成员国的中日韩实际已经拥有了高水平的通商设计，这就使得该协定贸易投资自由化水平只有超越RCEP才有意义，这意味着该协定必定是一项高水平的自由贸易协定，因而需要高标准的竞争政策规则予以支撑，以保证协定贸易投资自由化成果不被损害或侵蚀。我国谋求加入的CPTPP用两章的篇幅制定了高水准的竞争政策规则，其规制水平远超我国签订的自由贸易协定。因此，我国需要进一步提高竞争政策议题在自由贸易协定中的地位，使其成为货物贸易、服务贸易、投资、知识产权等议题之后的一个重要议题。在形式上，竞争政策议题应单独成章，使其成为自由贸易协定中的一项独立议题；在议题的位置上，我国可考虑将其放在货物贸易、服务贸易、投资、知识产权四大议题之后，成为自由贸易协定的第五大议题；在内容上，应在《中韩自贸协定》和《中国—格鲁吉亚自由贸易协定》及RCEP的基础上，参照CPTPP的相关规则，进一步优化内容，提高规则的可操作性。

二、强化竞争政策议题规则的民主化

民主化是当代国际社会发展的主要特征之一，也是当代国际法发展所表现出的新趋势之一。[1] 国内政治与国际政治的日益融合、全球

---

[1] 参见李万强：《论全球化趋势下国际法的新发展》，载《法学评论》2006年第6期。

治理概念的产生及全球公民社会的出现,对国际法的形成与发展产生了重大影响,推动着国际法朝着民主的方向发展。[1] 自由贸易协定法律制度包括其竞争政策规则的设计,都需要满足国际社会对民主的追求,在民主化理念下谈判、制定竞争政策议题相关规则,这既有利于增进相关规则的正当性与合法性,也有利于自由贸易协定的高效实施。因此,我国亦需要注重竞争政策议题规则的民主化,借鉴包括 CPTPP 在内的自由贸易协定在竞争政策议题民主化规则设计方面取得的成果,有效提高我国签订的自由贸易协定竞争政策规则的科学性与合理性。

在竞争政策议题相关规则的民主化方面,我国已作出了一定的努力并达到了一定的水平,但我国只是在个别协定中有所突破,从总体上看规则的民主化水平仍然较低。《中韩自贸协定》首先在竞争政策透明度方面作出了突破。该协定在透明度方面对成员国提出三项要求:成员国应以网络公开等方式公开其有关竞争政策的法律法规,应确保所有认定违反竞争法的最终行政决定以书面形式作出并提供作出决定的事实与法律依据,应根据成员国的法律法规尽量公开决定和命令。[2] 与 CPTPP 第 16.7 条、第 17.10 条的透明度规则相比,《中韩自贸协定》上述三项义务与 CPTPP 第 16.7 条规定的透明度义务大体相当,但也存在差别。CPTPP 要求任何命令都应当予以公开,而《中韩自由贸易协定》则只要求成员国尽可能公开决定与命令;CPTPP 要求成员有关违反其国内竞争法的最终裁决都应以书面作成,而《中韩自贸协定》则只要求有关最终行政决定应以书面作成。2020 年签订的 RCEP 在竞争政策透明度方面则达到了 CPTPP 的水平,根据 RCEP 第十三章第 3 条的规定,每一缔约方应当使其竞争法律和法规,包括此类法律法规的指南都可公开获得,也应公开其在竞争法律和法规项下作出的处罚或救济的最终决定或命令的理由。

---

[1] See Ronnie D. Lipschutz & Judith Mayer, *Global Civil Society and Global Environmental Governance: The Politics of Nature from Place to Planet*, State University of New York Press, 1996, p. 51-52.

[2] 参见《中国—韩国自由贸易协定》第 14.4 条。

《中韩自贸协定》对竞争执法应遵循的原则作出了原则性规定。该协定要求各缔约方竞争执法应符合透明、非歧视和程序正义原则，要求确保在调查相对人行为是否违反竞争法时或者在确定对相对人的违法行为需要采取的行政处罚或救济措施时，允许相对人通过表达意见、提出证据等方式为自己辩护，且因违反竞争法而被处罚或采取救济措施的相对人，有权依法申请行政复议或提起行政诉讼。[1]《中韩自贸协定》的上述规定与CPTPP关于竞争执法中的程序公正的相关规定一致，但只是原则性规定，不及CPTPP的相关规定具体、详细，可操作性较差。2020年签订的RCEP在竞争执法应遵循的原则方面作了较具体、细致的规定，除规定非歧视原则、程序公正原则外，甚至规定了CPTPP未规定的独立执法原则、及时原则。但《中韩自贸协定》、RCEP未就私人诉权问题作出规定。

透明度原则是国内法治与国际法治的一项重要原则，透明度是民主的基本构成要素。[2] 美国高等法院法官刘易斯就说过，"公开是社会与工业疾病的最佳救济，阳光是最佳的消毒剂，电灯是最有效的警察"。[3] 我国在之后的自由贸易协定谈判中，可以在《中韩自贸协定》和RCEP的基础上，将透明度规则作为强化竞争政策规则民主化的突破口，借鉴CPTPP关于透明度、竞争执法的程序正义、私人诉权等方面的规定，制定更科学、合理的竞争政策规则，以满足我国进一步推进贸易、投资自由化的需要。

三、优化竞争法的协调与竞争执法的合作与协调规则

《中韩自贸协定》、《中国—格鲁吉亚自由贸易协定》和RCEP虽是中国签订的自由贸易协定中竞争政策内容最丰富的协定，但有些规定仍不够完善，特别是关于竞争法的协调规则与竞争执法合作与协调的

---

[1] 参见《中国—韩国自由贸易协定》第14.3条。

[2] See Ernst - Ulrich Petersmann, *Constitutionalism and International Organizations*, Northwestern Journal of International Law & Business, Vol. 17:1, p. 398-469(1997).

[3] See Louis D. Brandeis, *What Publicity Can Do? In Other People's Money: And How the Bankers Use It*, Martino Publishing, 2009, p. 92.

规则。我国未来与他国签订自由贸易协定时需进一步优化相关规则，有效遏止反竞争商业行为，以确保贸易投资自由化目标得到充分、有效的实现。

我国未来签订自由贸易协定时，可首先考虑在协定中对“反竞争商业行为”给出一个合理的定义。反竞争商业行为是一国竞争法规制的对象，定义的大小决定了竞争法规制范围的宽窄，因此在自由贸易协定中对反竞争商业行为下一个合理的定义，对自由贸易协定的有效实施具有重要意义。从其他国家签订的自由贸易协定来看，如美国签订的协定通常回避定义反竞争商业行为而完全交由国内法确定，这是因为美国的反托拉斯法较为完善且实行长臂管辖；有的协定则明确定义了反竞争商业行为，从而对协定成员的国内竞争法规制的对象作出了硬性约束。截至目前，我国签订的规定竞争政策议题的自由贸易协定中，只有《中韩自贸协定》《中国—格鲁吉亚自由贸易协定》明确了反竞争商业行为的含义，即便规制竞争政策水平较高的 RCEP 也回避了此一问题。而中国在与韩国、格鲁吉亚签订的协定中对反竞争商业行为的定义并不一致。《中韩自贸协定》第 14.13 条规定，就“竞争政策”一章而言，反竞争商业行为指对一缔约方境内市场竞争产生负面影响的商业行为或交易，例如(1)在缔约一方全境或大部分地区，试图造成或者实际具有排除、限制、扭曲竞争效果的企业协议、联合决定或协同行为；(2)在一缔约方全境或大部分地区，一家或数家具有支配地位企业滥用支配地位的行为；(3)在一缔约方全境或大部分地区，显著妨碍有效竞争，特别是形成或加强市场支配地位的经营者集中。《中国—格鲁吉亚自由贸易协定》第十章第 2 条规定，就第十章而言，反竞争商业行为是指不符合本协定的正常运行，并且可能影响缔约双方之间贸易的商业行为或交易，例如(1)在任一缔约方全境或大部分地区，试图造成或者实际具有排除、限制、扭曲竞争效果的企业协议、联合决定或协同行为；(2)在任一缔约方全境或大部分地区，一家或数家具有支配地位企业滥用支配地位的行为；(3)在任一缔约方全境或大部分地区，显著妨碍有效竞争，特别是形成或加强市场支配地位的经营者集中。上述两个协定采取了相同的定义方法，即先为反竞争商业行为作出一个概括性的解释,然后再列举了三种常见的反竞争商业行为。上述两项协定所列举的三种典型的反竞争商业行为一样,甚至连措辞都几乎相同,但概括性解释部分则存在很大的差别。依《中韩自贸协定》的规定,只要是对缔约一方境内的市场竞争产生负面影响的任何商业行为或交易都是反竞争商业行为;而依《中国—格鲁吉亚自由贸易协定》的规定,构成反竞争商业行为需同时满足两个条件,一是此种行为不符合该协定的正常运行,二是可能影响缔约双方之间贸易的商业行为或交易。后一协定存在的问题是,判断某一行为是否属于反竞争商业行为的标准,其依据不是协定成员国内的反竞争法而是协定本身和对协定运行的影响,这无疑提高了认定的难度,从其他国家签订的自由贸易协定来看,都是以国内反竞争法作为认定的依据。《中韩自贸协定》只以某一行为对缔约方国内市场竞争产生的影响为认定依据,该定义却又太过宽泛,因为很多国家的竞争法规定,在特定条件下,即便某一行为对市场竞争造成了负面影响,也不会对其采取措施而予以豁免。

《日本—澳大利亚自由贸易协定》的规定则值得借鉴。该协定对"反竞争行为"的定义是:反竞争行为是指对竞争造成负面影响的任何行为或交易,且该行为或交易依成员竞争法会受到处罚或其他救济。[1] 这一定义规定,只有满足了两个条件的行为才属于反竞争商业行为。第一个条件与《中韩自贸协定》相同,要求某一行为应对市场竞争造成了负面影响;但不是只要具有这种效果即可,还要求该行为违反了国内竞争法的规定应受到处罚,这大大收窄了反竞争商业行为的范围。我国未来签订自由贸易协定时,也应该将上述两个条件确立为反竞争商业行为的认定标准,使自由贸易协定的规定与国内竞争法的规定保持一致。

我国未来签订自贸协定时可对竞争执法的程序正义原则作更具体、详尽的规定,使规则更具可操作性。《中韩自贸协定》第 14.3 条、《中国—格鲁吉亚自由贸易协定》第十章第 4 条规定了缔约各方竞争执法中应遵循程序正义原则。上述两条为程序正义原则确立了两个标

---

[1] See Japan-Australia FTA, Article 15.2(a).

准,一是允许行政相对人通过表达意见、提出相关证据等方式为自己辩护,二是对当事人应提供行政复议或司法复审的机会。此两条标准是程序正义原则最核心的内容,但并不是全部内容,要保证程序正义原则得到充分尊重,还需要其他措施加以保证。此方面我国可借鉴《美国—韩国自由贸易协定》的规定。依该协定第 16.1 条规定,缔约各方应确保行政相对人享有以下权利:有提交证据并在听证会上出示的机会;有合理机会对任何出席听证会的证人进行交叉询问;对任何作为裁决基础的证据或其他资料,有权进行评论、驳斥;为相关当事人就裁决结果或可获得的救济提供司法复审的机会。《中韩自贸协定》、《中国—格鲁吉亚自由贸易协定》与《美韩自由贸易协定》相关规定的差别体现在三个方面:其一,前两个协定只规定行政相对人有权提出证据为自己辩护,但没有明确规定缔约方应确保相对人提出的这些证据可以在听证会上出示;其二,前两个协定没有规定当事人有合理机会对证人进行交叉询问;其三,前两个协定没有规定当事人有权对相关证据进行评论、驳斥。我国在自由贸易协定中补充上述三个方面的规则,对程序正义原则的实现具有重要意义,有利于提高缔约各方依国内法发起的反垄断调查程序的公正性,也有利于提高具体反垄断措施的合法性。我国也可借鉴 CPTPP 的相关规定,除像《美国—韩国自由贸易》那样为行政相对人设立具体、详细的申诉机制外,还可在信息披露、举证责任、调查期限等方面作出具体规定,要求国内竞争主管机构在对涉嫌违反竞争法的当事人进行调查时,在最终结果确定之前,不能通过任何方式暗示被调查人违法,并明确要求竞争执法机构在指控被调查人违法时,应承担相应的举证责任。

众所周知,竞争法的实施方式对一国竞争法的有效实施会产生重大影响。根据发起主体的不同,竞争法的实施可以分为公共实施和私人实施。在建立了反垄断制度的国家,受历史传统、法律体制等诸多因素的影响,各国对两种实施的选择和倚重不尽相同。[1] 如美国,由于

[1] 参见[罗]Danciu Florin、朱韵:《欧盟反垄断公共实施与私人实施的冲突与协调——以宽大申请材料在私人诉讼中的披露问题为例》,载《南京大学法律评论》2017 年第 1 期。

其普通法传统以及其司法的重要地位,法院在相当长的时期中都占据了美国反托拉斯法实施体系的中心位置,其私人诉讼比较发达;大陆法系国家和地区,如德国、日本,则更倚重公共实施。[1] 进入21世纪以来,为促进竞争法的有效实施,大陆法系国家纷纷修订相关法律,积极推动反垄断法的私人执行,如日本、德国和欧盟。[2] CPTPP也顺应这一潮流,在第16.3条以“私人诉权”之名,规定了受限制竞争行为影响的私人可就此提起诉讼。我国于2007年颁布的《中华人民共和国反垄断法》亦受这一潮流影响,将私人反垄断诉讼纳入法律之中。

认识到私人实施的重要性,CPTPP在第16.3条以“私人诉权”[3]之名对此作出了规定,要求协议成员国国内竞争法应设立或维持私人实施的途径,制定或维持提供独立的私人诉权的法律或其他措施,并要求每一缔约方应保证,给予另一缔约方私人的权利不低于该缔约方给予本国人的权利。作为自由贸易协定竞争政策条款的新设内容,CPTPP正是考虑到许多国家的竞争法仍侧重于公共实施,因而从国内竞争法的实施方式方面赋予缔约方条约义务,以保证各缔约方国内竞争法能得到更有效的实施。

私人实施可以弥补公共实施的不足,有利于克服竞争主管机关的懒惰和失职,填补公共实施的缺口,节约执法资源。私人实施还可以增强竞争法的威慑效果,让私人主体通过提起民事诉讼的方式来救济自己的权利,那么垄断违法者要赔偿的对象就会十分广泛并且数额也将会超过行政罚款,并加之在制度设计上。如美国的“三倍赔偿制度”,经常会使一些垄断违法者因巨额赔偿而破产。通过损害赔偿使违法者谨慎对待其行为,从而强化竞争法的威慑力,正如波斯纳所言,“法律通

---

[1] 参见何治中:《反垄断法实施的反垄断——论中国反垄断法的私人执行》,载《南京师大学报(社会科学版)》2010年第5期。

[2] 参见李剑:《反垄断私人诉讼困境与反垄断执法的管制化发展》,载《法学研究》2011年第5期。

[3] 所谓私人诉权,CPTPP是指一人独立或在国内竞争主管机关作出违法认定后,向法院或其他独立法庭寻求就违反国内竞争法的行为对其造成的损害进行救济的权利,包括禁令、货币赔偿或其他救济措施。参见CPTPP第16.3.1条。

过使违法行为变得成本高昂来阻止违法行为"[1]。基于以上理由,为了保证自由贸易协定贸易投资自由化的利益不被减损,我国在未来签订自由贸易协定时,可在竞争政策一章借鉴 CPTPP 的做法,增设"私人诉权"条款,要求缔约方承担以下义务:第一,应设立或维持提供独立的私人诉权的法律或其他措施;第二,如果一缔约方尚未设立上述法律或措施,则应允许私人有权请求国内竞争主管机构对竞争违法行为发起调查,并在主管机构作出违法认定后有权向法院或其他独立法庭寻求救济;第三,每一缔约方应保证,赋予另一缔约方私人的诉讼权利,不低于给予其本国人的权利。

四、完善国有企业与指定垄断规则

如前所述,我国签订的自由贸易协定是从在"合作"一章中规范竞争政策合作开始的。在竞争政策议题诸多内容中,我国最注重协定成员国之间在竞争执法方面的合作与协调。《中国—秘鲁自由贸易协定》《中国—哥斯达黎加自由贸易协定》要求双方通过合作机制和技术援助促进竞争实践,以促进防止和/或消除反竞争行为,并对合作措施作了较具体的规定。[2]《中韩自贸协定》共用了 5 个条款,即该章近一半的篇幅制定了竞争执法合作的通报、执法磋商、信息交换、技术合作等具体规则,《中国—格鲁吉亚自由贸易协定》也用了 11 个条文中的 4 个条文,分别就合作、信息保密、技术合作等问题作了具体的规定。

由于国有企业在我国经济、社会发展中所具有的特殊地位,我国对在自由贸易协定中规制国有企业一直持保守态度,在《中国—冰岛自由贸易协定》《中国—瑞士自由贸易协定》中简单规定缔约一方竞争法应适用于所有企业,包括"享有特殊或排他性权利的经营者",即竞争法应适用于所谓的"指定垄断",但没有规定缔约方在此方面承担的具体

[1] [美]查理德·A.波斯纳:《反托拉斯法》,孙秋宁译,中国政法大学出版社 2003 年版,第 313 页。

[2] 参见《中国—哥斯达黎加自由贸易协定》第 118 条第 2 款第 9 项、第 126 条;《中国—秘鲁自由贸易协定》第 159 条。

义务,如非歧视待遇、正当利用其垄断地位等。《中韩自贸协定》第14.5条设立了公用企业与享有特殊权利或排他性权利的企业的规则,该协定并不妨碍一缔约方创立和保持公用企业,或者赋予企业以特殊权利或排他性权利,但缔约任一方均应禁止上述企业实施限制竞争商业行为,并应对此类行为采取相应措施,保证上述企业受本国竞争法的约束。上述规定概括起来只涉及国有企业"授予职权"的问题,而关于国有企业与指定垄断最核心的义务,如非歧视待遇、商业考量、正当利用其垄断地位等,则完全没有涉及。所以该协定关于国有企业与指定垄断的规定还较简单、宽松且不完整。

国有企业与指定垄断问题是我国在未来自由贸易协定的谈判中无可回避的谈判议题。在目前我国正在谈判的10项自由贸易协定中,"中日韩自由贸易协定"、《中国—挪威自由贸易协定》都包含竞争政策,其中中日韩自由贸易区谈判是除RCEP外我国参与的经济体量最大、占我外贸比重最高的自由贸易区谈判之一,国有企业问题是其中的一个重要议题。2012年11月20日,中日韩三国经贸部长举行会晤,宣布启动中日韩自贸区谈判。至2018年3月23日,中日韩自贸区已举行13轮谈判。三方谈判的内容涉及服务贸易、电信、金融服务、自然人移动、投资、竞争政策、知识产权、电子商务,竞争政策议题亦位列货物贸易、服务贸易、投资之后居第四位。[1] 在《中日韩自由贸易协定》的谈判中,鉴于在TPP和CPTPP中的谈判立场,日本亦不太可能放弃对国有企业的规制。在三国签署RCEP之后,三国一致同意,在共同参与的RCEP已取得的共识的基础上进一步提高贸易和投资自由化水平,纳入高标准规则,打造"RCEP+"的自由贸易协定。[2] RCEP在国内竞争法的协调、竞争执法的合作与协调方面制定了高水平的规则,并将消

[1] 参见商务部:《中日韩自贸区第十二轮谈判在日本东京举行》,载中国自由贸易区服务网2017年4月13日,http://fta. mofcom. gov. cn/article/chinarihan/chinarhnews/201704/34722_1. html。

[2] 参见商务部:《中日韩自贸区第十五轮谈判在日本举行》,载中国自由贸易区服务网2019年4月12日,http://fta. mofcom. gov. cn/article/chinarihan/chinarhnews/201904/40290_1. html。

费者保护纳入竞争政策一章规范的范围，因此要打造“RCEP+”的《中日韩自由贸易协定》，将国有企业与指定垄断纳入协定竞争政策规范的范围是其应有之义。另外，我国在签署全球最大的自由贸易协定RCEP之后，现在正积极寻求加入CPTPP。商务部发言人高峰在2020年11月19日表示，中国对加入CPTPP持积极开放态度。[1] 习近平主席在同年11月20日在出席APEC第二十七次领导人非正式会议时明确表示，“中方欢迎区域全面经济伙伴关系协定完成签署，也将积极考虑加入全面与进步跨太平洋伙伴关系协定”[2]。2021年9月16日，中国商务部部长王文涛向CPTPP保存方新西兰贸易与出口增长部长奥康纳提交了中国正式申请加入CPTPP的书面信函。[3] CPTPP首次将国有企业与指定垄断单列一章，在第十七章制定了迄今为止自由贸易协定最为严格的规则，明确界定了国有企业与指定垄断的含义，要求协定成员承担商业考量、非歧视待遇、非商业援助、透明度等义务。我国要加入CPTPP，就必须接受上述规则。

改革开放取得的成就，为我国在自由贸易协定中规范国有企业与指定垄断打下了坚实的基础。一方面国有企业自身实力有了很大提高，影响力、控制力不断提升；另一方面，国有企业为推动我国的经济社会发展、保障和改善民生、开拓国际市场、增强我国综合实力做出了重大贡献。但国际国内环境的变化对我国国有企业改革提出了新要求，国有企业暴露出一些深层次的问题，集中体现在企业市场主体地位尚未真正确立、现代企业制度还不健全、国有资产监管体制有待完善、国有资本运行效率需进一步提高等方面。[4] 国有企业既享有在资源占

---

[1] 参见商务部：《中国商务部：对加入CPTPP持积极开放态度》，载商务部网2020年11月20日，http://www.mofcom.gov.cn/article/i/jyjl/j/202011/20201103017232.shtml。

[2] 习近平：《携手构建亚太命运共同体——在亚太经合组织第二十七次领导人非正式会议上的发言》，载央广网2020年11月20日，http://china.cnr.cn/gdgg/20201120/t20201120_525337363.shtml。

[3] 参见商务部新闻办公室：《中方正式提出申请加入〈全面与进步跨太平洋伙伴关系协定〉（CPTPP）》，载商务部网2021年9月16日，http://www.mofcom.gov.cn/article/news/202109/20210903199707.shtml。

[4] 参见李予阳：《国企改革：步入深水区 须啃硬骨头》，载《经济日报》2016年7月12日，第5版。

有、资金使用和市场准入等方面的特殊待遇,又承担着抗灾救灾、扶边济贫、维稳保增等方面的特殊责任,这是一些发达国家不承认我们市场经济地位、排斥我们参加 TPP 的理由之一。[1] 党的十八届三中全会后,我国国有企业改革一直以来存在一个目标,就是尽可能减少政府给予的非商业性援助和支持,这与自由贸易协定国有企业与指定垄断规则强调的商业考量义务、非商业性援助义务是完全一致的。因此在自由贸易协定竞争政策条款中设立国有企业指定垄断规则,有助于推进我国国有企业的深层次改革目标的实现。其他自由贸易协定的经验表明,在一个贸易投资自由化标准较高的自由贸易协定中制定较严格的竞争政策规则包括国有企业规则,对协定目标的实现是有益的。[2]

其实,作为世贸组织的成员,我国已在多边贸易协定框架下承担了相应义务。将《关贸总协定》第 17 条与相关自由贸易协定国有企业规则相比较,我们不难发现,两者的规定其实非常一致,只是其适用范围较自由贸易协定少。《关贸总协定》第 17 条第 1 款设立了两项义务:其一,每一缔约方承诺,如其设立或维持一国有企业,则该企业在其涉及进口或出口的购买和销售方面,应以符合本协定非歧视待遇的一般原则行事;其二,国有企业应仅依照商业因素进行任何此类购买或销售,包括价格、质量、可获性、适销性、运输和其他购销条件,并应依照商业惯例给予其他缔约方的企业参与此类购买或销售的充分竞争机会。这两项规定其实就是自由贸易协定国有企业规则中的非歧视待遇义务和商业考量义务。我国既然已在多边贸易协定中承担此类义务,亦可在自由贸易协定中承担。

此外,中国人民银行行长易纲在参加 2018 年 G30 国际银行业研讨会时表示,我国正在考虑以"竞争中性原则"对待国有企业。[3] 这是

---

[1] 参见张屹山等:《论国有企业改革的基本方向》,载《吉林大学社会科学学报》2018 年第 2 期。

[2] 参见钟立国:《从 NAFTA 到 TPP:自由贸易协定竞争政策议题的晚近发展及其对中国的启示》,载《武大国际法评论》2017 年第 6 期。

[3] 参见中国人民银行:《易纲行长在 2018 年 G30 国际银行业研讨会的发言及答问》,载光明网 2018 年 10 月 15 日,https://guancha.gmw.cn/2018-10/15/content_31718298.htm。

我国官方首次提出“竞争中立”原则，既是中国进一步深化改革开放的必然要求，也是中国对建设公平竞争的开放型世界经济的负责任的表现。“竞争中立”原则作为一项从国内法到国际经贸规则的规则，[1]是指不受外来因素干扰的市场竞争，旨在重新规划现在国际经济规则和制度，从而保证在国有企业和非国有企业之间实现公平竞争，包括税收中立、债务中立、规则中立等。竞争中立意味着政府支持的商业活动不因其与政府的联系而享受私营部门竞争者不能享受的人为竞争优势。既然我国考虑在国内法中承担竞争中立的义务，在签订的自由贸易协定中接纳此一原则也是顺理成章。

五、完善消费者保护规则

随着经济、社会的不断发展，竞争政策与消费者保护两者之间的联系日益密切，竞争政策的主要目标与消费者保护政策出现交叉。[2] 在竞争政策追求市场的有效运作的同时，消费者保护是确保消费者能够作出明智的决定，并确保销售者履行他们对产品作出的承诺。

从国内法层面来看，竞争法从诞生至今，其利益保护中心经历了从维护市场的正常竞争秩序到保护消费者的历史变迁。正是在此种背景下，2007 年颁布的《中华人民共和国反垄断法》亦将保护消费者利益作为我国反垄断法的立法目的之一。[3] 从国际法层面来看，贸易与竞争政策、消费者保护之间的关系表现得越来越明显，提高市场的有效竞争与强化对消费者的保护，成为维护市场经济健康的必要措施，增进消费者福利成为自由贸易协定竞争政策的目标之一。[4]

从自由贸易协定竞争政策条款的相关规定来看，我国也开始意识到加强消费者保护的重要性。在与冰岛、瑞士签订的自由贸易协定中，

---

[1] 马亚伟：《“竞争中立”原则的中国问题及法治应对——以国际经贸新规则为视角》，载《云南民族大学学报（哲学社会科学版）》2020 年第 6 期。

[2] See Hetham Hani Abu Karky, *Competition Policy and Consumer Protection Policy in Jordan*, Penn State International Law Review, Vol. 29:2, p. 342(2010).

[3] 参见《中华人民共和国反垄断法》第 1 条。

[4] See Louise Sylvan, *Activating Competition: the Consumer Protection-Competition Interface*, Competition and Consumer Law Journal, Vol. 12:2, p. 191-206(2004).

还只是强调限制竞争商业行为可能会对双方之间的贸易产生不利影响,从而妨碍协定的有效实施,因此制定竞争政策条款以规制限制竞争商业行为;[1]而在与韩国、格鲁吉亚签订的自由贸易协定中,缔约双方均认为,实施竞争政策,就竞争问题开展合作,有助于促进贸易自由化,提高经济效率和增进消费者福利。竞争政策的目标从之前的促进协定贸易自由化的实现扩展到提高经济效率和增进消费者福利,竞争政策的目标更为宽广。[2] 除在竞争政策的目标条款中将消费者保护作为目标之一,《中韩自贸协定》还在第 14.6 条“执法合作”的框架下,就消费者保护法的执法合作问题单独作了规定,从而在消费者保护方面迈出了第一步。RCEP 第十三章第 7 条“消费者保护”用 4 款的篇幅较详细地规定了消费者保护问题,在消费者保护方面取得了长足的进步。

为了促进自由贸易协定的有效实施,并与国内竞争法目标接轨,我国未来签订自由贸易协定时,可在 RCEP 消费者保护规则的基础上,进一步强化对消费者利益的跨境保护:第一,要求缔约方采取或维持消费者保护法或其他法律法规,以禁止欺诈或欺骗性商业行为,而不仅仅如 RCEP,只是要求每一缔约方应当采取或维持禁止在贸易中使用误导性做法、虚假或误导性描述的法律或法规;第二,要求缔约方在消费者保护法方面就共同关注的事项进行合作,就消费者保护政策和减少消费者保护违法行为的方法进行磋商,就消费者保护法的制定与实施交换信息;第三,要求缔约方相互通报涉及在另一方领土内发生或起源于另一方领土或对另一方领土内消费者或市场有重大影响的消费者保护违法行为的调查和诉讼程序,就打击重大消费者保护法违法行为的执法行动进行咨商和协调;第四,就强化信息共享、调查援助以及执行缔约各方的消费者保护法的合作与协调等事项展开联合研究。

如此规定的目的是在承认缔约双方国内竞争法、消费者保护法效力的前提下,由缔约双方就打击消费者保护法违法行为进行合作,提高

[1] 参见《中国—冰岛自由贸易协定》第 62 条第 1 款;《中国—瑞士自由贸易协定》第 10 条第 1 款。

[2] 参见《中国—韩国自由贸易协定》第 14.1 条;《中国—格鲁吉亚自由贸易协定》第十章第 1 条。

我国发现、打击跨境欺诈或欺骗性的商业行为的能力，加强对国内消费者的保护。

六、优化争端解决机制

在当今国际社会，争端解决正受到前所未有的关注。[1] 争端解决机制是自由贸易协定贸易投资自由化制度的重要组成部分，在维护自由贸易协定贸易规则的权威性、维持成员间的有效合作关系、推动成员间的经济一体化和创设稳定可预测的贸易环境方面发挥着重要作用。[2] 正如美国学者亨廷顿在评论《北美自由贸易协定》时所言，“从长远来看，北美自由贸易区的成败，在很大程度上取决于它的解决争端机制的有效性。在国际贸易法这个极富政治敏感性的领域，能解决争端并促进遵守法律义务的机制，在推进北美自由贸易区经济一体化诸多重要目标上，是大有作为的，而一个脆弱又不管用的体制足以破坏北美自由贸易区的合法地位，并阻挠本半球一体化的进程”[3]。自由贸易协定竞争政策条款能否发挥其应有的作用，其中一个重要影响因素，便是相关规则是否有有效的争端解决机制作支撑。

关于竞争政策争端的解决，我国签订的自由贸易协定的规定较为灵活，在7项规范竞争政策议题的自由贸易协定中，采用了三种方式处理竞争政策争端。《中国—澳大利亚自由贸易协定》未排除适用协定一般争端解决机制，《中国—格鲁吉亚自由贸易协定》在排除适用协定争端解决机制的同时规定通过磋商解决成员国之间的竞争政策争端，其他5项协定则明确规定排除协定一般争端解决机制的适用，但未规定竞争政策争端的具体解决办法。由此不难看出，我国尚不希望就竞争政策议题承担刚性条约义务。

[1] 参见漆彤、张生、黄丽萍：《调解在国际争端解决中的发展与应用》，载《武大国际法评论》2020年第2期。

[2] 参见钟立国：《区域贸易协定争端解决机制：理论及其条约法实践》，上海人民出版社2014年版，第30-38页。

[3] David S. Huntington, *Settling Dispute Under the North American Free Trade Agreement*, Harvard International Law Journal, Vol. 34:2, p. 407(1993).

自由贸易协定竞争政策条款能否发挥其应有的作用,其中一个重要影响因素,便是相关义务是否有有效的争端解决机制作支撑。竞争政策条款确立的义务是否受争端解决机制的约束,受何种争端解决方法的约束,决定了成员国竞争政策义务的性质。如果一项协定义务受仲裁或专家组裁决的约束,则表明该义务属于刚性义务,成员国必须履行,否则会受到相应的贸易制裁;如果一项协定义务不受争端解决机制的约束,表明该项义务仅具有自愿性。我国目前较为保守,除与澳大利亚签订的《中国—澳大利亚自由贸易协定》可适用协定的一般争端解决机制、与格鲁吉亚签订的《中国—格鲁吉亚自由贸易协定》适用磋商之外,其他协定竞争政策的争端解决机制均为空白,这对竞争政策条款的实施、义务的履行无疑会产生负面影响。随着综合国力的不断提升,我国签订的自由贸易协定贸易投资自由化水平也随之不断提高,需要高标准的竞争政策规则作为协定有效实施的支撑,这是有效维护我国贸易投资利益的手段之一。高标准的竞争政策规则不仅表现在较严格的实体规则方面,还表现在有效的争端解决机制方面。本文建议我国未来签订自由贸易协定时,在将国有企业与指定垄断、消费者保护纳入竞争政策规范范围的基础上,规定采用磋商解决所有竞争政策争端,并同时排除适用协定的争端解决机制。

排除协定争端解决机制的目的是避免有关争端提交国际仲裁,保证争端解决结果的可控性,毕竟对我国而言,竞争政策是一项新议题,一些规则还有待实践的检验;采用磋商解决竞争政策争端,不仅可以填补争端解决规制存在的空缺,避免协定义务流于形式,还可以保证竞争政策义务得到尊重与履行。运用磋商解决竞争政策争端,争端双方的国家主权能得到充分的尊重与体现,可以有效控制争端解决的进程,对争端解决方案享有选择权,从而避免被迫接受不公平的争端解决后果。运用磋商解决竞争政策争端,争端的解决主要不是适用法律的结果,不是依据争端的是非曲直而是依据争端方的实力,依赖于争端双方的同意与善意,这对作为贸易、投资大国的中国也较为有利。

为了避免因磋商程序灵活、缺乏程序上的保证而使争端解决出现不可预见的弊端,加强磋商程序的有效性,提高争端解决的效率,我国可借鉴世贸组织争端解决机制和采取混合模式的自由贸易协定的争端解决机制的做法,对磋商增设一些程序性的规定,防止出现“磋”而不“商”情形的出现。首先,可要求缔约一方对缔约另一方提出的磋商请求应给予充分和积极的考虑,在收到磋商请求后一定期限内与对方进行真诚的磋商。具体可参照自由贸易协定争端解决规则的相关规定。如《中韩自贸协定》第20.4条“磋商”规定,在磋商请求做出后,被请求方应当在收到请求后的10日内以书面形式进行答复,并在收到磋商请求后30日开始磋商,以达成令双方满意的解决方案。这也是许多自由贸易协定采取的做法。其次,可要求磋商程序在规定的时限内结束,防止争端久决。自由贸易协定争端解决机制的磋商程序一般也对此有着明确的规定,如中国在与澳大利亚、韩国签订的自由贸易协定中均规定为30天,而在与瑞士、冰岛签订的自由贸易协定中均规定为60天。考虑到竞争政策作为新议题,且缺乏统一的实体竞争规则,可将磋商期限设定得长一些,如60天,以便双方充分交换意见。最后,为便利就磋商所涉事项进行讨论,可规定请求磋商的一方应提交相关信息,对相关事项如何影响缔约双方之间的贸易与投资作出说明,而被请求方应在与国内法规定相符的前提下尽力向对方提供相关信息,并要求对提交的机密信息承担保密责任。

参考文献

一、中文著述类

1. [比]Maurice L. Alan Winters:《区域一体化与发展》,中国财政经济出版社2004年版。

2. [德]E. U. 彼德斯曼:《国际经济法的宪法功能与宪法问题》,何志鹏等译,高等教育出版社2004年版。

3. [德]马迪亚斯·赫蒂根:《欧洲法》(第5版),张恩民译,法律出版社2003年版。

4. [法]德尼·西蒙:《欧盟法律体系》,王玉芳等译,北京大学出版社2007年版。

5. [美]E. 博登海默:《法理学法律哲学与法律方法》,邓正来译,中国政法大学出版社1999年版。

6. [美]查理德·A. 波斯纳:《反托拉斯法》,孙秋宁译,中国政法大学出版社2003年版。

7. [美]戴维·伯格尔:《全球竞争:法律、市场和全球化》,陈若鸿译,中国法制出版社2012年版。

8. [美]戴维·格伯尔:《二十世纪欧洲的法律与竞争》,冯克利、魏志梅译,中国社会科学出版社2004年版。

9. [美]科依勒·贝格威尔等:《世界贸易体系经济学》,雷达、詹宏毅等译,中国人民大学出版社2005年版。

10. [美]路易丝·亨金:《国际法:政治与价值》,张乃根等译,中国政法大学出版社 2005 年版。

11. [美]马歇尔·C. 霍华德:《美国反托拉斯法与贸易法规》,孙南申译,中国社会科学出版社 1991 年版。

12. [美]迈克尔·D. 贝勒斯:《程序正义——向个人的分配》,邓海平译,高等教育出版社 2005 年版。

13. [美]欧内斯特·盖尔霍恩、[美]威廉姆·科瓦契奇、[美]斯蒂芬·卡尔金斯:《反垄断法与经济学》(第 5 版),任勇、邓志松、尹建平译,法律出版社 2009 年版。

14. [美]约翰·H. 杰克逊:《国家主权与 WTO:变化中的国际法基础》,赵龙跃等译,社会科学文献出版社 2009 年版。

15. [美]约瑟夫·S. 奈等编:《全球化世界的治理》,王勇等译,世界知识出版社 2003 年版。

16. [日]根岸哲、舟田正之:《日本禁止垄断法概论》(第 3 版),王为农、陈杰译,中国法制出版社 2007 年版。

17. [日]松井芳郎等:《国际法》(第 4 版),辛崇阳译,中国政法大学出版社 2004 年版。

18. [日]篠田英朗:《重新审视主权——从古典理论到全球时代》,戚渊译,商务印书馆 2004 年版。

19. [英]艾伦·雷德芬等:《国际商事仲裁法律与实践》,林一飞、宋连斌译,北京大学出版社 2005 年版。

20. [英]伯纳德·霍克曼、迈克尔·考斯泰基:《世界贸易体制的政治经济学》,刘平等译,法律出版社 1999 年版。

21. [英]戴维·赫尔德:《民主的模式》,燕继荣等译,中央编译出版社 1998 年版。

22. [英]弗兰西斯·斯奈德:《欧洲联盟法概论》,宋英编译,北京大学出版社 1996 年版。

23. [英]伊恩·布朗利:《国际公法原理》,曾令良等译,法律出版社 2003 年版。

24. [英]约翰·亚格纽:《竞争法》,徐海、盛建明、席红文译,南京大学出版社 1992 年版。

25. [英]詹宁斯、瓦茨修订:《奥本海国际法》(第 1 卷第 1 分册),王铁崖等译,中国大百科全书出版社 1995 年版。

26. 白树强:《全球竞争政策——WTO 框架下竞争政策议题研究》,北京大学出版社 2011 年版。

27. 方国学:《欧洲一体化进程中欧洲法院的作用》,安徽人民出版社 2006 年版。

28. 黄洁:《TPP 视野下的中国自由贸易区战略研究》,上海人民出版社 2016 年版。

29. 孔祥俊:《反垄断法原理》,中国法制出版社 2001 年版。

30. 李昌麒、许明月编:《消费者保护法》(第 3 版),法律出版社 2012 年版。

31. 李浩培:《国际法的概念和渊源》,贵州人民出版社 1994 年版。

32. 李浩培:《条约法概论》,法律出版社 2003 年版。

33. 李巍等:《欧洲一体化理论与历史文献选读》,山东人民出版社 2001 年版。

34. 林燕萍:《贸易与国际竞争法》,上海人民出版社 2005 年版。

35. 刘士元:《区域国际经济法研究》,吉林大学出版社 2001 年版。

36. 彭兴华:《贸易自由化背景下的国际竞争法》,武汉大学出版社 2008 年版。

37. 邵景春:《欧洲联盟的法律与制度》,人民法院出版社 1999 年版。

38. 邵沙平等主编:《国际法问题专论》,武汉大学出版社 2002 年版。

39. 苏晓宏:《变动世界中的国际司法》,北京大学出版社 2005 年版。

40. 万鄂湘等:《国际条约法》,武汉大学出版社 1998 年版。

41. 王春婕:《区域贸易协定争端解决机制比较研究》,法律出版社 2012 年版。

42. 王贵国主编:《区域安排法律问题研究》,北京大学出版社 2004

年版。

43. 王千华:《论欧洲法院的司法能动性》,北京大学出版社 2005 年版。

44. 王铁崖:《国际法》,法律出版社 1995 年版。

45. 王晓晔:《欧共体竞争法》中国法制出版社 2001 年版。

46. 王中美:《竞争规则的国际协调》,人民出版社 2005 年版。

47. 徐士英:《竞争政策研究——国际比较与中国选择》,法律出版社 2013 年版。

48. 许光耀:《欧共体竞争法通论》,武汉大学出版社 2006 年版。

49. 许光耀:《欧共体竞争法经典判例研究》,武汉大学出版社 2008 年版。

50. 杨紫烜主编:《经济法》(第 4 版),北京大学出版社、高等教育出版社 2010 年版。

51. 余敏友、左海聪、黄志雄:《WTO 争端解决机制概论》,上海人民出版社 2001 年版。

52. 张东江:《WTO 竞争政策谈判与发展中国家的选择》,中国社会科学出版社 2005 年版。

53. 赵维田:《世贸组织(WTO)的法律制度》,吉林人民出版社 2000 年版。

54. 钟立国:《区域贸易协定争端解决机制:理论及其条约法实践》,法律出版社 2014 年版。

二、中文论文类

1. [法]亚历山大·卡尔纳吕蒂、弗朗西斯·德隆:《各国如何对付美国竞争法的域外效力》,载《环球法律评论》1982 年第 6 期。

2. [美]威廉·库珀:《从 NAFTA 到 TPP(上)——纪念北美自由贸易协定签订 20 周年》,载《金融发展研究》2014 年第 9 期。

3. [日]松下满雄:《世界贸易组织的基本原则和竞争政策的作用》,朱忠良译,载《环球法律评论》2003 年春季号。

4. 蔡俊峰:《试析 WTO 争端解决机制中的非违反之诉》,载《国际经济法论丛》第7卷,法律出版社2003年版。

5. 蔡拓:《全球治理的中国视角与实践》,载《中国社会科学》2004年第1期。

6. 陈瑶、应力:《CPTPP国有企业章节的评价与中国应对》,载《宁波大学学报(人文科学版)》2021年第2期。

7. 曾令良:《区域贸易协定的最新趋势及其对多哈发展议程的负面影响》,载《法学研究》2004年第5期。

8. 戴炳然:《解读〈里斯本条约〉》,载《欧洲研究》2008年第2期。

9. 戴念龄:《开放性地区主义与多边贸易自由化》,载《国际贸易问题》1998年第6期。

10. 董灵:《论区域贸易协定中的竞争条款与我国可能的路径选择》,载《国际贸易》2011年第4期。

11. 董灵、黄勇:《论区域贸易协定中的竞争条款与我国可能的路径选择》,载《国际贸易》2011年第4期。

12. 都亳:《中国参与WTO争端解决机制所面临的问题与战略性对策》,载《世界贸易组织动态与研究》2011年第3期。

13. 杜国胜:《北美自由贸易区竞争政策特征初探》,载《韶关学院学报(社会科学版)》2005年第7期。

14. 樊莹:《中国参与区域经济一体化的战略利益与特点》,载《国际经济合作》2005年第3期。

15. 房广顺、高宁:《国际关系民主化与国际法》,载《国际问题研究》2006年第4期。

16. 冯辉:《竞争中立:国企改革、贸易投资新规则与国家间制度竞争》,载《环球法律评论》2016年第2期。

17. 复彩霞:《新经济时代反垄断政策面临的挑战》,载《西北大学学报(哲学社会科学版)》2001年第4期。

18. 葛顺奇:《TPP透视:"竞争政策"议题分析》,载《国际经济合作》2015年第11期。

19. 古雪:《国际法发展的轨迹》,载曾令良、余敏友主编:《全球化时代的国际法》,武汉大学出版社2005年版。

20. 国际贸易和可持续发展中心:《世贸组织争端解决机制:发展中国家经验共享国际研讨会》,载《中国对话报告》2008 年第 6 期。

21. 韩源等:《全球化与社会主义政治文明建设》,载《社会科学研究》2005 年第 5 期。

22. 何仁平:《竞争法和贸易救济法功能定位之厘清——以〈欧盟外国补贴白皮书〉为核心》,载《国际经济法学刊》2021 年第 4 期。

23. 何治中:《反垄断法实施的反垄断——论中国反垄断法的私人执行》,载《南京师大学报(社会科学版)》2010 年第 5 期。

24. 黄萃等:《区域贸易协议争端解决机制构建与实效反差研究》,载《国际贸易问题》2010 年第 12 期。

25. 黄莉萍、张军荣:《消费者权益保护法功能的反思与再发现》,载《商业时代》2009 年第 21 期。

26. 黄志瑾:《国际造法过程中的竞争中立规则——兼论中国的对策》,载《国际商务研究》2013 年第 5 期。

27. 蒋德恩:《关贸总协定争端解决机制的缺陷与世贸组织新机制的特点》,载《国际贸易问题》1996 年第 7 期。

28. 李剑:《反垄断私人诉讼困境与反垄断执法的管制化发展》,载《法学研究》2011 年第 5 期。

29. 李万强:《论全球化趋势下国际法的新发展》,载《法学评论》2006 年第 6 期。

30. 李玉梅、张梦莎:《国有企业国际规则比较与中国应对》,载《国际贸易》2021 年第 8 期。

31. 李予阳:《国企改革:步入深水区　须啃硬骨头》,载《经济日报》2016 年 7 月 12 日,第 5 版。

32. 李琮:《论经济全球化》,载《中国社会科学》1995 年第 1 期。

33. 励贺林:《对欧盟国家援助调查的逻辑梳理和动向评析——以欧盟开启对耐克的国家援助调查为视角》,载《财政监督》2019 年第 8 期。

34. 刘健:《世界经济一体化与国际法地位之变化》,载《湘潭大学社会科学学报》2001 年第 1 期。

35. 刘丽:《论欧盟控制企业集中立法改革对我国的启示》,载《岭南学刊》2013 年第 3 期。

36. 刘世元:《欧共体竞争法与欧洲经济一体化》,载《国际经贸探索》2008 年第 1 期。

37. 刘瑛:《〈跨太平洋伙伴关系协定〉国有企业章节的中国应对》,载《东方法学》2016 年第 5 期。

38. 刘贞晔:《国际政治视野中的全球市民社会》,载《欧洲》2002 年第 5 期。

39. 鲁臻:《国际投资自由化趋势下的双边投资协定若干法律问题研究》,外交学院 2015 年硕士学位论文。

40. 陆以全:《论制定国际反垄断法的必要性及其模式选择》,载《云南大学学报(法学版)》2007 年第 5 期。

41. 栾亚丽:《民主价值论》,中共中央党校 2007 年博士学位论文。

42. 骆旭旭:《区域贸易协定的竞争条款研究》,载《华侨大学学报(哲学社会科学版)》2011 年第 3 期。

43. 吕国平:《论欧洲共同体法的直接适用性和直接效力原则》,载《外国法译评》1994 年第 1 期。

44. 欧盟委员会:《2013 年欧盟竞争政策报告》,王子君、李娜译,载《欧洲法律评论》(第一卷)。

45. 漆彤:《反垄断国际合作中的积极礼让原则》,载《华东政法学院学报》2005 年第 5 期。

46. 漆彤:《竞争政策区域合作机制探析——以 APEC、NAFTA 和 EU 为例》,载《武大国际法评论》2007 年第 1 期。

47. 漆彤、窦云蔚:《论〈跨太平洋伙伴关系协定〉国有企业透明度规则》,载《武大国际法评论》2016 年第 2 期。

48. 漆彤、张生、黄丽萍:《调解在国际争端解决中的发展与应用》,载《武大国际法评论》2020 年第 2 期。

49. 齐虹丽、徐鹏:《贸易自由化与竞争政策的国际协调》,载《云南财经大学学报》2008 年第 3 期。

50. 强永昌等:《争端解决机制选择的经验研究》,载《国际经贸探索》2012 年第 2 期。

51. 史际春、赵忠龙:《竞争政策:经验与文本的交织进化》,载《法学研究》2010 年第 5 期。

52. 史际春:《〈反垄断法〉与社会主义市场经济》,载《法学家》2008 年第 1 期。

53. 苏号朋、姚敏:《欧盟消费者集体救济的最新发展及其对中国的借鉴意义》,载《西藏民族大学学报(哲学社会科学版)》2019 年第 1 期。

54. 苏华:《WTO 与自贸协定框架下竞争政策协调的新趋势——兼论中国的经验和应对措施》,载《国际经济合作》2015 年第 9 期。

55. 谭雪梅:《"国有企业"概念的重新界定》,载《财经问题研究》2002 年第 7 期。

56. 王晖:《全球化背景下的中国区域经济一体化战略》,载《西南民族大学学报(人文社科版)》2004 年第 12 期。

57. 王健:《浅议欧盟竞争法的私人执行》,载《欧洲研究》2006 年第 5 期。

58. 王丽华、万雅芳:《比利时超额利润税案与欧盟国家援助制度适用分析》,载《税务研究》2021 年第 2 期。

59. 王璐瑶、葛顺奇:《TPP 透视:"国有企业和指定垄断"议题分析》,载《国际经济合作》2015 年第 11 期。

60. 王先林:《国际贸易协定谈判中的竞争政策问题:以 WTO 和 TPP 谈判为例》,载《竞争政策研究》2015 年第 7 期。

61. 王晓晔:《自由贸易区竞争政策的合作》,载《国际贸易》2011 年第 10 期。

62. 王晓晔、吴倩兰:《国际卡特尔与我国反垄断法的域外适用》,载《比较法研究》2017 年第 3 期。

63. 王晓晔:《多元化目的——欧共体竞争法目的和任务评述》,载《国际贸易》2001 年第 9 期。

64. 王晓晔:《欧共体竞争法中的国有企业》,载《外国法评译》1999 年第 3 期。

65. 王晓晔:《市场失灵时的国家干预——欧共体竞争法中的国家

援助》,载《国际贸易》2000 年第 3 期。

66. 王玉芳:《先予裁决制度:欧洲一体化进程中的一张王牌》,载《欧洲法通讯》第 4 辑,法律出版社 2003 年版。

67. 韦经建等:《论欧洲联盟法的效力及其对于国家主权理论的影响》,载《法制与社会发展》1999 年第 6 期。

68. 沃尔:《德国竞争法的经验》,载《反垄断法与市场经济》,王晓晔编,法律出版社 1998 年版。

69. 吴兆丰:《欧盟竞争法私人执行制度的新发展》,载《广西社会科学》2016 年第 11 期。

70. 吴振国:《加强竞争政策国际协调,共同维护市场公平竞争》,载《竞争政策研究》2017 年第 5 期。

71. 肖建国:《程序公正的理念及其实现》,载《法学研究》1999 年第 3 期。

72. 徐崇利:《论世界经济一体化对国际经济法律体制的影响》,载《国际商务》1997 年第 4 期。

73. 许地恒:《解析欧盟国家援助法对跨国公司避税行为的规制效果》,载《国际税收》2017 年第 3 期。

74. 徐骁枫、孟晓非:《欧盟目的限制竞争协议认定的分析方法研究》,载《德国研究》2020 年第 3 期。

75. 扬逢珉:《欧洲共同体竞争政策研究》,载《国外社会科学情况》1993 年第 8 期。

76. 杨国华:《论〈跨太平洋伙伴关系协议〉(TPP)与我国多边和区域一体化战略》,载《当代法学》2016 年第 1 期。

77. 杨永红:《欧共体国家援助制度的一体化及对我国的启示》,载《改革与战略》2007 年第 5 期。

78. 杨志祥:《欧洲法院的初步裁决管辖权观察》,载《求索》2004 年第 7 期。

79. 殷继国:《强化竞争政策基础地位何以实现——基于竞争政策与其他经济政策协调的视角》,载《法学》2021 年第 7 期。

80. 于立、吴绪亮:《国际竞争政策的分歧、互动与展望》,载《世界经济研究》2006 年第 6 期。

81. 余敏友:《论世贸组织法律救济的特性》,载《现代法学》2006 年第 6 期。

82. 于鹏、廖向临、杜国臣:《RCEP 和 CPTPP 的比较研究与政策建议》,载《国际贸易》2021 年第 8 期。

83. 余文建:《关于数字化时代金融消费者保护的思考》,载《清华金融评论》2021 年第 10 期。

84. 张俊:《欧盟消费者保护禁制令制度及其对中国的启示》,载《广西民族大学学报(哲学社会科学版)》2015 年第 6 期。

85. 张胜满、张继栋:《重解 TPP——制度背景与现实困境》,载《现代管理科学》2015 年第 5 期。

86. 张贤明等:《试论法治与民主的基本关系》,载《吉林大学社会科学学报》2002 年第 5 期。

87. 张屹山、赵立文、刘玉红、高丽媛:《论国有企业改革的基本方向》,载《吉林大学社会科学学报》2018 年第 2 期。

88. 赵晓洁、陈丹宁:《竞争法视野下的竞争执法机构》,载《唐山师范学院学报》2008 年第 4 期。

89. 赵歆:《东盟自由贸易区竞争政策若干问题探讨》,载《东南亚纵横》2007 年第 9 期。

90. 钟立国:《GATT1994 第 24 条的历史与法律分析》,载《法学评论》2003 年第 6 期。

91. 钟立国:《WTO 对区域贸易协定的规制及其完善》,载《法学家》2003 年第 4 期。

92. 钟立国:《WTO 争端解决机制非违反之诉的适用分析》,载《武汉大学学报(哲社版)》2006 年第 2 期。

93. 周海涛:《欧盟国家援助制度的现代化及其借鉴》,载《河北法学》2016 年第 8 期。

94. 周美玉:《东亚区域合作新动向及中国的策略选择——以 RCEP 为例》,载《时代经贸》2021 年第 9 期。

95. 周牧:《欧盟国家援助制度研究》,中国社会科学研究院 2012 年博士学位论文。

96. 周樨平:《论我国〈反不正当竞争法〉的消费者保护功能》,载《竞争政策研究》2017 年第 2 期。

97. 邹惠:《论国际贸易中消费者权益的法律保护》,载《国际商贸》2012 年第 6 期。

三、英文著述类

1. Alison Jones, Brenda Sufrin, *EC Competition Law: Texts, Cases and Materials*, Oxford University Press, 2008.

2. Antonio Cassese, *International Law*, 2nd edition, Oxford University Press, 2005.

3. Ariel Ezrachi, *EU Competition Law: An Analytical Guide to the Leading Cases*, Hart Publishing Limited, 2010.

4. Bernard M. Hoekman and Michel M. Kostecki, *The Political Economy of the World Trading System: The WTO and Beyond*, Oxford University Press, 2001.

5. Bryan A. Garner, *Black's Law Dictionary*, 9th *edition*, West Publishing Company, 2009.

6. D. G. Goyder, *EC competition law*, (4th ed.) Oxford University Press, 2003.

7. David Vaughan, *EU Competition Law: General Principles*, Oxford University Press, 2006.

8. Ernst – Ulrich Petersmann, *The GATT/WTO Dispute Settlement System: International Law, International Organizations, and Dispute Settlement*, Kluwer Law International, 1997.

9. EU, *The Rule of Procedure of the Court of Justice*, *Official Journal of the European Union*, L 265, 2012.

10. GATT, *Non-Violation Complaints under GATT Article XXIII: 2*, MTN. GNG/NG13/W/31, Jul. 14, 1989.

11. Gregory C. Shaffer, *Defending Interests: Public – Private*

Partnerships in WTO Litigation, Brookings Institution Press, 2003.

12. Ivo Van Bael, Jean-François Bellis, *Competition Law of the EEC*, CCH Editions, 1987.

13. Jean - Marc Coicaud and Veijo Heiskanen, *The Legitimacy of International Organization*, United Nations University Press, 2001.

14. Jean - Pierre Chauffour and Jean - Christophe Maur, *Preferential Trade Agreement Policies for Development: A Handbook*, World Bank, 2011.

15. Josef Drexl, Mor Bakhoum, Eleanor M. Fox, Michal S. Gal, David J. Gerber, Edward Elgar, *Competition Policy and Regional Integration in Developing Countries*, Edward Elgar Publishing Limited, 2012.

16. K. T. Leicht and J. C. Jenkins, *Handbook of Politics: State and Society in Global Perspective*, Springer, 2010.

17. Karen J. Alter, *Establishing the Supremacy of European Law: The Making of a International Rule of Law in Europe*, Oxford University Press, 2001.

18. Laurence Boisson de Chazournes, *International Organizations and International Dispute Settlement: Trends and Prospects*, Transnational Publishers Inc., 2002.

19. Mario Mendez, *The Legal Effects of EU Argeements: Maximalist Treaty Enforcement and Judicial Avoidance Techniques*, Oxford University Press, 2013.

20. Philippe Brusick, Ana María Alvarez and Lucian Cernat, *Competition Provisions in Regional Trade Agreements: How to Assure Development Gains*, *eds.*, 2005.

21. Renato Nazzini, *The Foundations of European Union Competition Law: The Objective and Principles of Article* 102, Oxford University Press, 2011.

22. Richard Whish and David Bailey, *Competition Law*, (8th edition) Oxford University Press, 2015.

23. Susan Marks, *The Riddle of All Constitutions: International Law, Democracy, and the Critique of Ideology*, Oxford University Press, 2003.

24. WTO, *Council for Trade-Related Aspects of Intellectual Property Rights - Further Consideration of Non - Violation Nullification or Impairment under the Agreement Trade - Related Aspects of Intellectual Property Rights*, IP/C/W/249, 2001.

25. S. Evenett, *Can Developing Economies Benefit from WTO Negotiations on Binding Disciplines for Hard Core Cartels* 5 - 18, United Nations, 2003.

四、英文论文类

1. A. Douglas Melamed, *International cooperation in competition law and policy: what can be achieved at the bilateral, regional, and multilateral levels*, J Int Economic Law, Sep. 1999.

2. Adrian Chua, *Reasonable Expectations and Non - Violation Complaints in GATT/WTO Jurisprudence*, *Journal of World Trade*, 1998, Vol. 32, No. 2.

3. Ann Capling and John Ravenhill, *Multilateralising regionalism: what role for the Trans - Pacific Partnership Agreement?* The Pacific Review, Vol. 24, No. 5, December 2011.

4. Armin Von Bogdandy, *The Non - Violation Procedure of Article XXIII:2, GATT-Its Operational Rationale*, *Journal of World Trade*, 1992, Vol. 26, No. 4.

5. Arwel Davies, *Reviewing Dispute Settlement at the World Trade Organization: A Time to Reconsider the Role's of Compensation?*, World Trade Review, 2006, Vol. 5, No. 1.

6. Atty. Jeremy Gatdula, *Ever Higuit and Rafael Madarang*, *RP - US FTA: Trade Remedies, Competition Policy and Government Procurement*, *Philippine Institute for Development Studies*, Discussion Paper Series No. 2006-13, February 2006.

7. B. O. Ilyomade, *Dual Claim and the Exhaustion of Local Remedies Rule in International Law*, Vanderbilt Journal of Transnational Law, 1977, Vol. 10, No. 1.

8. Bernard O' Connor, *Remedies in the World Trade Organization Dispute Settlement System–The Bananas and Hormones Cases*, Journal of World Trade, 2004, Vol. 38, No. 2.

9. Bernd Hoekman, Peter Holmes, *Competition Policy, Developing Countries, and the World Trade Organization*, World Bank Policy Research Working Papers, Oct. 1999.

10. Bernhard Zangl, *Judicialization Matters! A Comparison of Dispute Settlement under GATT and the WTO*, International Studies Quarterly, 2008, Vol. 52, No. 4.

11. Cassey Lee, *ASEAN Regional Cooperation on Competition Policy*, ERIA Discussion Paper Series, 2013.

12. Cesare P. R. Romano, *The Proliferation of International Judicial Bodies: The Pieces of the Puzzle*, New York University Journal of International Law and Politics, 1999, Vol. 31, No. 4.

13. Cherie O' Neal Taylor, *Dispute Resolution as a Catalyst for Economic Integration and an Agent for Deepening Integration: NAFTA and MERCOSUR? Northwestern Journal of International Law & Business*, 1997, Vol. 17, No. 1.

14. Christophe Larouer, *WTO Non – Violation Complaints: A Misunderstood Remedy in the WTO Dispute Settlement System*, Netherlands International Law Review, 2006, Vol. 53, No. 1.

15. Claude E. Barfield, *Free Trade, Sovereignty, Democracy: The Future of the World Trade Organization*, Chicago Journal of International Law, 2001, Vol. 2, No. 2.

16. Dan Wei, *China's Regional Trade Agreements: Implications and Comments*, Manchester Journal of International Economic Law, 2009, Vol. 6, No. 1.

17. Daniel K. Tarullo, *Competition Policy for Global Markets*, Journal of International Law, 1999.

18. David S. Huntington, *Settling Dispute under the North American Free Trade Agreement*, Harvard International Law Journal, 1993, Vol. 34, No. 2.

19. Eleanor M. Fox, *Toward World Antitrust and Market Access*, The American Journal of International Law, Vol. 91, No. 1.

20. Eric Stein, *International Integration and Democracy: No Love at First Sight*, The American Journal of International Law, 2001, Vol. 95, No. 3.

21. Ermst-Ulrich Petersmann, *The Dispute Settlement System of the World Trade Organization and the Evolution of the GATT Dispute Settlement System since* 1948, Common Market Law Review, 1994.

22. Ernst - Ulrich Petersmann, *Constitutionalism and International Organizations*, Northwestern Journal of International Law & Business, Vol. 17, No. 1, 1997.

23. Ernst - Ulrich Petersmann, *Violation Complaints and Non - Violation Complaints in Public International Trade Law*, German Yearbook International Law, 1991, Vol. 34.

24. Hetham Hani Abu Karky, *Competition Policy and Consumer Protection Policy in Jordan*, Penn State International Law Review, Vol. 29, No. 2, 2010.

25. Ignacio De Leon, *The Dilemma of Regulating International Competition Under the WTO System*, European Competition Law Review, Vol. 18, No. 3.

26. Louise Sylvan, *Activating Competition: the Consumer Protection-Competition Interface*, Competition and Consumer Law Journal, Vol. 12, No. 2, 2004.

27. M. Matsushita, *Coordinating International Trade with Competition Policies, in The New GATT Round of Multilateral Trade Negotiations*,

Ernst – Ulrich Petersmann and Meinhard Hilf edit, Kluwer Law International, July 25, 1991.

28. Malcolm Rowat, *Competition Policy and MERCOSUR*, World Bank technical paper No. 385, 1997.

29. Marco Botta, *The Role of Competition Policy in the Latin American Regional Integration: A Comparative Analysis of CARICOM, ANDEAN Community and MERCOSUR, IX Annual Conference of the Euro-Latin Study Network on Integration and Trade*, 2011.

30. Naheed Kirmani, Nur Calika, Richard T. Harmsen, Michael P. Leidy, Arvind Subramanian, Peter Uimonen, *International Trade Policies: The Uruguay Round and Beyond*, Volume II, Washington D. C., Feb. 8, 1995.

31. OECD, *Competition and Trade Policies: Their Interaction*, OECD, Jan. 1984.

32. Oliver Solano, Andreas Sennekamp, *Competition Provisions in Regional Trade Agreements*, OECD Trade Policy Working Paper No. 31, COM/DAF/TD(2005)3/FINAL, 2006.

33. Ray Rees, *Competition Policy and Public Enterpriese in the European Community*, in Development in European Competition Policy, Ada van Mourik edits, Masstricht 1996.

34. Robert D. Anderson and Peter Holmes, *Competition Policy and the Future of the Multilateral Trading System*, Journal of International Economic Law, 2002.

35. Sanghamitra Sahu and Neha Gupta, *Competition Clauses in Bilateral Trade Treaties: Analysing the Issues in the Context of India's Future Negotiating Strategy*, Report Prepared for Competition Commission of India, 2007.

36. Simon J. Evenett, *What Can We Really Learn from the Competition Provisions of RTAs? in Competition Provisions in Regional Trade Agreements: How to Assure Development Gains*, Philippe Brusick,

Ana María Alvarez and Lucian Cernat, eds. ,2005.

37. Sung - joon Cho, *GATT Non - Violation Issues in the WTO Framework: Are They the Achilles' Heel of the Dispute Settlement Process*, Harvard International Law Journal, Vol. 39, No. 2, 1998.

38. Yoshinori Abe and Takemasa Sekine, *Non-Commercial Assistance Rules in the TPP: A Comparative Analysis with the SCM Agreement*, SSRN, 15 October, 2016.